JN098025

# 学校通訳
## 学習テキスト

坪谷美欧子 監修

西村明夫 編

松柏社

# まえがき

日本において高校に通う日本語を母語としない生徒たちの日本語修得、教科学習、学校生活、友人関係、卒業後の進路など、さまざまな課題の解決が叫ばれて久しい。そもそもかれらの高校進学自体の難しさもいまだ解消されていないままである。2019年に初めて文部科学省が全国の日本語指導が必要な高校生等の進路結果を発表するようになったが、中途退学率、大学進学率、非正規就職率、進学も就職もしていない者の割合すべてにおいて、日本人高校生のそれと比べて非常に厳しい状況にあることが明らかになった。たとえ卒業後の進学先が決まっても家庭の経済的な理由から学費が捻出できない生徒や、進学や就職に際しての在留資格の問題なども残されている。さらに、一家の「稼ぎ手」でもあるアルバイトに従事する外国につながる高校生たちは、「労働者」という側面も持つ。かれらをこれからともに日本や地域社会を構成する「市民」として位置づけ、成長を促すために改善すべき課題は少なくない。

コミュニティ通訳（community interpreter）という仕事は、アメリカやオーストラリアを中心として広まり、イギリスでは「パブリック・サービス通訳」（public service interpreter）などという呼称で一般的であるが、日本ではそれほど浸透しているわけではない。とりわけ学校通訳については、二言語のスキルのみならず、社会、経済、文化、宗教、学校教育、教育・福祉に関わる制度まで、非常に多岐にわたる分野への知識が求められる業務である。このような人たちなしに、外国につながる子どもたちの学びは成り立たないといっても過言ではない。にもかかわらず、本書の第1章でも言及しているが、ボランティアの仕事とされることもあるほどで、そのほとんどは非正規労働といえ、仕事の内容や責任範囲などもはっきりしていない職種である。また、採用にあたって何らかの資格を課されるわけでもない。外国籍児童生徒に対して義務教育が適用されない日本では、学校教員のほかこうした支援者たちの奮闘により成り立っているというのが現状である。日本の学校で学

ぶことは言語や文化の違いからくる不利だけでなく、進学や進級といった最終判断を学校が握っているため、子どもや保護者はより弱い立場に立たされがちである。学校通訳とは、かれらの「言語権」や「学習権」の保障には不可欠で、基本的人権の保護につながる重要な業務なのである。さらには、学校通訳者たちの環境を整備し、自治体や学校における専門職としてきちんと位置付け、「スクールカウンセラー」や「スクールソーシャルワーカー」のように、今後は学校内でも広く認知が進むことが強く求められる。

　本書は、『学校通訳学習テキスト〜公立高校・特別支援学校編』として、公立高等学校や特別支援学校において、日本語を母語としない生徒およびその保護者に対する通訳業務にあたっての基本的かつ基礎的な知識や技術をまとめたものである。内容的には高等学校と特別支援学校に限らず、学校生活全般に関する事柄もカバーしているため、小中学校で通訳業務を行う支援者にも参考になる内容が少なくない。通訳者のみならず、外国につながる子どもの教育に携わる多くの人々に本書を手に取っていただけたなら、この上ない喜びである。

2021 年 6 月　　坪谷 美欧子

# 目　次

# 学校通訳学習テキスト

—— 公立高校・特別支援学校編 ——

# 第1章　本書の目的と学校通訳の概要

## 1　本書の目的

　本書は、主に公立高等学校（以下「高校」という）、公立特別支援学校の現場において、日本語が十分でない児童・生徒やその保護者のために通訳業務を行う者を支援することを目的に執筆したものである。主たる対象は、これから学校現場において通訳業務（以下「学校通訳」という）を行おうと考えている人、あるいは学校通訳の初級レベルの人を想定している。そのため、学校現場において通訳する上で身につけるべき多文化知識や学校制度の知識、通訳の倫理・心得、通訳技術について、基本的、基礎的な内容を掲載している。

　また、本書を使って学校通訳に必要な知識と技術を学ぶには、日本語と外国語の会話が十二分にできることが前提となっている。本書は語学力をみがくことを目的としていない。

　学校通訳の学習（言い換えれば学校通訳者の育成）には、学習カリキュラム（またはプログラム）と学習テキスト（教科書）、そのカリキュラムとテキストに基づいて講義を行う講師の確保の3要素が欠かせない。中でも、学習テキストは、公教育の教科書と同様に、学ぶべき内容、教えるべき内容を過不足なく掲載するものである。仮に学習状況を測るために試験問題を作成するとしても、通常、教科書の範囲で出題することになる。本書は、そうした教科書的な役割を担うものとして作成した。

　執筆は、2017年度に神奈川県内で試験的に実施した県立学校通訳ボランティア研修（参考資料280ページ参照）の際に作成した資料をベースにしている。その上で、神奈川県立高校などの学校現場で、長年、通訳業務に従

事してきた通訳者や、外国につながる児童・生徒の教育にコミットしてきた高校や特別支援学校の教員等の協力を得て、主に編者が原案を執筆、加除修正したものである。

　記述内容は神奈川県の教育制度や学校事情が基本となっている。しかしながら、入学者の選抜方法や学校生活のルール、学費支援制度など、教育制度や学校事情は、全国で多種多様である。本書の中で、それらすべてを網羅することは困難であることから、神奈川と特に異なる項目についてのみ、各地域の関係者の協力のもと、東京都と埼玉県、大阪府、兵庫県、福岡県の例を簡潔に掲載した。

## 2　本書の使い方

　本書の使用に当たっては、留意点が2つある。

　1点目は、前述したように、学校の教育制度は都道府県によって、あるいは各学校によってまちまちである。そのため、本書を使用して学習する場合、必ず自身の地域の教育制度や学校のしくみと、その運用状況を確認していただきたい。

　2点目は、第9章に掲載した訳語についてである。学校関係用語には定まった訳がない場合が多いことから、参考例示という位置づけで訳を記載している。したがって、それぞれの地域での多言語翻訳資料や言い回しを確認し、適切な訳を選択することをおすすめしたい。また、掲載した6言語以外の言語については、英訳例を参考にして自身で調べて単語帳を作成するか、本書の各訳語欄の余白に手書きするなどして本書を活用していただきたい。

　なお、本書の文章中にカッコ書きで番号を付してある学校関係用語がある。これは、第9章掲載の学校関係用語の用語番号である。主に第4章から第7章にかけて、掲載用語が最初に登場したときに番号を記載した。必要に応じ、第9章を見て訳語を確認していただきたい。

　本書の使い方の想定は、主に次の2点である。

　1点目は、学校通訳養成研修の際の教科書としての使用である。研修が修

了した後も、自宅などで本書を開き、研修で習ったことを復習すれば、学びの定着につながるはずである。なお、研修の組み立て方は、巻末の<u>参考資料（280 ページ）</u>を参考にしてほしい。

　2 点目は、1 点目のような研修の受講がなく、自宅などでの自己学習のみの場合である。学校通訳に特化した体系的な研修は、2017 年度に神奈川県で開催されたほかは全国的に例がない。多くの読者は、本書を自己学習だけで使用すると想定される。自身の地域の制度などを調べ、本書と突き合わせながら、くり返し読み込むことで学校通訳の力が向上すると思われる。

# 3　用語の定義

　本書で使用する用語の定義は、次のとおりである。

## (1) 児童・生徒

　本書では「児童」とは学校教育法上の児童を指す。すなわち、小学校や特別支援学校小学部に在籍して初等教育を受けている子どものことをいう。

　「生徒」とは、中学校、高校、特別支援学校中学部、同高等部に在籍して中等教育を受けている子どものことをいう。

## (2) 外国につながる児童・生徒

　「外国につながる児童・生徒」あるいは「外国につながる子ども」とは、外国から来日して日本で暮らす子どもや、日本で生まれ育って両親または親のどちらかが外国出身の子どもなどをいう。国籍は、日本国籍の場合もあれば、日本と外国の重国籍の場合もあり、必ずしも外国籍を有する者だけではない。「外国にルーツを持つ子ども」と呼ぶ場合もある。

## (3) 日本語指導が必要な児童・生徒

　文部科学省では、日本語指導が必要な児童・生徒を「日本語で日常会話が十分にできない者及び、日常会話はできても、学年相当の学習言語が不足し、学

習活動への参加に支障が生じている者で、日本語指導が必要な者」としている。

多くの子どもは、短期間に生活言語能力[1] (1-1) を獲得して日常会話には支障がなくなる。しかし、学習言語能力[2] (1-2) の獲得には相当の期間を要するため、不十分なままの子どもが少なくない。コミュニケーションに問題がないように見える子どもでも、学校での授業についていくのが難しい場合が多く見受けられる。

# 4 学校通訳とは

学校通訳とは、どのような通訳なのだろうか。最初に本書における学校通訳の定義や現場の状況を述べておきたい。

## (1) 定義

学校通訳とは、一般的に「学校で通訳すること、または通訳する人」を指す言葉であろう。しかし、その実態は「通訳」と言いながら翻訳業務や児童・生徒の世話、雑用などを含んでいる場合が多い。そのため「学校通訳」という言葉は、人によって意味するところが異なる場合が出てくる。そこで本書では、読者に内容を正確に伝えるため、「学校通訳」を「教育現場（主に学校）での児童・生徒等やその家族と学校関係者との間の通訳（異なる言語間の橋渡し）」と定義しておきたい。

## (2) 通訳現場の状況

### ア. 現場性

学校通訳には現場性ともいえる特徴がある。上述の定義に記載した「教育現場」では、通訳利用者の一方が外国につながる児童・生徒やその保護者であり、他方は校長や副校長、教頭などの管理職、担任、養護教諭、カウンセラー、他の保護者などである。つまり、さまざまな立場の人と、コミュニケーションの橋渡しをしなければならない。原稿があるわけでなく、その場の対話がメインとなる。

一度、現場に入って通訳業務を始めると、事態が複雑すぎて理解できない場合であっても途中で逃げられない。だれかと交代してもらうわけにはいかない場合がほとんどである。さらに、通訳する場面は面談だけでなく、大勢の説明会や授業の中などさまざまであり、通訳環境は不十分な場合がある。

### イ．支援業務の付随

通訳現場の状況として、通訳業務に支援業務が付いてくることがある。ビジネス通訳や会議通訳、司法通訳などの場合は、通訳者の業務は2言語間のコミュニケーション確保に限定されている。通訳利用者のケアや支援は、原則として業務対象外である。それに対して、学校通訳の場合は、授業の補助、児童・生徒や保護者の相談、他の支援機関への橋渡しなどの支援業務が付随してくる。通訳業務と支援業務のちがいは、第8章2学校通訳の特徴（3）通訳業務と支援業務の混在（170ページ）に詳述したので参照されたい。

## 5　学校通訳のリスク

学校通訳は子どもたちの成長や将来に関わる事柄を通訳する大切な業務である。そのため、以下に記載したリスクが存在することを意識し、できる限りリスクを回避する努力を求めたいものである。また、リスクがあると認識した際は、担当教員へ確認するなど一人でかかえ込まないことも重要なポイントである。

## (1) 適切な通訳トレーニングの不足

学校通訳は、日本語ともう1言語を話せる語学力が備わっているだけでは十分ではなく、学校通訳のためのトレーニングが欠かせない。トレーニングが不足すると次のとおりリスクが高まる。

### ア．通訳技術の不足

学校通訳の基本は通訳業務である。そのため、通訳技術が不可欠となる。

たとえば、短期記憶スキル、会話整理ノウハウ、メモ術などである。これらが欠けていると、正確な通訳にならない可能性が高い。あるいは、訳しもれや誤訳につながるおそれがある。

### イ．学校用語の知識の不足

学校通訳では、普段の日常会話ではあまり耳にしない言葉が登場する。たとえば、特別指導、公欠、就学支援制度、偏差値、進路指導などである。こうした用語の意味を的確にとらえて通訳できないと、まちがった訳になってしまったり、保護者に学校不信をいだかせるような結果になってしまったりする。

### ウ．保護者の依存や反発

通訳者がついつい自分の経験や考えを披露し、保護者に説教してしまうといった場面が見受けられる。こうしたケースは、保護者の反発を招いたり、あるいは逆に依存傾向を強めて自立から遠ざけることになってしまう。

一方、保護者との関係がビジネスライクであったり、学校不信をいだく保護者が通訳者も学校側の人間であると思い込んだりして、保護者から反発されるケースも見受けられる。

学校通訳の業務には、これらの予期せぬリスクがひそんでいることを認識しておく必要がある。

### エ．事件・事故による心の負担

学校で児童・生徒が関わる事件や事故が発生した場合、非常に心が痛むものである。まして通訳対象である外国につながる子どもが関係していればなおさらだろう。一人の人間として気持ちが沈み、「その後どうなったのか」とひきずるものである。事が重大であったり、同様の事件・事故に何度も出会ったりすると、通訳者自身が心のバランスを崩してしまいかねない。こうした事態に対処する心の術を備えておく必要もあろう。

## (2) 学校現場の受入態勢の不十分さ

### ア．通訳者への依存傾向

　学校関係者は、「通訳」とはどのような業務で、どのような技術と知識、経験が必要かを認識していない場合が多い。たとえば、日本語が十分でない人を対象言語でどこかに案内するガイド業務も「通訳」であると思っているのではないだろうか。つまり、通訳業務と支援業務の区分を意識していない。したがって、学校通訳者が児童・生徒の身の上相談にのるのも、学校のルールを守るよう説得するのも「通訳」であると思っているかもしれない。個別面談の場での通訳のほか、面談結果が受け入れがたいものである場合に本人を説得したり、寄り添って心のケアをしたり、そうした通訳業務に付随するもろもろの支援業務は学校通訳者に任せきりという状態であることが少なくない。

　また、書類を翻訳するのも通訳の仕事のうちであると認識している可能性もある。通訳と翻訳は異なるものであり、異なる技術が必要であることを知らない学校関係者も多いと思われる。

### イ．個人情報提供への不安視

　通訳業務に当たっては、できれば事前に、どんな内容が話されるのか情報の提供を求めたいところである。しかし学校側としては、児童・生徒の成績や履歴、家族事情などの個人情報を提供するのをためらうケースが少なくない。個人情報の保護の観点から、たとえ通訳者に対してであっても、第三者に本人の同意なく個人情報を提供してはいけないと考えるのはまちがっていない。そのため、学校通訳者を第三者と位置付けないような通訳制度が求められている。

### ウ．「断定しない発言」傾向

　学校関係者と保護者や児童・生徒との面談の場などにおいて、教員の発言が断定的ではないため、結論がどちらなのかわかりにくいことがある。たとえば、「この成績では志望校のA校には届かないかもしれませんが、今後の

がんばりによっては、そうとは言い切れないところもありますが、よほどがんばらないと合格しないと言えないこともありません」といった表現である。児童・生徒の状況は変化の幅が大きいことや希望の芽を摘まないようにする配慮、モチベーションを下げない配慮などから、こうした発言になるのであろう。しかし、通訳業務においてはやっかいな話である。こうした場合には、誤解がないように教員に確認することが大事である。

### エ. 通訳者の地位や身分が確立していないこと

　学校通訳者は多くの場合、ボランティア的身分の中で活動しており、スクール・カウンセラーのように専門職員として採用されているケースは少ないのではないだろうか。

　ボランティアという言葉は、概念的には自発性・公益性・無償性の３つで説明されるが、一般社会的には、それにプラスして素人性というイメージがつきまとう。しかし、医師や看護師による災害救援ボランティアがあるように、素人性は問われない言葉である。

　学校通訳も素人ではつとまらない業務である。身分的にはボランティアであっても通訳技術・学校知識・コミュニケーション力・倫理が求められる。しかし、周囲からは素人性を含んだ「ボランティアさん」と見られがちである。つまり、学校通訳者は地位や身分があいまいな中で活動するため、業務内容は専門職のそれだが、外からはボランティア的業務とみなされている実態がある。

　報酬面についても、学校通訳者を長く行っていると、あるとき、ふと疑問をいだくことがあるようである。会議通訳であれば３時間働けば数万円になるものが、学校通訳では交通費相当報酬というケースが少なくない。これらのギャップに対して自身の中に若干の違和感や疑問をいだいたとしても不思議ではないだろう。

　地位や身分の確立を難しくしている要因の一つに、教育委員会や学校側が学校通訳者のレベルを確認しないし、できないという課題がある。一般的に専門職としての採用には専門技術と専門知識を有していることの証明が必要

であろう。したがって、学校通訳の資格や認証、検定の制度などがあれば、教育委員会や学校側も専門職として採用するという道が開けるのかもしれない。しかし現在のところ、そうした制度は構築されていないし、学校側としても独自にレベルチェックを施すことができるノウハウは有していない。

　また、そもそも 2 つの言語が話せれば、学校通訳がつとまると考えがちであり、レベルチェックの必要性を意識するに至らない。そうした中で活動する学校通訳者は、自身のレベルを自己評価できないし、する必要も感じないのかもしれない。その結果、レベルが十分ではない学校通訳者が通訳業務に従事するケースが散見されることになる。このことが、さらに地位と身分の確立を難しくさせている。


**注**

　1　特定の人（親兄弟や友人など）との日常会話など、普段の生活の中で使う言語をあやつる能力のこと。抽象的な事柄よりも具体的な事柄に関する話し言葉が中心となる。

　2　抽象的な概念などを含め、物事を論理的に考え、それを正しい文法で書くことができる言語能力レベルのこと。教科・科目の学習に欠かせない言語能力である。

# 第2章　学校通訳の倫理・心得

　学校通訳者は、学校教育の現場の中で、子どもの教育をめぐるさまざまな課題について通訳業務を行う。そこには子どもと教員との信頼関係や子どもの心理発達、場合によっては家庭の複雑な事情、子どもの将来に影響するようなデリケートなものも入り込んでくる。そのため、学校通訳には「行うべきこと」と「行ってはいけないこと」という「倫理・心得」が重要であり、それらを厳守する必要がある。

　「倫理・心得」は、その業務を行う上で基本的なこととして順守すべきものである。どんなに学校教育の知識と通訳スキルを有していても、この倫理・心得を身につけていなければ、通訳利用者からの信頼を損ない、通訳業務を依頼されることがなくなってしまう。さらには、ボランティア通訳者の社会的地位の低下にもつながる。その意味で、倫理・心得は、学校通訳に必要な知識とスキルの「基礎」になっていると考えられる。

　倫理・心得は、知性として習得すべきものであり、学び取るものである。生まれつき備わっているものではなく、学習して獲得するものである。学校通訳を行うに当たっては、「やるべきこと」と「やってはいけないこと」があり、それらを学び、学んだことを忘れてはいけない。以下にそれらの項目と説明を記載したので、その内容を理解し覚えてほしい。

　なお、ここで掲げた「倫理・心得」は『医療通訳学習テキスト』[1]に記載されている倫理項目を学校通訳向けに修正したものである。

# 1　基本的人権の尊重

## [倫理・心得]

国籍、人種、民族、宗教、信条、年齢、性別及び性的指向、社会的地位、経済的状態、ライフスタイル、文化的背景、身体的精神的状態、健康問題の性質等にかかわらず、すべての人をかけがえのない存在として尊重し、公平に対応すること

## [説明]

　倫理・心得の中で最も重視すべきであり、ほかの倫理・心得の項目の基礎となるものが、基本的人権の尊重である。

　学校通訳に基本的人権の尊重という倫理が求められる理由は、1つには人に関わる業務、つまり通訳利用者とコミュニケーションや信頼、協力といった「関係」がつくられて初めて可能となる業務であり、そのために「基本的人権の尊重」が不可欠であるからである。学校通訳の場合は、日本語が十分でない通訳利用者にとって学校関係者とのパイプ役である通訳者は、非常に頼りになる存在に映る。それが、ともすると上下関係に似た歪んだ関係におちいるリスクをかかえていることから、特に最初にこの倫理を掲げたものである。

　もう1つ、通訳利用者（主に児童・生徒やその家族）の持っている背景が多様であり、通訳者自身の経験からは「背景」を推しはかれず、人として尊重すべきことはわかっていても戸惑う可能性があるためである。

　さらに注意したい点は、差別と偏見の排除である。差別は、行った人の意識で決まるのではなく、された人の意識で決まるものである。「別に悪気があって、そうしたのではない」、「それをしてはいけないとは知らなかったのだから、かまわないのではないか」では済まないことに留意する必要がある。

　また、「母国のほうが日本よりも、もっとひどい外国人差別をしている」という意識にも注意したい。差別と偏見は、他と大小や高低を比較すべき問題ではなく、そのとき、その場での差別が「人としてのあり方」を問われて

いる問題なのだという意識を持ちたい。

　一般的に人が傷を負うとき、傷つけた方はそのことを忘れてしまうものだが、傷つけられた方はずっと忘れないものである。自分の言葉と行為が相手にどう受け取られるか想像力を発揮して、事前に差別や偏見に当たらないか心の中でチェックするとよい。

# 2　守秘義務・プライバシーの尊重

## [倫理・心得]

> (1) 職務上知り得た個人情報等は、秘密保持を厳守すること
> (2) 児童・生徒・保護者等の意に反してプライバシーに踏み込まないこと

## [説明]

## (1) 秘密保持の厳守

　学校通訳に限らず、通訳を生業とする者に共通する倫理である。通訳者が通訳利用者の会話の内容を第三者に漏らしていては、だれも通訳者を信用しなくなるし利用しなくなる。その上で、守秘義務は、個人の教育問題や家庭事情という知られたくない情報を扱う者として必須の責務であり、最も重要な倫理・心得の１つである。

　「職務上知り得た個人情報等」とは、通訳業務を行う中で、子どもの名前に始まり、成績、出席日数、進路志望、家庭環境など、子どもと保護者に関するあらゆる情報である。通訳セッションの場面だけでなく、教室や廊下などで交わした通訳利用者との会話から得られた情報も含まれる。どのような子どもの通訳に携わったかという情報も守秘の対象であり、名前を伏せていても、第三者に漏らしてはいけない。

　「第三者」とは、通訳利用者以外の人のことを言う。通訳場面に参加しなかった学校関係者から情報提供を求められても、原則として通訳利用者本人の了解を求めたい。

　「秘密保持」とは、個人情報に関して学校通訳者自身の家族や友人にはもちろん、同じ支援者としての他の通訳者や所属団体の他のメンバーにも漏らしてはいけない。通訳メモなども自宅などで家族に見られないよう適正に処理・処分しておく必要もある。そして、通訳活動をリタイアした後も守秘義務はついてまわる。


## (2) プライバシーの尊重

　人はだれでも、話したくないこと、聞かれたくないことがあるものである。保護者等と的確なコミュニケーションを維持するには、この点にも配慮しないといけない。

　面談前の待ち時間や面談後などに、保護者等と児童・生徒以外の話題、たとえば、保護者等の仕事や家庭事情のことなどが交わされることがある。しかし、そうした会話の中であっても話したくないことには触れていないかもしれない。特に、過去のつらい経験や家族の収入金額、母国の出身地域の状況、地位、社会階層などは話題にしたくないと考える人も少なくないものである。保護者等から話して来るのはかまわないが、通訳者側から生活状況や社会的地位などを聞かないことが肝要である。


## 3　中立性・客観性

**[倫理・心得]**

- (1) 通訳業務と支援業務のちがいを認識し、区別して通訳業務を行うこと
- (2) 通訳利用者の間で問題が発生しても中立を保つこと
- (3) 児童・生徒・保護者等に対して、自ら進んで意見をさしはさんだり、助言したりしないこと
- (4) 通訳業務に自分の価値観や主観を混ぜないこと

## [説明]

### (1) 通訳業務と支援業務の区別

　学校通訳は、通訳業務以外に支援業務が付随してくることが多いのは、前章（7ページ）で述べたとおりである。この場合、通訳者としては、支援業務を引き受けなければならないとしても、自身が今行っている業務が通訳業務であるのか支援業務であるのか、明確に認識して、それぞれの業務を区切って行う必要がある。通訳業務であれば、学校関係者と児童・生徒やその保護者の発話を正確に過不足なく伝える必要がある。通訳業務に支援業務を混在させて、自分の思いや助言を挿入して通訳してはいけない。学校関係者は児童・生徒・保護者等の言葉だと思ってしまうし、児童・生徒・保護者等は学校関係者から言われた言葉だと思ってしまうからである。

### (2) 中立性の確保

　学校通訳者は、学校関係者の児童・生徒や保護者等に対する態度が適切でないと感じた場合でも、逆に児童・生徒や保護者側が学校関係者に対して無理難題を要求していると感じた場合などであっても、どちらかの味方になって意見を差しはさんではいけない。

　児童・生徒や保護者から、学校あるいは教員に対する評価を求められることがあるが、客観的な事実（学校の特徴）を伝えることはできても、通訳自身の感想や評価は避けるべきである。支援者としても、自分の考えを主張することによって、児童・生徒や保護者の感情や認識にバイアスがかかったり、判断や選択に影響してしまったりすることを意識しなければならない。

　通訳利用者双方の信頼を損なわないために、学校通訳者は中立を保ち、通訳業務に徹することが原則である。

### (3) 意見・助言の禁止

　学校通訳者は、日々の学習や学校現場での活動を通して、一般の人より教育に関する知識を多く持っている。そのため、児童・生徒や保護者等のかかえる問題に対して何かしらの感想や認識をいだくことがある。しかし、児

童・生徒や保護者等からどんなに問われても、そうした感想や認識を表明し、たとえば、「あなたの成績では第 1 志望は難しい」とか「次に問題行動を起こしたら退学でしょう」などと伝えてはいけない。それは学校関係者が判断することであって、学校通訳者の業務ではない。児童・生徒や保護者等が学校関係者よりも通訳者の言葉を信じてしまい、学校関係者の業務を妨げることもありうるからである。

## （4）通訳に自分の主観を混ぜないこと

　自分の主観を混ぜないこととは、通訳業務の中に、通訳利用者である学校関係者や児童・生徒・保護者等が言っていないことを自分の判断で付け加えたり、自分の感想や意見を差し込んだりすることを禁ずるものである。たとえば、教員の発言に無いのに「塾に行けばよいかもしれない」とか、保護者の発言に無いのに「母国では試験の成績がすべてだから」など、自分の考えや知っている情報を追加し発言してはいけない。もし、学校関係者が知らないような社会文化的背景や制度についてコメントが必要だと思った場合は、「母国と日本の制度のちがいを、今、解説をさせていただいてもよいですか」と、双方に了解を求めた上で伝えればよい。

　これに関連して、廊下や教室などで児童・生徒から聞いた話を、通訳セッションの中で教員に伝えるべきかという問題がある。たとえば「チクると何をされるかわからないから先生には本当のこと言えない」とか「A ってキモいんでカツアゲしてやった」といった、学校側が知らない内容を含む場合である。守秘義務にも関係し、また教員に伝えることによって児童・生徒と通訳者の信頼関係が崩れてしまうため、難しいところだろう。

　命や健康の問題に直結することは学校関係者に伝える必要がある。しかし原則としては、児童・生徒に自ら話すよう通訳者が促すことで対応したい。基本的には児童・生徒に対して正直に話すよう促し、児童・生徒が話し出したら、その言葉を通訳するといった対応になる。

# 4 　正確性

## [倫理・心得]

> (1) 通訳は、忠実かつ正確に行うこと
> (2) 児童・生徒・保護者等の背景や文化について考慮すること

## [説明]

## (1) 忠実かつ正確に行うこと

　「通訳は忠実かつ正確に」とは、正確で漏れのない情報の再現を心がけることである。教員は、たとえば児童・生徒の成績や進路、問題行動の保護者への説明など、重要な、あるいはデリケートな話は、何も足さず何も引かずに正確に訳してほしいと思っている。あいまいだったり、要約して伝わったりすると、のちのち「そんなことは言われていない」「受かると言われたから受けたんだ」など、双方に誤解が生じることになる。場合によっては児童・生徒の学校生活に支障が出たり、将来に影響を与えたりすることもあるかもしれない。

## (2) 背景や文化について考慮すること

　保護者の母国の教育事情や学校制度、文化的背景を考慮した通訳になることもありうる。たとえば、「道徳」に該当する授業が母国にないために、その意味を説明する言葉を補足しないとわからない場合などである。

　また、保護者の文化的背景の影響から、学校側との意思疎通に支障をきたすようなこともある。その場合、保護者と学校側に断った上で支援者として、その背景についての解説を試みることができる。たとえば、教員が「部活動は大切な学校教育の一環ですよ」と言っているのに、保護者が「先生、部活動は遊びではないでしょうか」と執拗に尋ねている場合などである。部活動に参加した場合にはルールや時間の厳守、暗黙の上下関係などが生じる。こうした状況を当然のこととととらえる教員側と、母国において部活動制度がない保護者との間で認識のずれが生じている可能性がある。これに気づいた通

訳者が、本人に確認した上で、教員に事情を説明することは、裁量として認められる。

# 5　信頼関係の構築

**[倫理・心得]**

> (1) 通訳者は、通訳利用者を尊重し、通訳利用者が話しやすい態度を保つこと
> (2) 相手を思いやる気持ちを持つこと

**[説明]**

## (1) 利用者の話しやすい態度を保つこと

　学校通訳は人と人とのコミュニケーションに関わる業務であるため、その人々、つまり通訳利用者である児童・生徒や保護者等、教員などの学校関係者との信頼関係の構築が不可欠である。

　児童・生徒との関係では、厳しい経済状況や家庭環境が複雑であることなどによって「どうせ何をやってもうまくいかない」という無力感から自身のことを素直に語れないこともあるだろう。通訳者は支援者として寄り添う姿勢を持つことが重要である。児童・生徒をありのままに受け入れ、否定や指導をしない。その上で、児童・生徒が自身の思いや生活背景を学校側に語り、学校側がサポート態勢を整えたり、適切な専門機関につなげたりしないといけない。保護者等との関係でも同様だろう。

## (2) 相手を思いやる気持ちを持つこと

　信頼関係の構築には、通訳者自らが相手を思いやる気持ちを持つことが不可欠である。事務的でビジネスライクな態度では信頼を得ることは難しいものである。ただし、気持ちを持っているだけでは相手に通じないこともあることから、通訳者の言葉のニュアンスと合わせて、姿勢、目線、素振りなど非言語的な部分にも十分に気を配りたい。それには、日頃から人の話を聞く

ときに、話の途中で話を引き取らない（自分の話を差しはさまない、自分の話に持っていかない）、途中でさえぎらない（最後まで話を聞く）、随所でうなずくといった傾聴の姿勢を意識しておくとよい。傾聴については第3章9 援助と傾聴の知識とスキル（42ページ）に後述しているので参照されたい。

# 6 相互の関係への配慮

## [倫理・心得]

(1) 自身の身分や立場、学校との関係を明確にすること
(2) 児童・生徒・保護者等と個人的な関係を構築しないこと
(3) その立場を利用して児童・生徒・保護者等から個人的な恩恵を受けないこと

## [説明]

### (1) 自身と学校との関係を明確にすること

　学校通訳者は、保護者等から学校関係者の一人であると見られる場合が少なくない。実際に学校の補助教員や日本語講師などが通訳に入ることもあるだろう。しかし、学校関係者以外の者が学校通訳業務を行う場合は、保護者等に対して自分の身分（たとえば国際交流協会やNPOから派遣されたボランティアなど）を明確に伝えておく必要がある。

　学校関係者と勘ちがいされてしまうと、遠慮して本当のことを言えなくなったり、アドバイスを求めて来たり、通訳者個人の意見を学校側の意思だと思いこんだりするおそれがあるからである。

### (2) 個人的な関係を構築しないこと

　学校通訳を行っていると、児童・生徒や保護者等と親しくなり、私的な友人関係などに発展しやすい。しかし、どのような通訳利用者にも公平に接する「業務」として行うために、また、通訳業務に徹するためには、そうした関係におちいらないよう留意すべきである。さらに、自分の利益につながる

ような誘導や勧誘などをしてはいけない。

　これは同時に、通訳者自身を守るために必要なことでもある。学校通訳者は、保護者等と出身国が同じであることが少なくない。そのため親しくなりやすいことから、自分のプライバシーは自分で守らないといけなくなる。保護者等に電話番号などを伝えると、学校のことに限らず、仕事や住まいのことなど、さまざまな相談が持ち込まれ、夜中にも電話がかかってきて、通訳者自身のプライベートな生活にまで支障が出るおそれがある。また、こうした関係は保護者等の依存心を助長し、自立を妨げることにもつながりかねない。善かれと思って行ったことが必ずしも正しいとは限らないことから、十分に注意したいところである。

　また、個人的な関係の構築は、団体でチームを組んで通訳を行う場合に障害となる可能性がある。チームで通訳に当たる場合、どの通訳者が赴いても同じ距離感で保護者等と接することができるようにしておかないといけない。そうでないと「この前の人は親切で良い通訳者だったが、この人は冷たい通訳者だ」という通訳者批判が出てくるおそれがある。


## (3) 個人的な恩恵を受けないこと

　個人的な恩恵を受けないこととは、保護者等から通訳業務を感謝され、食事をごちそうになったり、規定の報酬以外の金品や母国の土産物をもらったり、何かをあっせんしてもらったり、融通してもらったりすることを禁ずるものである。公平な通訳の支障となるだけでなく、個人的な関係を構築するきっかけともなる。出身国の習慣など文化的な事情によっては断り方が難しい場合もあるが、配慮や気づかいに感謝しながらも「学校通訳の倫理上、こうしたことは受けられないことになっています」と言って理解してもらうこととしたい。

# 7 関係支援機関・専門家等との連携・協力

## ［倫理・心得］

> (1) 関係支援機関や専門家等との連携・協力関係を大切にすること
> (2) 児童・生徒・保護者等から相談などを受けた場合は、自身で解
> 決しようとせずに学校関係者や専門家につなぐこと

## ［説明］

### (1) 関係支援機関や専門家等との連携・協力関係を大切にすること

　学校通訳者は、児童・生徒や保護者等の生活面を支援する機関・団体、専門家との連携・協力関係に関わることがある。たとえば、児童相談所の職員、警察官、役所の児童福祉担当職員、NPO やフリースクールのスタッフなどが挙げられる。さまざまな事情をかかえる児童・生徒や保護者等を支援するため、重要な役割を担う職員である。そうした関係者の職務内容を把握し、協力関係の構築に十分留意したい。

### (2) 児童・生徒・保護者等からの相談は学校関係者や専門家につなぐこと

　児童・生徒や保護者等からさまざまな相談が持ち込まれた場合の対応方法についてである。苦しいとき、心細いときに母語で話せる相手が目の前に現れると、人は何でも相談したくなるものである。前述のとおり、児童・生徒や保護者等の思いを傾聴し、受けとめることは大切であるが、投げかけられた相談に対して解決策を提示しては通訳業務から逸脱してしまう。通訳者は万能選手ではない。学校通訳者としては、まずは通訳に徹するべきであり、その上で、もし切実な相談が持ち込まれた場合は、学校のことであれば、学校関係者につなぎ、そこでの会話を通訳すればよいだろう。そのほかの相談であれば、その方面の専門機関や NPO、団体について教員に説明し、学校の判断として、そうした機関につなぐことが大切である。

# 8　マナー・礼儀

## ［倫理・心得］

> （1）清楚な服装を心がけ、社会人としての礼儀を大切にすること
> （2）児童・生徒等に対して体罰を疑われるような行為を慎むこと
> （3）児童・生徒に対して適度な距離感を保つこと

## ［説明］

### （1）社会人としての礼儀を大切にすること

　社会人として時間の厳守、清潔さの保持、服装への配慮（通訳業務時は清楚な服装）など節度と礼儀を守ることを求めるものである。これは、学校通訳者が専門職であることを前提に、社会人としてのルールをわきまえる必要があることを唱ったものである。また、人に接する業務であること、通訳利用者双方から信頼される必要があることを考えて設けた項目でもある。

　「清楚な服装」の順守においては、ジーンズや短いスカート、肌の露出が多い服は避けたほうがよいだろう。人と関わる業務において第一印象は重要である。清楚な服装は、接する人に良いイメージをもたらし、その後の関係がスムーズに進むと言われている。

### （2）児童・生徒等に対して体罰を疑われるような行為を慎むこと

　学校教育法第 11 条の規定に基づき、教員による児童・生徒に対する体罰は明確に禁止されている。どのような行為が法律でいう体罰に該当するか。文部科学省では、「突き飛ばして転倒させる」「ほほをつねる」「頭を平手でたたく」「ペンを投げつける」などを例示している。学校通訳者は教員ではないが、学校内での行動においては教員と同等の規範が求められると考えたい。

　学校通訳者は支援業務の一環で、あるいは正式に支援員として雇用されて教室に入り込んで日本語が十分でない児童・生徒の支援をすることがある。そのような活動が日常的になると児童・生徒と親しくなってくるものである。

そうした中で児童・生徒の学習を支援したり、良くない行動を注意したりする場合に、つい軽く手のひらで頭をたたいたりすることもあるかもしれない。

　しかし、児童・生徒とどんなに親しくなっても、体罰に当たるかどうかは、行為そのものの程度で判断される。「親しいからかまわないのではないか」では済まされない。したがって学校通訳者としては、体罰はもちろん、軽い接触行為なども、外部の者から疑われるリスクを回避するために、慎むべきであろう。

## (3) 児童・生徒と適度な距離感を保つこと

　児童・生徒と母語で会話することを通じて、信頼関係を構築し、親密度が増していくのは、支援業務を行う上では欠かせないことかもしれない。しかし、通訳業務では、場合によっては特別指導や退学勧告など児童・生徒にとって厳しい内容を告げないといけないこともあろう。学校側の意向が児童・生徒の意に反する場合でも的確に通訳する必要がある。いじめや暴力などの行為を見つければ、学校側に相談せざるをえないケースも出てくるだろう。

　このような場合に「自分の味方だと思っていたのに」「裏切った」などと反感を買うこともありうる。あるいは、逆に、適正な通訳が難しくなったり、児童・生徒の味方になって学校側と交渉しようという衝動にかられるかもしれない。これらはいずれも通訳業務に支障をきたし、通訳利用者から信頼されなくなるおそれがある。

　そのため、学校通訳者は、児童・生徒と親しくなったとしても適度な距離感が求められるのである。

### 参考文献

[1]　沢田貴志医学監修・西村明夫編［2017］『医療通訳学習テキスト』創英社／三省堂書店

# 第3章　多文化についての知識

　この章では、そもそも外国人とはどのような人々のことを言うのか、日本で生活する上でどのような制約があるのか、日本人と外国人とのちがいは何か、そのちがいはどのようにしたら乗りこえられるのかなどについて考えたい。

　具体的には、在留資格の概要、文化やアイデンティティについて説明していく。これらは、児童・生徒や保護者等の発言や行動、思い、意識のもとになっているものである。そうした知識を身につけ、「何を言おうとしているのか」「なぜそんな言動をとるのか」を理解することは、的確なコミュニケーションを確保する上で欠かせないものである。

## 1　在住外国人のアウトライン

　通訳の利用者は、片方は学校関係者だが、もう片方は多くの場合、外国人である。では、「外国人」とは、どのような人たちなのだろうか。**図表1**のとおり、大きく分けると、日本に住んでいる「在住外国人」と観光やビジネスで短期に日本を訪れる「訪日外国人」の2つになる。

　在住外国人は、住民票を有し、所得税や住民税などの税金を日本人と同様に払っている。しかし、外国籍であるために選挙権や公務員採用などに制約もある。在留資格によって、いくつかのタイプに分けられる。その中でも、特別永住者[1]とそれ以外の人とは、歴史や生活背景が大きく異なるが、通訳の利用者は、多くの場合、特別永住者以外の人である。

この他、通訳の利用者には外国出身の日本国籍取得者や中国帰国者[2]など、外国由来の日本人も少なくない。

**図表1　外国人の構成**

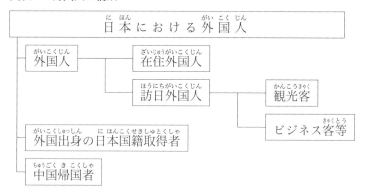

## 2　在留資格のアウトライン

### (1) 在留資格の意味

　外国人が日本に滞在するためには「在留資格」が必要である。具体的には、**図表2**のとおり、出入国管理及び難民認定法（略して入管法という）で規定された在留資格のいずれかを取得する必要がある[3]。

　通訳者として在留資格の知識が求められる理由は、児童・生徒や保護者等の生活背景に在留資格が密接に関係しているからである。たとえば、国際結婚の外国人女性が何らかの原因で離婚を余儀なくされると「日本人の配偶者等」という在留資格の要件を失う可能性がある。手をけがして外国料理のコックを続けることができなくなれば、「技能」という在留資格の要件を失い、他の職種に就くことは許されず、在留期間を超えてそのまま日本に滞在すると非正規滞在者となってしまう。

　このように、外国人は在留資格の制約から逃れられず、その生活を大きく左右する。よりよい通訳を行うためには、保護者等が示す態度や意思の背景を知っておくことが必要だが、在留資格はその根本をなしているのである。

## (2) 在留資格の内容

### ア．在留資格の種類

　在留資格は、次のとおり大きく分けて、特定範囲の中で就労が認められている在留資格、就労が認められていない在留資格、就労活動に制限がない身分・地位に基づく在留資格の 3 カテゴリーがある（**図表 2** 参照）。

#### a．特定範囲の中で就労が認められている在留資格

　このカテゴリーの在留資格は、たとえば、外国料理レストランのコックは「技能」、中学校や高校の語学教師は「教育」、研究機関の研究者は「研究」、通訳者は「技術・人文知識・国際業務」といったものである。その在留資格が許容する活動の範囲内でしか就労はできない。たとえば、「研究」は研究業務としての就労しかできず、研究機関を辞めて飲食店の店員になることはできない。

#### b．就労が認められない在留資格

　このカテゴリーの在留資格は「研修」や旅行者の「短期滞在」などであり、原則として就労不可である。外国籍の児童・生徒に関係する「留学」と「家族滞在」もこの範ちゅうに入るが、資格外就労許可を受ければ一定時間内（週 28 時間以内）で働くことは可能（風俗営業は不可）である。

#### c．就労活動に制限がない身分・地位に基づく在留資格

　このカテゴリーの在留資格は、「永住者」や日本人との国際結婚で得られる「日本人の配偶者等」、「永住者の配偶者等」、「定住者」などであり、どのような職業にも就ける。「永住者」の資格は最初から得られるものではなく、日本在住年数 10 年以上 [4] などの要件をクリアしないと許可されない。

### イ．家族滞在の注意点

　在留資格の中で、外国籍生徒に関連して注意が必要なものが「家族滞在」であろう。親が就労可能な在留資格で日本に在住している場合、その子どもは「家族滞在」という在留資格で在住することになる。たとえば、中華料理の調理人が「技能」、その子どもが「家族滞在」というケースである。しかし、学校を卒業して正社員として就職する場合は、在留資格の変更が必要となる。

## 図表 2 在留資格一覧表

| カテゴリー | 主な在留資格 | 内容 |
|---|---|---|
| a．特定範囲の中で就労が認められているもの | 教授 | 大学の教授・講師など |
| | 高度専門職 | ポイント制による高度人材 |
| | 経営・管理 | 企業の経営者・管理者 |
| | 医療 | 医師、歯科医師、薬剤師、看護師 |
| | 研究 | 政府機関や企業の研究者 |
| | 教育 | 小・中・高校の語学教師 |
| | 技術・人文知識・国際業務 | 理科系の技術者、企業の語学教師、デザイナー、通訳など |
| | 興行 | 歌手、ダンサー、俳優、プロスポーツ選手 |
| | 技能 | 外国料理のコック、パイロットなど |
| | 技能実習 | 技能実習生 |
| | 特定技能 | 一定の専門性・技能を有する即戦力人材 |
| | 特定活動 | ワーキングホリデイ、EPA による看護師等候補生など |
| b．就労が認められていないもの | 短期滞在 | 観光、短期商用、親族・知人の訪問など |
| | 留学 | 大学・短大・高等専門学校、各種学校の学生、高校生、日本語学習生など |
| | 研修 | 開発途上国からの研修生 |
| | 家族滞在 | 日本で仕事をする外国人や留学生等が扶養する家族（配偶者や子ども） |
| c．就労活動に制限がない身分・地位に基づくもの | 永住者 | 法務大臣から永住許可を受けた者 |
| | 日本人の配偶者等 | 国際結婚の人、その実子や特別養子 |
| | 永住者の配偶者等 | 永住者の配偶者と実子 |
| | 定住者 | インドシナ難民、難民、日系 3 世等 |

詳細は、第 6 章 8 高校卒業後の進路（2）企業・団体への就職（122 ページ）を参照されたい。大学に進学する場合でも、日本学生支援機構の奨学金を申し込むには在留資格を変更しないといけない。詳細は、第 6 章 8 高校卒業

後の進路（7）大学・専門学校の就学に対する支援制度（133 ページ）に記載した。

### ウ．在留資格の手続き

　在留資格の取得、更新（多くの在留資格には期間の定めがある）などの手続きは、法務省の行政機関である出入国在留管理庁で行われる。全国に 8 つ、北は札幌出入国在留管理局から南は福岡出入国在留管理局まであり、それぞれの出入国在留管理局には支局や出張所が設けられている。そのうち、仙台、東京、横浜、名古屋、大阪、神戸、広島、福岡には「外国人在留総合インフォメーションセンター」が設置されていて、日本語のほかいくつかの外国語で問い合わせに答えられる体制を整えている。在留資格に関して詳しいことを知りたいときは、そこに電話あるいは訪問して聞いてみるとよい。

## 3　在留カード

　在留カードは、3 か月超の在留資格を有する者（中長期在留者という）に対して発行される。日本で生まれた子どもも申請して在留資格を取得し、このカードの交付を受ける必要がある。16 歳未満の永住者の場合は、16 歳の誕生日でいったん有効期間が切れてしまうので、その前に更新手続きを行う必要がある。

　この場合の更新手続きは、保護者が代理で行うことができる。保護者と同居していない子どもの場合は、在籍する教育機関（学校）の職員（教員等）

が代理で申請手続きを行うことが可能である。

在留カードは常時携帯義務（違反者は罰金）があるが、16歳未満の者は免除されている。

## 4　非正規滞在

外国人の在留資格に関連して、不法就労とか不法入国、不法滞在といった言葉を耳にするのではないだろうか。出入国在留管理庁では、これらの外国人を、**図表3**の5つに分類整理している。

ただし、その中には自身の責任によらずして、そうした状況におちいっている人たちも含まれている。たとえば、日本人男性と結婚した外国人女性が夫の協力を得られず「日本人の配偶者等」の在留資格を更新できなかったケースが典型例であろう。そこで、学校通訳の世界では人道面に配慮して、犯罪者を意味する「不法」という言葉ではなく「非正規」という用語を使用していきたい。

**図表3　非正規滞在の種類**

| 種類 | 説明 |
|---|---|
| 不法残留 | 許可された在留期間を超えて滞在している場合 |
| 資格外活動 | 許可を受けずに、与えられた在留資格以外の仕事（職種）に就いている場合 |
| 不法入国 | パスポートを持たずに、あるいは偽造パスポートで入国した場合 |
| 不法上陸 | パスポートは有効でも入国審査（上陸許可）を受けずに入国した場合 |
| 刑罰法令違反等 | 刑罰法令に違反して刑事処分を受けた場合 |

## 5　在住外国人の生活背景

学校通訳の業務では児童・生徒と保護者等の生活背景を考えることが少なくない。在留資格の制約だけでなく、どのような経緯で日本に来ることに

なったのか、日本でこれまでに就いた仕事はどのようなものがあったのか、直面する課題や心理的なストレスは何なのか、などである。

　そこで、ここでは一般的な来日プロセスと、かかえているであろう課題やストレスについて述べてみたい。

## (1) 在住外国人の来日のプロセス

　在住外国人の主な来日目的は、日本人との国際結婚、就労、留学の3パターンであろう。

　日本人との国際結婚の場合は、通常より短い期間で在留資格「永住者」を取れるため、多くの人が移行している。しかし、この国際結婚は離婚率が高いことも指摘されている。原因はさまざまであろうが、在留資格が「日本人の配偶者等」のままでは、離婚の結果、配偶者ではなくなるために在留期間が切れたところで超過滞在状態となり、帰国を余儀なくされる。

　2つ目の就労目的の来日の場合は、来日時点では多くの人が日本永住を考えていない。在留期間限度内で働いて帰国する人や、ある程度の金額を蓄えられたら帰国しようと考えている人が多いのではないか。前者の例は技能実習生であり、後者の例は定住者の在留資格を有する日系南米人である。後者の場合、日本在住が長くなるに従って帰国の意思が薄らいでいき、結果的に永住という形になっていくパターンが数多く見受けられる。

　この場合の子どもの境遇を考えてみたい。当初、親は帰国前提なので、日本の教育の必要性を感じず、学校教育に関心が薄くなりがちである。あるいは、親がある程度経済的に安定してから、母国にいる子どもを呼び寄せるため、子どもの教育に関して把握できていない期間が生じてしまい、関わり方を見いだせない場合がある。子どもも自分の将来像を描けず、勉学意欲が向上しない傾向にある。しかし、年月が経って永住傾向が濃厚になってくると日本の学校教育が不可欠であることが分かってくるものの、子どもは義務教育年齢を過ぎてしまっていたりする。そうした子どもの義務教育への受け入れは、学校側がほかの子どもへの影響などを懸念して簡単ではない。

　3つ目の留学目的の来日の場合は、卒業後に母国へ帰る人もいるが、日本

での就職を目指す人も少なくない。就職したあと、日本人と結婚したり、仕事が軌道に乗って日本に永住したりする。

## (2) 直面する課題・ストレス

　課題・ストレスとして挙げられるのは、言葉のちがい、文化・ルールのちがい、仕事や生計面の不安定さ、家族・友人の不在の4つであろう。

　1点目の言葉のちがいは、行政サービスの情報をキャッチできなかったり、子どもの勉強について保護者としての指導監督に支障が出たりと、生活のさまざまな場面でストレスを生み出す。子どもは比較的早く日常会話ができるようになるが、日本語の文章を読んだり書いたりするのは、的確な教育と一定の年数がかかり、容易ではない。

　2点目の文化・ルールのちがいは誤解や戸惑いを生みだす。親の方は、日本の小・中・高校の学校生活経験がないため、PTA活動や学校行事、部活動、三者面談などの意義がわからなかったりする。

　日本人なら小さいとき、親からの読み聞かせなどを通じて自然に身についている教養や常識などが、外国につながる児童・生徒には、身についていない場合がある。学校側はそうした事情がわからず、「わかっているはず」として説明を省略してしまう場合がある。たとえば、日本人ならみんなが知っている桃太郎の話や舌切り雀などの昔話を使った比喩を言われても、ピンとこないことがある。

　あるいは、持ち物に名前を書くという学校からの指示も、持ち物の紛失は自己責任と考える外国人の保護者には、その必要性を理解できないかもしれない。

　3点目の仕事面では、景気が悪くなれば日本語が不自由な人から解雇される傾向がある。日本人が就職したがらないようなきつい仕事、つらい仕事、それでいて低賃金の仕事に就いていることが多い。

　4点目の家族・友人の不在は、母国の親・兄弟、友人の助けが得られないことから、日本で生活していく上で心身の負担が過度になる傾向を指摘しておきたい。たとえば、出産や子育てなどは、自身の親など家族のサポートが

ないと苦境におちいる場合もあるだろう。心理的にも不安定になりやすい。

　このように、在住外国人は日本で生活していく上で、いくつもの壁があり、ストレスをかかえこみやすい。通訳者は、こうした状況を常に想像できるようにしておきたい。

# 6　文化とは

　以上、在住外国人のアウトラインを学んできたが、次に、在住外国人の考え方や習慣などを理解するために多文化についての知識に関して考えてみたい。そのために、まず、そもそも「文化」とはどのようなものなのかを見ていきたい。

　「文化」という言葉は、1つには文化施設や新聞の文化欄といった、芸術に関わるものに限定した狭義の意味がある。もう1つには、社会的にまとまりのある価値観、考え方、習慣、行動様式、言語などまで含めた広い意味の定義もできる。人々が「文化」と言うときは、狭い意味の定義から広い意味の定義までの間のどこかをさして言っていることになろう。ただ、学校通訳に必要な「文化」の知識は後者のほうである。

　そうした価値観や習慣、行動様式、言語などを意味する「文化」について、もう少し説明を加えておきたい。文化共生学を提唱する浜本・森[1]によると、ヨーロッパでの話という限定付きだが、原始時代、人間が狩猟や魚を採ることで暮らしていたときには、社会的なまとまりとしての「文化」はなかった。その後、耕作を覚え、定住し、集団で生活をするようになると、集団の決めごとが必要になり、そこから文化が芽生えてきたとする。

　なお、「文化」と似た言葉に「文明」という言葉がある。「文化」が精神的、理念的な側面を持つ言葉であるのに対して、「文明」は物質的、技術的な進化、繁栄を言い表す言葉である。たとえば「エジプト文明」とは、エジプトが物質的に豊かになり、繁栄したことを指す。文化とは異なる意味であることがわかるだろう。

　文化には「進んだ文化」と「遅れた文化」があるのだろうか。第二次世界

大戦以前の帝国主義時代には、この考えが一般的だった。先進国の文化は進んでおり、遅れている文化を持つ国々を支援し、進んだ文化に変えていかなければならないという考えのもとに植民地をつくり、その支配を正当化していた。いわゆる優れた文化が劣った文化を導いていくというものである。

　この考えに一石を投じたのが第一次世界大戦前後に登場した文化人類学である。そのパイオニア的存在がポーランド系イギリス人のB.マリノフスキーといわれている。当時、未開の地と考えられていたパプア・ニューギニアの東にあるトロブリアンド諸島に計5年間住み、キリウィア語という現地の言葉を覚え、参与観察という手法で現地を調査した。その結果、その地方独特の「クラ交換」という「文化」を見出す。その著『西太平洋の遠洋航海者』[2]は、この分野の古典的文献となっている。その後、M.ミード[3]、R.ベネディクト[4]などによって、優れた研究が次々に発表され、学界の注目を集めた。そこでわかったことは「文化に差異はあるが優劣はない」という結論である[5]。これが、現在の考えの潮流となっている。

# 7　多文化共生

　多文化についての知識を学ぶ上で、社会的に定着してきた「多文化共生」という言葉を理解することが欠かせない。それは「異なる文化、多様な文化を尊重し、そうした文化を持つ人々と共に生き生きと暮らすこと」といった意味で使われている。マジョリティの政府や人々がマイノリティの人々の文化を否定・排除せず尊重し、生活において同化させようとすることなく、異なるものは異なったままで共に社会を築いていこうというものである。

## (1) 多文化共生の先行事例（欧米の状況）

　欧米では、多文化共生という言葉より、政治のあり方や政治制度の分野の用語である多文化主義（マルチカルチュラリズム）という言葉が使われている。人種差別撤廃運動が「黒人も白人と同じに扱ってほしい」と主張するのに対して、多文化主義は「同じにしないでほしい、ちがいを認めてほしい」

という主張になる。

　多文化主義の実践例としては、カナダのそれがよく引き合いに出される。そこでは、多様な文化との社会統合を進める英国系社会の多文化主義路線と、フランス系文化の尊重を旨とするケベック州の主張がからみあい、さまざまな議論が展開されてきた。そのほか、白豪主義から白人以外の移民の受入に転換したオーストラリアの多文化主義も注目に値する。

　こうした移民国家と呼ばれる国々以外では、EU 諸国の移民政策の動向が参考になる。たとえば、ドイツのトルコ移民問題、フランスのマグレブ諸国（アルジェリア、チュニジア、モロッコなど北アフリカの旧フランス植民地諸国）からの移民問題などである。これらヨーロッパの事例は、第二次世界大戦後の経済復興や高度経済成長の過程の中で大量の非熟練労働者を海外に求めた結果、その労働者たちが定住化し、家族を呼び寄せてコミュニティを形成したという経緯をたどっている。そうした中で異なる文化を受け入れる政策や言語習得の義務化と支援など、社会統合に向けた政策を展開してきた。

　しかし、経済が停滞し、失業率も高まるなど生活不安が広がると、イスラム系やアジア系移民に対する排斥運動が活発化し、ヨーロッパ統合、EU 化への反感や不安も重なり、移民に対する攻撃（集団暴行や殺人事件）や反移民・反 EU を訴える極右政党が議席を確保するなど、多文化主義的な政策や統合政策に揺らぎが見られるようになっている。

## (2) 日本の多文化共生の歴史

　日本の多文化共生の歴史を見ると、最初にアイヌ民族の同化の問題を取り上げる必要がある。アイヌの人々は、明治時代に元々自分たちの土地であった北海道の地を開拓者に奪われ、生活が困窮し、「野蛮で和人に比べて劣っている」と差別され続けてきた歴史を持っている。現在、アイヌ民族の人口はおよそ 5 万人から 6 万人といわれている。国はアイヌ文化振興法に基づき補助金を交付してアイヌの伝統と文化を普及、振興してきたが、「先住民」ではなく「少数民族」として扱ってきた。アイヌ民族支援法 5 も制定されたが、権利面の対応では、アイヌ民族の訴える北海道の奪われた土地の返還要

求は、課題として受け止めていない。

　今日の多文化共生を考えるとき、在日韓国朝鮮人の民族差別の闘いの歴史を忘れてはいけない。多文化共生の定着は、在日韓国朝鮮人の二世の人々による 1970 年代以来の民族差別との闘いが大きく影響している。多文化共生の取組は、国ではなく地方自治体によって始められたものだが、そのきっかけが在日韓国朝鮮人による国籍条項の撤廃への訴えであろう。こうした運動を受けて、先進的な地方自治体が、自治体の権限でできることに取り組んできた。たとえば、無年金者への福祉給付金の支給、生活実態調査の実施、地方公務員の採用における条件付き国籍条項の撤廃などである。さらに、川崎市では 1996 年に外国人の声を市政に反映させるため「外国人市民代表者会議」を設置した。その会議での議論をリードしたのが在日韓国朝鮮人の委員の面々であったが、彼ら彼女らの思いは在日韓国朝鮮人だけでなく、すべての外国人市民の生活がよりよくなるようにしたいというものであった。その後 1998 年にスタートした「外国籍県民かながわ会議」でも状況は同様であった。そこでの議論を踏まえて外国人のアパートへの入居差別に真っ先に取り組んだのも在日韓国朝鮮人の委員であった。

　なお、多文化共生という言葉に対して在日韓国朝鮮人の一部の人たちからは、「民族差別がまだ終わっていない中で、多文化共生という聞こえの良い言葉を使用するのは、差別の問題を見えにくくしている」という批判もある。こうした声にも正面から向き合っていく必要があるだろう。

　次におさえておきたいのが 1980 年代のインドシナ難民の受入である。地域的な片寄りはあるが、日本にとって日本語ができない異なる文化の人々を大量に受け入れた最初の経験であった [6]。

　1980 年代の後半には、好景気の中で労働力不足を補うために短期滞在の在留資格で入国したイラン人やパキスタン人などの非正規滞在者の問題が顕著になっていった [7]。非正規滞在者は公的医療保険に加入できないことや小規模零細企業に資格外就労で雇用されるケースが多く、労災保険にも加入（労災保険は在留資格の有無を問わない）していなかったりと、病気やけがの際に支払いの問題が生じていた。

1990 年代にはバブル経済による労働力不足を補うために、入管法改正によって日系南米人が多数来日し、工場の派遣（請負）労働者として働くようになった。日系南米人は、浜松市や鈴鹿市、豊田市、群馬県大泉町、太田市など工場が多い地域に集住しており、どこも生活上の問題が生じていた。そこで、それらの地域の地方自治体が共同で「外国人集住都市会議」を設置、各地域共通の課題を議論し、国に対して支援策の拡充や制度改正などを働きかけた。在住外国人の問題を国に気づかせ、政策発動を行わせた点で、この集住都市会議の意義は大きいと思われる。

多文化共生には上述のような経緯があったわけだが、多文化共生という言葉を生み、広めたのは、阪神淡路大震災の際に災害弱者となった被災地の在住外国人を支援したボランティアのグループであった。

現在、多文化共生の取組には、①日本語学習支援、②学校での子どもの支援、③災害時支援、④日本人への多文化理解（各国の歴史や文化の紹介、民族の料理、舞踊、衣装の紹介など）、⑤医療の支援、⑥生活相談、⑦行政情報の提供などが、地方自治体や国際交流協会、NPO によって展開されている。

## (3) 多文化共生の難しさ

多文化共生は、多文化主義と同様、上述のような取組によっても十分に達成されない難しい問題をかかえている。そもそも、異なっている点を重視しながら、本当に共に社会をつくっていけるのか、という問いである。たとえば、犬を食材とした民族料理は動物愛好家にとっては許されざる行為と映るかもしれない。その問いを解くカギは、寛容であるとか、日本人の持つ和の精神ともいわれているが、社会全体でそうした認識に至るには、相当の時間を要することも確かなようである。

一方で、どんな文化も尊重しないといけないのだろうか。たとえば、男女差別のような人権問題に抵触する文化があったとしたら、異なる文化として尊重すべきなのだろうか。社会の普遍原理を求めようとすれば、答は否である。が、何が許されて何が許されないのか、その線引きが難しいところでもある。

# 8 文化のちがいを乗りこえる方法

　多文化主義や多文化共生の原理において、簡単には解決しない難しい問題をかかえるにしても、学校通訳を実践するために当面考えることは、どうしたら異なる文化と上手に付き合っていけるのか、ということだろう。対象言語ネイティブの通訳者にしても、母国の文化のすべてに精通している通訳者はいないのではないだろうか。日本でも関東と関西の文化が異なるように、母国でも東西南北、地域ごとにそれぞれ独自の文化が存在するものである。
　そこで、ここでは異なる文化を理解するため、文化人類学や異文化コミュニケーション学の分野で古くから開発されている理論と技術をもとに、文化のちがいを乗りこえる方法を述べていきたい。

## (1) 感情制御

　文化の異なる人々と接すると、その考え方や習慣、態度に違和感を感じる場合がある。その原因が文化のちがいにあるのだと気がつかないときは、戸惑ったり怒ったりと感情がゆれ動くことがある。たとえば、約束の時間に遅れてくる人に対して「失礼な人だ」とか「マナーを知らない人だ」などと思ってしまう。しかし、その人の属する文化で「約束の時間」とは「その時間にプラス30分まで含まれる時間帯」とされていたらどうだろうか。電車の乗車口にきちんと並ぶ文化と並ばない文化、自動車の車線変更で割り込みがマナー違反とみなされる文化とみなされない文化など、日常生活でもいろいろな場面で文化のちがいに出会うだろう。
　そうしたときに必要な対処法をいくつか述べてみたい。まず、「人はみな同じだから、わかり合える」という思い込みを捨て去ることから始まる。実際は、人はみなちがう。だから理解するのにもそれ相当の努力が必要である、という認識を持っておく必要がある[8]。
　次に、ゆれ動きそうな感情をコントロールし、判断を保留することが必要である[9]。感情的にならないこと、そして「失礼な人だ」とか「マナーを守らない育ちの悪い人だ」とか、あるいは「頭が悪いのではないか」「性格

が悪い人だ」などと決めつけないことである。違和感を感じても、出身国・地域や性別、社会階層、能力、性格などのせいだと即断しないことが大切である。

　その上で、相手に寄り添って感じる「共感力（エンパシー）」を発揮することが大事だろう。これは「同情（シンパシー）」とは区別され、ものの見方や境遇を共有し相手の内面で感じるような行為であるという[10]。

## (2) 自分を知ること

　文化のちがいを受け入れるためには、まず、自分の文化、つまり自分が身につけている価値観、習慣、生活様式はどのようなものであるのかを知っておくこと、そしてその文化は自分の地域でしか通用しないもので、世界的、普遍的なものではないことを自覚しておくことが求められる。そうすれば「違和感」に出会ったとしても、他者の文化であることに気がつくはずである。

　その上で、ちがいを受けとめる「受容」という心の動きが必要である。受容には、自己の感情の「傾向」をおさえておく必要がある[11]。自分の常識では測れないものに出会ったときに、自分の感情はどんな反応を示すのかを予め知っておくと、出会ったときに心の準備が整いやすいという。これはソーシャルワークの技法の一つで、自己覚知 6 という。たとえば、「覚醒剤常用者に相対すると嫌悪感が湧いてきてしまう」と自覚していれば、覚醒剤に頼る人に出会ったときに感情に流されることを防ぐことができる。

　これを文化の異なる人とのコミュニケーションに応用すれば、たとえば、時間感覚が異なる人に出会ったときにも、自分の感情を制御し、その人を受けとめることができるだろう。

## (3) 多文化についての知識

　あらかじめ多文化についての知識を身につけておくことも異なる文化の人々とのコミュニケーションには重要である。文化人類学者の E.T. ホールは、世界の国々の文化を比較して、高文脈（ハイ・コンテキスト）文化と低文脈（ロー・コンテキスト）文化があるという[12]。高文脈文化の国は、言

葉ですべてを伝えなくても状況や話の文脈を察してお互いのコミュニケーションが成り立つが、低文脈文化の国では、すべての状況を言葉で伝えないとコミュニケーションが成り立たないというものである。たとえば、日本は、近代以降、個人の自律を追求するのではなく和をもって尊しとする文化が尊重され、また、1つの民族の文化が支配的であることから共有する情報が多い。つまり、「言わなくてもわかる」という高文脈文化に属することになる。一方、移民国家や多民族国家は「言葉できちんと伝えないとわかり合えない」低文脈文化になる。日本人の話を低文脈文化の国の人が聞くと、いつ、だれが、どこへなど、いろいろな言葉が省略されている場合（日本人同士であれば、その場の状況でわかってしまう）があり、理解するのはなかなか難しいということになる。

　また、同じくホールは時間の観念についても、モノクロニックな時間（M・タイム）観念を持つ文化とポリクロニックな時間（P・タイム）観念を持つ文化があるとしている[13]。M・タイムの人、たとえばアメリカ人は、計画やスケジュールをあらかじめ作って、それに固執し、一つずつ物事を片付けていくが、ラテン・アメリカや中東のようなP・タイムの人は、その時々に起こる複数のことを同時に考えて時間の使い方を決める。たとえば、アメリカ人と約束した商談の時間に親しい人が突然来訪したら、そちらとの話し合いを優先し、当たり前のようにアメリカ人を待たせることになる。閉店直後に飛び込んできた遠来の客に対して、閉店時間だからと入店を断るのがM・タイムの人で、遠路はるばる来てくれたことを理由に店に入れるのがP・タイムの人であるという[14]。

　こうした文脈や時間観念に注目した体系のちがいを知っておくのも、異なる文化を理解することを助けてくれるだろう。

　ただ、実際の文化の様相は、こうした単純化したモデルでは語れないほど多様である。したがって、文化のちがいを理解するためには、習得言語（第二言語）が使用されている国々の文化を、すべては不可能としても、典型的なものだけでも学んでおくとよいだろう。

　たとえば、中国人は「さっぱりしていて大ざっぱ、普通の知り合いにも親

類同様に親切であるといった国民性が見られ、生活状況は都会出身か地方出身か、富裕層か低所得層かで大きく異なるといった特徴をもち、多数の少数民族が存在する」、ブラジル人は「親切、広い国土による地域差あり、家族のきずなを大切にし、国民の 90％はカトリック教徒だが教会へはそれほど行かない、夕食の時間帯が遅く、量が多い、肉食が多い、デザートは超甘い」、フィリピン人は「サービス精神旺盛でノーと言えない国民性があり、直前キャンセルが多く、時間観念は今、ここを重視し、将来はその時に考えるべきという認識を持っている」、タイ人は「何事も心配いらない、大丈夫と考えがちな国民性であり、遠慮して本当のことを言わない傾向もうかがえ、王室を非常に敬い、名前が長いのでニックネームで呼び合う」といった程度の知識[15]は持っておきたい。

　ただし、その国の人の全体的な傾向は、そう言えたとしても、実際に出会う人が、すべてそれに当てはまるかどうかはわからない。したがって、思いこみは禁物であり、むしろ、個々人は「人それぞれ」と思っていた方が無難かもしれない。たとえば、ラテン系の人で日本人より几帳面な人もいる。自身の宗教上、タブーとされる食べ物を、住んでいる国の習慣に合わせて食べている人もいる。一般的にはタブーとされるものでも、出身国の地域の習慣によってタブーとはされていない場合もある。

## （4）柔軟性（相対化と複数化）

　相手を理解するためには、「ちがい」に注目する一方で、同じ土俵を探すことも必要である。文化的なアイデンティティだけではなく、アイデンティティは複数あるということを意識しておきたい。同じ女性同士であるとか、同じ職業につく者同士であるとかに注目し、そこに接点を見出して理解を深めることも大切であろう。

　精神科医の桑山紀彦は、在住外国人に対する精神疾患の診察では、「カルチャーフリー」（文化解放的）と「カルチャーバインド」（文化結合的）という 2 つの考え方があるという[16]。前者は、患者の文化的背景を加味せず、一人の人間個体として見る立場であり、後者は出身国に固有の文化的背景を

加味する立場である。その上で実際の精神分析を考えると、後者の立場で診察を行うことはそれほど多くないと述べている。

　この枠組みで異文化コミュニケーションの方法を考えると、カルチャーバインドに考える場合に必要なものは、前項までで述べてきた文化のちがいに対応する感情制御や多文化に関する知識ということになる。その一方で、カルチャーフリーに考える場合に必要なものとして、アイデンティティの複数性がある。また、他人に対する思いやり、偏見を持たないことや差別しないことといった、在住外国人だからといって特別に配慮するということではないものが多くあることに気づくだろう。

## 9　援助と傾聴の知識とスキル

　問題をかかえた人との接し方や人の話を聞く姿勢や態度、受け答えについて、基礎的な事項を述べておく。児童・生徒や保護者等と日常会話をかわす中で信頼関係を構築するときに必要かつ有益なものでもある[17]。

### (1) 感情表現の大切さの認識

　児童・生徒や保護者等は、苦しいときや困ったときに、泣いたり、怒ったりすることがある。そうした感情の表出は、人間として自然なことであり、また、感情を表に出すことで、心の整理に結びつく場合もある。そのため、児童・生徒や保護者等が感情をあらわにしたときは、そうした表現を尊重し、止めたり、なだめたりしないことが肝要である。

### (2) 通訳者の応答態度

　児童・生徒や保護者等が通訳者に対して自身の困りごとや生活事情などを語るとき、通訳者としてどのような態度が求められるのだろうか。どんなに大変な事情や苦労話を聞かされても、冷静に顔色を変えず対応することが必要なのだろうか。

　人と人とのコミュニケーションを良くするためには、また、信頼関係を構

築するには、次の4点に留意しておきたい。


### ア．きちんと話を聞くこと

　まず、1つ目は相手の話を途中で引き取らないことが重要である。たとえば、保護者等から「子どもの成績が上がって、先生からＡ大学も可能性があると言われた……」と語っている最中に、通訳者が口をはさんで「あの大学は大企業に就職できるから、良かったわね」と応答したとする。しかし保護者等は「でも、学費が高いし、遠くて通学費用もかさむから、子どもには別の大学を目指すよう説得するつもり」と続けたかったとしたら、どうだろうか。コミュニケーションのすれちがいが生じるおそれがあるだろう。

　2つ目には、相手の意見を最初から全否定しないこと、いったん話を受けとめることにも気を配りたい。たとえば、「あの生徒は何かのドラッグにはまっているみたいだけど、まったくだらしない」と言われた場合、その人に対して「あの生徒のことをよく知らないで、勝手なことを言わないでほしい」と反論したら、これもコミュニケーションが成り立たないだろう。こうした場合は、最初「ドラッグは身を滅ぼすから、しっかりやめさせないとね」と肯定的に受け答えし、そのあと「でも、あの生徒には私たちにはわからない複雑な事情があるのかもしれないので……」と付け加えると、お互いの意思疎通が図れる可能性がある。


### イ．聞くことを最優先にすること

　児童・生徒や保護者等の話に対して、自分の意見や感想を差しはさんだり、励ましたり、苦境の原因を聞いたり、解決策を提示したりしてはいけない。うなずくなど、誠実に話を聞いているという態度を示すとともに、相手の言ったことを、要約したり、そのままくり返したりして、言わんとしていることを的確に把握し受けとめているというサインを発することが効果的である。

### ウ．共感の表情を表に出すこと

信頼関係の構築には、相手の話に共感し、共感したことが相手に伝わるように自身の感情を表現する必要がある。オーバーアクションにならないよう気をつけながら、顔の表情と体の表現を意図的に表出するとよいだろう。

### エ．批判しないこと

児童・生徒や保護者等から暴力行為や犯罪行為などの話が語られることもあるが、そうした場合であっても、人間としての資質や性格などを批判したり、その人を非難したりしないことが重要である。悪いことを許すという意味ではなく、「罪を憎んで人を憎まず」という意識を大切にしたい。

## (3) 受けとめること（受容すること）

児童・生徒や保護者等は、場合によっては地域や学校、友人・知人に対して不平や不満をため込んでいるかもしれない。そのために規則や社会常識を逸脱する行為が散見されることもあろう。そうした場合であっても、児童・生徒や保護者等をありのままに受け入れることが重要である。人は皆、心のどこかに逸脱行為の背景をわかってほしいという願望を持っているものである。そうした気持ちに無関心な人には心を閉ざしてしまうだろう。

また、苦境におちいっている人は、時として通訳者に対してもどなったり、怒ったりといった八つ当たり的な言動を発する場合もあろう。そうした否定的な感情表現に対しても温かい視線を保ってほしい。

受けとめ（受容）を効果的に行うには、次の2つの点に留意するとよいだろう。

### ア．非言語コミュニケーションの活用

コミュニケーションには、言語情報のやり取りと非言語情報のやり取りの2種類がある。言語の情報が重要であることはだれでも納得できるところだが、それ以外の非言語情報の重要性は忘れがちではないだろうか。顔の表情や声の調子、手振り身振りなどの体の動き、服装といったものが代表的であ

る。受けとめなどのコミュニケーションには、この非言語情報が重要な役割を果たしている。そのため、通訳者としても常に注意しておきたい。

### イ．自己の感情の傾向を知っておくこと

　これは、前述した自己覚知の技法を活用するものである（<u>8 文化のちがいを乗りこえる方法（2）自分を知ること（39 ページ）</u>）。通訳業務の中で、たとえば攻撃的な性格の人や常識のない人に出会うかもしれない。そうした場合に備えて、攻撃的な人に会うと怒りの感情がわきがちであるなど、常日頃の自分の感情の傾向を知っておくことが有用である。そうすれば、そうした人に出会ったときも、自身の心のゆれをおさえることができるかもしれないし、感情が表出するのを防げるかもしれない。

# 10　異文化コミュニケーションのストレス

　異なる文化を持つ人と接するとき、同じ文化を持つ人のときよりも気を使わないといけない場合があり、その分だけ精神的に負担がかかることがある。行きちがいによるトラブルのリスクが頭をよぎることもあるだろう。E.T. ホールは「国外にいるアメリカ人は、ラテン・アメリカや中東にみられる、ポリクロニックな時間体系にぶつかったとき、心理的にさまざまなストレスを感じる」と述べている[18]。

　こうしたストレスは、上に述べた異文化コミュニケーションに必要な技術と知識を自然な形で活用することで、多くは防げると思われる。しかしながら、ケースによっては、異文化への戸惑いや在住外国人への否定的な感情をいだいてしまうこともあるかもしれない。そうした場合における対処法を以下に 3 つほど紹介したい。

　1 つは、「人」とは何かについて根本から考えることである。哲学から話を引くことになるが、そもそも自分の文化と異なる文化が存在することの意味は何だろうか。自己のアイデンティティにどう関係するのだろうか。この問いの答えを突き詰めて考えると、他者がいて初めて自分を認識するという

こと、つまり、自分自身を認識するためには自分と異なる他者がどうしても必要であるということ[19]に行き当たる。在住外国人との文化のちがいだけではなく、異なる文化は、男女のちがいや出身地域のちがい、年齢のちがいなど日常生活の中に広く存在している。

　ちがいにストレスを感じたときは、ちがいは人として存在する上で必要なものなのだということを思い起こしたい。

　2つ目は、人は傷ついている人を見過ごせない本性（ケアへの指向）を備えているということを挙げたい。心理学者のギリガンは、子どもの道徳観念の発達過程で、男子の発達度に比べて女子のそれは遅い、未熟だという当時の主流説に対して、男子は正義感を重視し、女子は正義感よりも相手への思いやりや配慮を重視するためにそう見えるだけだと主張した。子ども同士のケンカを解決するとき、正義という基準で白黒つける方法と、白黒ははっきりつかないかもしれないが、全員が傷つかず収まる方法があり、前者が男子の採用する方法で、後者が女子のそれだという[20]。この説は女子について強調しているが、人は皆、多かれ少なかれ、傷つけ合うことを避けよう、傷ついている人がいれば助けようという性分が養われているのではないだろうか。たとえば、駅のホームから人が転落したら、人はとっさに何とかしなくては、助けなくてはと思うだろう。

　異なる文化に接して面食らったとき、それでもケアへの指向は「本性」として内面に存在し消えないものだ、ということを思い出したい。

　3つ目は、文化のちがいを論理的に説明する力を身につけることである。通訳を行うとき、異文化へのストレスは自分自身だけでなく、学校関係者もいだくかもしれない。逆に学校関係者の行動様式や価値観に対して、保護者等と一緒に違和感をいだくこともあろう。こうなると、文化のちがいによる自分の中のストレスは、ますます増長してきてしまう。

　そうした場合、これまで述べてきた知識をフルに活用して「なぜ、そんなことを言っているのか」を考えるとよい。たとえば、母親が男性教員との個別面談を拒否する場合、伏し目がちにして教員の顔を見ない場合は、宗教的な意味、習慣としての行為、尊敬の念の表現方法なのだといった背景や理由

を思い出したい。

　しかし、これら3つを講じてもストレスが解消されない場合は、バーンアウト（燃え尽き症候群）のリスクが高まっていると考えたほうがよい。つまり、本当に疲れ切ってしまったら、通訳業務の活動を休んで、少し「文化のちがい」から離れたほうがよいだろう。場合によっては、心理カウンセリングなどを受けることも検討する必要があるかもしれない。

## 注

1　太平洋戦争前・戦中に朝鮮半島と台湾から日本に移住した人とその子孫を対象とした在留資格である。そのうち大多数を占めるのが在日韓国朝鮮人である。
2　第二次世界大戦終結の混乱の中で中国に残された女性や子どもを「中国残留邦人」といい、そのうち日本に永住帰国した人々を「中国帰国者」という。
3　特別永住者は別の法律によって規定されている。
4　「日本人の配偶者等」の場合などは期間が短縮される特例がある。
5　正式名は「アイヌの人々の誇りが尊重される社会を実現するための施策の推進に関する法律」といい、2019年4月制定。この中で初めてアイヌを「先住民族」と表記。同時にアイヌ文化振興法は廃止された。
6　自分自身を知ること。自分の価値観や性格などを把握しておくこと。

## 参考文献

[1]　浜本隆志・森貴史［2008］『文化共生学ハンドブック』関西大学出版部

[2]　寺田和夫・増田義郎訳［1996］『西太平洋の遠洋航海者』中央公論社（中公バックス世界の名著71）

[3]　M. ミード [1928]（畑中幸子・山本真鳥訳 [1976]）『サモアの思春期』蒼樹書房

[4]　R. ベネディクト [1946]（長谷川松治訳 [2008]）『菊と刀』講談社学術文庫

[5]　盛山和夫［2007］『リベラリズムとは何か　ロールズと正義の論理』勁草書房

[6]　田中宏［2008］『在日外国人』岩波新書

[7]　工藤正子［2008］『越境の人類学』東京大学出版会、樋口直人・稲葉奈々子・丹野清人・福田友子・岡井宏文［2007］『国境を越える』青弓社

[8]　久米昭元・長谷川典子 [2011]『ケースで学ぶ異文化コミュニケーション』

[9]　八代京子・荒木晶子・樋口容視子・山本志都・コミサロフ喜美 [2011]『異文化コミュニケーションワークブック』三修社

[10]　前同

[11]　F.P. バイステック [1957]（尾崎新訳 [2005]）『ケースワークの原則』誠信書房

[12]　エドワード・T・ホール [1976]（岩田慶治・谷泰訳 [1980]）『文化を超えて』TBS ブリタニカ

[13]　前同

[14]　末田清子・福田浩子 [2011]『コミュニケーション学』松柏社

[15]　西村明夫 [2009]『外国人診療ガイド』メジカルビュー社

[16]　桑山紀彦 [1996]『国際結婚とストレス』明石書店

[17]　前出 F.P. バイステック [1957]、沢田貴志医学監修・西村明夫編 [2017]『医療通訳学習テキスト』創英社／三省堂書店

[18]　前出エドワード・T・ホール［1976］

[19]　鷲田清一 [2010]『「聴く」ことの力』阪急コミュニケーションズ

[20]　キャロル・ギリガン [1982]（岩男寿美子監訳、生田久美子・並木美智子訳 [1986]）『もうひとつの声』川島書店

# 第4章　公立高校の入学までのプロセス

　日本の学校制度では、義務教育は中学校までであり、高校は就学義務がない。しかしながら、将来の進路として大学や専門学校などへの進学、企業への就職においては、ほとんどの場合に高校卒業資格あるいは高校卒業程度の認定が必要である。そのため、大多数の中学生が高校への進学を希望するのが現状である。

　本章では、公立高校の種類や特色など、志望校選びに必要な知識について、通訳者として必要な範囲で概要を説明していきたい。なお、高校には国立のものもあるが、地域的にも数的にも例外的な存在であるため、本書では触れないこととしたい。

## 1　中学校と高校のちがい

　中学校は義務教育（4-1）であることから、国民は全員、中学校で教育を受け、卒業する義務がある[1]。中学校設置者である区市町村の教育委員会（4-2）は、所管区域内の小学校卒業者を全員、どこかの中学に入学させ、公立中学校側は入学してきた生徒を全員卒業させる使命を負っている。そのため、公立中学校では入学者選抜（4-4）がなく、原級留置（留年）（4-3）などの措置はとられない。

　一方、高校は義務ではないため、入学するかしないかは、本人の意思によることになる。高校側も公立であっても、入試を行って入学者を選ぶことが可能である。義務教育ではないので、必要な単位（4-5）を取れない場合などに、

通称、落第といわれる原級留置（留年）などの措置がとられる。


# 2　公立高校と私立高校のちがい

## (1) 高校の設立者別分類

　高校には、**図表4**のとおり、国立と公立、私立の学校がある。公立の学校は市立と都道府県立がある。公立高校は、都道府県の教育委員会や市の教育委員会が設立したものである。私立高校は、国公立以外の高校であり、民間の学校法人が設立したものである。国立の高校は、国立大学付属高校という形で、全国に17校設置されている。

　なお、このほか、公立学校では、私立の中学校と高校に見られるような、中高一貫教育を行う中等教育学校[2]（4-6）という学校がある地域もある。ただし、私立高校と異なり、高校からの入学は認められていない。

　また、高校ではないが、中学校卒業後の進路として高等専門学校（5年で卒業）への入学という道もある。全国で国立、公立、私立を合わせると57校設置されている。全体から見ると少数であり、神奈川県や埼玉県のように設置がない県もあるため、本書では触れない。


**図表4　高校の設立者別分類**

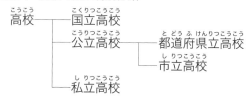


## (2) 公立高校と私立高校の特徴

　公立高校の最大の特徴は、学費が安いこと、数が多く、住んでいるところから通学が可能な範囲に存在する場合が多いこと、原則として、その都道府県や市に住んでいる人が入学できることがあげられる。

　私立高校の特徴は、学費が公立高校より高いこと、高校ごとに、たとえば、

難関大学への進学をめざして大学受験対策に力を入れるところや、宗教的色合いのある教育を盛り込んでいるところ、スポーツに力を入れているところなど、多様な教育方針が取り入れられていることが挙げられる。

## (3) 公立高校と私立高校の共通点

公立高校と私立高校は、同じ高校であることから、次の点で共通している。
・義務教育ではないため、生徒の勉学意志が必要であること
・入学者選抜（入試）があり、希望者全員が入学できるわけではないこと
・学費が必要であること
・進級（4-7）や卒業には、一定の単位を修得する必要があること、つまり原級留置があること

# 3　高校の種類と特色

高校は学習のスタイルによって、全日制（4-8）、定時制（4-9）、通信制（4-10）の3つの課程に分けられる。それらの特色を述べてみたい。

## (1) 全日制の特色

全日制は、朝9時前から、昼休みをはさんで、16時前まで、平日に毎日授業を受ける課程である。卒業まで3年間を要する。一般的に「高校」というと、この全日制の課程のことをさしている場合が多い。

授業が一斉に始まり、一斉に終わるため、生徒にとって毎日の生活リズムが安定する。授業終了後は部活動（4-11）などに関わる時間も確保できるため、たとえば、勉強とスポーツを両立させた学校生活を送ることもできる。

## (2) 定時制の特色

定時制は、特定の区切られた時間帯（午前、午後、夜間）で授業を受ける課程である。通常、卒業までに4年を要するが、1日に複数の時間帯の授業を受けるなどして3年で卒業できるような選択制度である三修制（4-12）を

持つ高校もある。入学料（4-13）や授業料（4-14）が全日制と比べて安い。

　かつては昼間に仕事をして夜に勉強する勤労者向けの課程というイメージが強かった。現在では、そうした勤労者のほか、中学校で不登校になってしまった生徒や経済的に課題をかかえる生徒、外国につながる生徒などさまざまな事情を持つ生徒が通っている。

　最近では、**図表5**のとおり、多様な定時制を設け、生活が安定しないなどの理由で、長時間の学校生活に向かない生徒の勉学の場としての機能も発揮している。

**図表5　特殊な定時制**

| 定時制の名称 | 内容 |
|---|---|
| 昼間定時制<br>（4-15） | 　定時制のうち昼間の時間帯に授業が設定されている学校のことをいう。午前コース（午前の部）、午後コース（午後の部）など、4時限ごとに区分されている場合が多い。1つのコースは、全日制と比べると授業時間が短いため、4年で卒業することを想定してカリキュラムがつくられている場合が多い。ただし、たとえば、午前と午後の両方の授業を受け、必要な単位をとることができれば、3年で卒業できる。 |
| 多部制定時制<br>（4-16） | 　1つの学校で、午前コース（午前の部）、午後コース（午後の部）、夜間コース（夜間の部）の3つの時間帯の定時制を設定している高校のことをいう。<br>［神奈川県の例］<br>　神奈川県では、こうした高校のことを「フロンティアスクール」と呼んでいる。<br>［東京都の例］<br>　東京都では、三部制の昼夜間単位制高校が設置されているが、不登校や中途退学経験のある生徒を受け入れる総合学科高校を「チャレンジスクール」と呼んでいる。<br>［大阪府の例］<br>　大阪府では、「クリエイティブスクール」の1つに「多部制単位制普通科」を設けている。<br>［兵庫県の例］<br>　兵庫県では「多部制高校」と呼んでいる。 |

## （3）通信制の特色

　通信制は、主に自宅において、教科書や学習書をもとに自主学習によってレポートを作成、高校に提出し、試験に合格して単位を修得する課程である。

毎日学校に通う必要はないが、月に2、3回、登校してスクーリング（4-17）といわれる面接指導を受けることが求められる。科目ごとに最低限のスクーリングの時間が定められている。レポート作成に苦労する場合は、登校した際に教員から指導を受けることができる。通信制は、4年間かけて学び卒業することを基本としているが、3年間で卒業することも可能である。

　自分の時間を比較的自由に使えるため、自分のペースで勉強したい人や、何らかの理由で毎日高校に行くのが難しい生徒に向く。また、入学者選抜にあたって学力検査（4-18）がないか、あったとしても科目数や時間数が少ないこと、授業料が安いことなどが特徴である。

# 4　学科の種類と特色

　高校は、勉強の仕方の種類によって、大きく次の3つの学科に分かれている。

## (1) 普通科

　普通科（4-19）は、国語、社会、数学、理科、英語などの共通教科を中心に勉強する、もっとも一般的な学科である。全日制、定時制、通信制の課程に設置されている。中学校と同じように、ほとんどの科目をクラス単位で学び、1年ずつ進級していく。

　主要な教科を幅広く学びたい場合や、1つの分野を専門的に学びたいという意向がない場合に選択されることになる。

## (2) 専門学科

　専門学科（4-20）は、多くの教科をまんべんなく学ぶのではなく、1つの分野に重きを置いて学ぶ学科である。将来、その専門分野に進みたいという意向が、ある程度、固まっている生徒に向く。主な専門学科の種類と特色は図表6のとおりである。

**図表6　専門学科の例**

| 学科名 | 特色 |
|---|---|
| 工業科<br>(4-21) | 工業に関する専門知識や技術、技能の基礎を学習できるよう授業が設定されている学科。工業科だけしかない高校は「工業高校」と呼ばれることが多い。 |
| 農業科<br>(4-22) | 主に農業に関する専門知識や技術、技能の基礎を学習できるよう授業が設定されている学科。農業科だけしかない高校は「農業高校」と呼ばれることが多い。 |
| 商業科<br>(4-23) | 商業に関する専門知識や実践的な知識を学習できるよう授業が設定されている学科。商業科だけしかない高校は「商業高校」と呼ばれることが多い。 |
| 体育科<br>(4-24) | 体育・スポーツに関する専門知識や実技の基礎を学習できるよう授業が設定されている学科。 |
| 美術科<br>(4-25) | 美術に関する専門知識や技術の基礎を学習し、美術作品の創作活動ができるよう授業が設定されている学科。 |
| 水産科<br>(4-26) | 水産業に関する専門知識や技術、技能の基礎を学習し、漁業実習ができるよう授業が設定されている学科。水産科だけしかない高校は「水産高校」と呼ばれることが多い。 |
| 国際科<br>(4-27) | 普通科の授業構成を基本にしながら、外国語の習得や国際知識などの学習に重点を置く学科。国際バカロレアに対応した高校もある。 |

　**図表6**に掲げたもののほか、各都道府県では、地域の状況に応じて、看護科や福祉科、音楽科、演劇科、家庭科、環境防災科などが設置されている。

## (3) 総合学科

　総合学科(4-28)は、普通科の科目と専門学科の科目を多様に選択して学べる学科である。自分の能力や適性、関心、卒業後の進学分野や就職分野などを考えて、幅広い選択科目の中から関連する科目を選んで学ぶことができる。

　自分のことをよく考えている生徒に向くが、それでも、3年間を通して数ある科目の中から、どんな科目を系統だてて選択するのが効果的かつ効率的なのか、判断に迷う場合もある（ただし相談体制あり）。

# 5　学校システムの種類と特色

　高校は、クラスや学年の分け方によって、次の2つの種類（システム）がある。

## (1) 学年制

　学年制（4-29）は、学年（1年・2年・3年…）によって、勉強する内容（カリキュラム）の多くが決まっているシステムである。

　クラスメートとおおむね同じ授業を同じ時間に同じ教室で受けることになるため、クラスへの帰属意識が高くなる傾向にある。

　学年終了時に、その学年に必要な学習が修了しない場合、つまりその学年で決められた単位が取れていない場合は、進級（学年が上がること）できない（原級留置）。もう一度、その学年を最初からやり直すことになる。

## (2) 単位制

　単位制（4-30）は、卒業までに必要な単位を履修（4-31）・修得すれば卒業できるシステムである。学年制と比べ、生徒が選択できる科目が多く、異なる学年の生徒が同じ授業を受ける場合もある。学年や原級留置がない学校もあり、生徒の自主性が尊重されるシステムといえる。一方で計画的に単位を修得していかないと、3年間で卒業できない可能性もある。

## 6　卒業後の進路と高校の種類との関係

### (1) 高等教育（大学での教育）を受けたい場合

　大学への進学（4-32）を考えている場合は、全日制高校を選択する人が多い。ただし、定時制や通信制の高校を卒業しても大学進学は可能である。

#### ア. 勉強したい学問分野がある場合

　生徒が特定の学問分野に関心がある場合は、専門学科や総合学科への入学を検討してよい。たとえば、コンピュータのシステム開発に関心がある場合、情報系の科目が数多く設置されている専門学科や総合学科が合うだろう。高校でそうした専門分野の基礎知識や基礎技術を学び、専門分野の学部や学科のある大学に進学して、さらに高度な知識と技術を身に付けるという将来プランを描くことができよう。

ただし、普通科を卒業しても、そうした専門分野の大学（学部や学科）に進学することは可能である。

### イ．勉強したい学問分野を探している最中である場合

自分の将来を考えて大学で高等教育を受ける必要性は感じているものの、高校を選ぶ段階では、特に関心の高い分野がない場合や探している最中である場合は、普通科を選択することになろう。

普通科で幅広い教科に接する中で、自身の関心分野に出会い、将来の進むべき道を探ることができる。

## (2) 就職を考えている場合

卒業後の進路（4-33）として就職を念頭に置いている場合は、全日制、定時制、通信制のどの課程も選択の視野に入れることができる。また、どの課程であっても、在学中に考えが変わって大学進学をめざす方向に進路変更することも可能である。

### ア．就職したい分野がある場合

高校卒業後に就職を考えている場合であって、希望する職業がある場合は、その分野に近い専門学科を選択することができる。たとえば、自動車製造業などに関心がある場合は、工業科が向く。東京都では外国人特別枠のある都立工業高校に自動車に関わるコースがある。

ただし、普通科卒業であっても、たとえば工業技術系の企業に就職することはできる。また、工業科を卒業して大学へ進学する道をめざすことも可能である。

進路として就職をめざす場合も、卒業後すぐに就職する以外に、専門学校（4-34）や公的な職業訓練校（4-35）・職業技術短期大学校[3]などへの進学も視野に入れておくとよいだろう。

## イ．就職したい分野を探している最中である場合

　高校卒業後に就職を考えている場合であって、希望する職業がない場合や探している最中である場合は、普通科や総合学科が適するだろう。

　ただし、普通科在学中に希望する職業分野を探す必要がある。卒業後の進路は上記「ア．」の場合と同様に、すぐに就職する場合と専門学校や職業訓練校を経て就職する場合の2とおりある。

# 7　志望校選びのプロセス

　高校へ入学するには、どこにどんな高校があるのか、お金はいくらくらいかかるのか、どんな入学者選抜が行われるのかなどを知った上で、どの高校を選ぶか（志願するか）を判断する必要がある。日本では公立高校であっても、非常に多くの種類がある。公立高校に入学する場合、そのうちの1つに絞って入学願書（4-36）を提出し、入学者選抜を受検（4-37）し合格する必要がある。

　そのため、入学の少なくとも6か月以上前から、その準備を始めることになる。また、教育委員会や高校側もいくつかの情報提供の場や機会を用意している。

　ここでは、公立高校への入学に際して、志望校選びのための情報入手の機会や受検・入学手続きなどについて、学校通訳に必要な範囲で概要を説明していきたい。

## (1) 進学ガイダンスの開催

　翌年度に高校入学を希望する人を対象に、高校進学ガイダンスが開催される。

　[神奈川県の例]

　神奈川県の場合は9月から10月頃に、「日本語を母語としない人たちのための高校進学ガイダンス」が神奈川県教育委員会とNPO法人多文化共生教育ネットワークかながわの共催で県内6箇所を会場として開かれる。こ

こで、高校の種類や募集の種類、入学者選抜の日程、志願手続き、入学案内などの説明を受けることができる。

[東京都の例]

日本語を母語としない親子のための多言語高校進学ガイダンスが、23区と多摩地域で合わせて年6回開催される。地域のNPOと高校教員、大学、高校、行政等が連携して実行委員会をつくり、高校入試の説明、先輩の体験談、保護者の体験談、個別相談、在留資格等についての法律相談ができる。

[埼玉県の例]

8月頃に「日本語を母語としない人たちのための高校進学ガイダンス」が埼玉県国際交流協会の主催により大宮で行われる。通訳付き。高校教員や埼玉県教育局、担当者、経験を伝える先輩たち、日本語教室の担当者等が来場し、希望者は全体の説明後に各ブースで個別に相談ができる。12月〜2月に浦和で「埼玉県公立高等学校入学者選抜における受検生心得」が県教育局主催で行われる。

[大阪府の例]

「多言語進路ガイダンス」（大阪府）と「多文化進路ガイダンス」（大阪市）が8月から11月の期間に府内の豊能、三島、北河内、中河内（3回）、南河内、堺・泉北、泉南、大阪市（2回）の8カ所で計11回、大阪府教育委員会、大阪市教育委員会等の主催で行われる。内容は高校入試制度等の説明、高校紹介、先輩の体験談、個別進路相談などである。

[兵庫県の例]

7〜9月に県内4か所で「外国人児童生徒等にかかわる就学支援ガイダンス」が県教育委員会主催で開催される。


## (2) 学校見学、学校説明会、体験入学の実施

高校側は通常、学校見学（4-38）の機会を設けている。入学をめざす学校を実際に訪問して、通学可能か、学校の施設はどうか、学校の雰囲気は自分に合っているかなどを確認することができる。

また、高校の講堂や体育館などで、学校説明会（4-39）を開催し、その学

校の方針や授業の特徴、学校生活のアウトライン、かかる経費、受検の方法などを説明することも行われている。

　さらに、短期間（1日とか半日程度）、学校生活を体験する体験入学（4-40）という取組を行っている高校もある。

## (3) 学力レベルの確認

　高校は入学者選抜に合格しないと入学できない。そのため、高校選びには、高校に関する情報とともに生徒自身の学力レベルの情報も必要となる。

　学力レベルの確認には、**図表7**のとおり、学力テストにおける偏差値(4-41)と調査書・内申書（4-42）の評点・内申点（4-43）、過去問（4-44）の正解率の情報が役に立つ。

**図表7　学力レベル確認手段**

| 学力確認手段 | 内容 |
| --- | --- |
| 偏差値 | 　学力テストにおける生徒の成績を、受けた全員の点数のばらつきから比較する数値。50を真ん中にして、50以下ならば他の人より相対的に成績が低く、50以上ならば相対的に高いと見る。 |
| 調査書・内申書の評点・内申点 | 　調査書とは、高校の入学者選抜で受検した生徒の合否判断に使用する書類。俗称で「内申書」といわれるもの。中学校が作成する。主な内容は、その生徒の中学校における各教科の学習評定、中学校での活動や行動の状況などである。<br>　評点（内申点）とは、調査書に記載されている各教科における学習評定の点数（通信簿の点数）の合計点。多くの高校で、この点数と学力検査での点数を合算して受検者の学力レベルを判断している。 |
| 過去問 | 　過去問とは過去に出題された試験問題のこと。過去問を解いてみることによって生徒自身の学力レベルを把握できる場合がある。また、受験する学校の試験問題の傾向や出題形式、解答の仕方を知ることができるという効果もある。 |

　進学校（4-45）と呼ばれる、難易度の高い大学に多くの卒業生が入学している高校に合格するには、日本語能力だけでなく相応の高い学力レベルが求められる。そうでなければ、中堅校（4-46）と呼ばれる、学力レベルが進学

校ほど高くないが、低くもない、中間的な高校を選ぶ道もある。

　あるいは、何らかの事情で中学校レベルの学力が身についていない場合は、学力検査を行わない高校を選ぶことも視野に入れる必要が出てくる。義務教育の内容を学び直しする授業が設定されていたり、授業時間が 30 分間に設定されていたりする学校もあり、生徒一人ひとりの学力に応じた教育が受けられる。

　[神奈川県の例]

　学力検査を行わない高校のことを、神奈川県では「クリエイティブスクール」と呼んでいる。

　[東京都の例]

　東京都では「エンカレッジスクール」や「チャレンジスクール」と呼ばれる高校に学力検査がない。

　[福岡県の例]

　「特色化選抜」を実施する高校では学力検査は行わず、面接（学校によっては、作文や実技試験）で選考を行う。

## (4) 中学校での面談

　調査書の学習の評点・内申点や学力が明らかになりつつある時期（中学 3 年生の秋から 12 月頃）に、中学校で担任教員などと生徒・親との三者面談 (4-47) が行われる。ここで、生徒の希望（どんな高校に行きたいか）や親の意向（大学付属の私立高校か公立高校かなど）、生徒の内申点のレベルと偏差値レベルなどによって、志望校のしぼりこみが行われる。

## 8　入学志願と入学者選抜（入試）

　高校に入学するには入学者選抜（入試）に合格する必要がある。以下に入試制度の概要を学校通訳に必要な範囲で簡単に解説する。

## （1）生徒募集

　都道府県の教育委員会は、高校入学希望者に対して、入学年度の前年度に、学校ごとに定員を決めて生徒募集（4-48）を行う。その募集方法は都道府県によって異なるが、おおむね次のとおり、推薦募集、一般募集、特別募集などに分けられる。

### ア．推薦募集

　推薦による募集は、中学校からの推薦が必要である。学力検査を行わず、面接試験（4-49）や作文（4-50）などが実施される場合が多い。ただし、推薦募集を実施していない都道府県も少なくない。

［東京都の例］

　東京都では主に全日制高校で行われている。一般推薦の入試では、集団討論、個人面接、小論文または作文などが実施される。

［兵庫県の例］

　兵庫県では、一部の学校や特色あるコース、専門的な学科において推薦入学の制度を設けている。入学のための検査では、面接、適性検査（学科試験）、小論文、実技検査などが行われる。

［福岡県の例］

　福岡県では、普通科国際文化コースおよび英語科において、推薦入学の特例措置を設けている。対象は、引き続き 1 年以上海外に在留した経験のある帰国生徒など。選考にあたっては、帰国生徒が海外での経験等を通じて培ってきた国際性や将来の進路に対する意識等を積極的に評価する。

### イ．一般募集

　一般募集は、学力検査を含む通常の入試を行うものである。

### ウ．特別募集

　外国人等特別募集（4-51）という制度が設けられている都府県がある。これは、来日して 3 年以内など日本在住年数の少ない外国人などを対象に、日

62

本語能力が不十分であることに配慮して、一般募集より少ない教科での学力検査や問題文に漢字ルビふりなどの措置が講じられているものである。募集する高校が限定され、募集定員も少人数となっているなどの制限がある。

　この外国人等特別募集は、名称が各都府県によって異なる。「外国人特別枠」などといわれることもある。また、全国で一律に行われている取組ではない。

### ［神奈川県の例］

　神奈川県では「在県外国人等特別募集」として、10校以上の高校（各校定員10〜20名）で受け入れている。入国6年以内の外国籍等の生徒が対象。入試は学力検査（国語、数学、英語）と面接などが行われる。

### ［東京都の例］

　東京都では在京外国人生徒を対象として、全日制課程の8校（各校定員10〜25名）で受け入れている。入国3年以内の外国籍を対象としている。学力検査を行わず、作文と面接（それぞれにおいて、英語または日本語のどちらかを選択することができる）が行われる。

### ［埼玉県の例］

　埼玉県では「外国人特別選抜」として、12校（2020年度現在）で受け入れている。日本居住期間が通算3年以内の外国籍等を対象としている。学力検査（数学、英語）と日本語による面接が行われる。

### ［大阪府の例］

　大阪府の場合は「日本語指導が必要な帰国生徒・外国人生徒入学者選抜」（7校・各校定員16名、14名、12名のいずれか）という制度を設けている。受検できる生徒は、原則として、小学校4学年以上の学年に初めて編入学した者で国籍は問わない。学力検査（数学、英語）と作文（日本語以外でも可）が行われる。

### ［兵庫県の例］

　兵庫県では「外国人生徒にかかわる特別枠選抜」として、5校（各校定員3名）で受け入れている。入国3年以内の外国籍（外国籍と日本国籍の重国籍を含む）を対象としている。面接と適性検査（基礎的な日本語、数学、英

語）が行われる。

[福岡県の例]

　福岡県では、帰国生徒等特例措置の「特別学力検査」で、入学することのできる高校が約20校ある。帰国生徒、外国人生徒等のうち、一定の条件を満たす者が対象。学力検査（国語、数学、英語）、作文、面接が行われる。

### エ．二次募集

　生徒募集を締め切り、入学者選抜を行った後に、入学予定者が募集定員に満たなかった場合、その学校は再度、生徒募集を行うことがある。これを二次募集（4-52）または二次選抜、再募集などという（都道府県によって名称と方法が異なる）。

## (2) 入学志願

### ア．入学願書

　高校入学希望者は、志望校に対して入学願書を出す必要がある。願書とは「入学させてほしい旨のお願い文書」という意味だが、内容は、志望校に対し、受検と合格後の入学手続きに必要な情報を記載して入学許可を求める書類である。

### イ．志願資格

高校入学を志願するには次の要件を備えている必要がある。

①入学時に15歳以上であること

②中学校（相当の学校）卒業または卒業見込みであること

③本人と保護者がその都道府県内に在住または在住予定であること（定時制や通信制の高校では保護者在住要件が無い。定時制の高校では本人の在勤要件だけでもよい）

　なお、外国人等特別募集の場合は、入国して3年以内、外国籍であることなどの要件が加わる。

　全日制高校では、学区（4-53）を設定している場合がある。これは、入学

希望者の居住地（住所）によって志願できる高校が決められている通学区域の指定制度である。

### ウ．都道府県外居住者からの入学志願資格承認

前述のとおり、本来、都道府県立高校は、その都道府県内の在住者だけが入学することができる高校である。しかし、たとえば保護者の転勤などで県外の中学校を卒業して県内に転居してくる家庭もある。各都道府県では、そうした生徒に入学を認めるため、都道府県外居住者からの入学志願資格承認申請（4-54）の手続きを用意している。

[神奈川県の例]

通称「第15号様式」「15号申請」という。具体的には、①入学する年度までに県外から神奈川県に転居を予定している人、②県外在住の人で入学する年度までに神奈川県に勤務予定の人が対象となる。なお、定時制または通信制のみを志願する場合は「第18号様式」「18号申請」による書類手続きになる。

[大阪府の例]

大阪府以外の居住者の場合、以下の書類を提出しなければならない。
・大阪府公立高等学校応募資格審査申請書
・大阪府内の転居予定先についての住居関係書類
・「日本語指導が必要な帰国生徒・外国人生徒入学者選抜」に志願する者は、中国等から帰国又は入国した時期並びに編入学（4-55）した時期及び学年を証明する資料

## (3) 志願方法

公立の全日制高校の入学者選抜日は各都道府県内で統一されている。そのため、受検できる公立の全日制高校は1つだけである。この受検に成功しないと、私立高校か、公立であれば二次募集する高校や定時制高校、通信制高校を選択する道を選ぶことになる。

日本では、高校入試に失敗して、どの高校にも入学できなかったという事

態を極力避けるようにしている。そのため、都道府県によっては、第2志望の高校や学科、コースを志願できる制度があったり、<u>志願変更（4-56）</u>を認める制度があったりする。志願変更は、ある学校に、いったん入学願書を提出した後、願書提出期限後の入学者選抜の競争倍率などを見て、あるいは、その後の事情変更などによって、志望校を変更し願書を異なる学校に提出することである。想像以上に競争倍率が高くて合格があやぶまれる場合などに有効な制度である。

### ［神奈川県の例］

神奈川県には<u>併願（4-57）</u>というシステムがある。併願とは、入学志願者が2つの学校に願書を出すことである。通常、第1志望の公立高校とそれより難易度の低い私立高校の2つに願書を出しておき、私立高校の合格後に入学手続き（一部）を行い、その後行われる公立高校の入学者選抜に合格したら、私立高校の入学を取りやめることができるものである。

### ［東京都の例］

東京都の私立高校では、併願優遇というシステムがある。第1志望の都立高校の入試で不合格になった場合、願書を出した私立高校に必ず入学することを約束してその私立高校を受験することをいう。この場合、この私立高校の合否は、学力検査を実施するものの、ほぼ内申点で決まるといわれている。

## （4）入学者選抜（入試）の内容

入学者選抜とは、文字どおり、学校が、願書を提出した入学希望者の中から入学させる者を選ぶことである。入学者検査と呼ぶ場合もある。世間的には「入学試験」や「入試」と呼ばれているものである。学校関係者は略して「入選」と呼ぶこともある。選抜方法は、都道府県によって異なる。

### ア．入学者選抜の実施日程

全日制高校の入学者選抜は、1回の日程で行う都道府県や、前期と後期に分けて2度目のチャンスを確保している都道府県など、都道府県によって方法が異なる。全日制と定時制、通信制についても日程を分けて行う都道府

県と同じ日程で行う都道府県がある。

［神奈川県の例］

　共通選抜と定通分割選抜の2区分がある。共通選抜とは、すべての公立高校のすべての課程（全日制・定時制・通信制）がほぼ同一の日程で実施する入学試験である。定通分割選抜とは、共通選抜の後に夜間定時制と通信制の課程で実施する選抜である。

［東京都の例］

　東京都には分割募集といい、あらかじめ募集定員を分割し、2回に分けて募集する高校がある。第一次募集期間における募集を分割前期募集といい、第二次募集期間における募集を分割後期募集という。

## イ．全日制の一般募集の入試内容

### a．学力検査

　学力検査とは、入学者選抜において合否判断に使用するため、学校を試験会場として入学志願者に課す学力試験のことである。一部の例外的な高校を除いて、すべての高校の入試には学力検査がある。一部の例外的な高校とは、神奈川県でいえばクリエイティブスクールなどである。学力検査科目は、英語、国語、数学、理科、社会の5教科が基本となる。ただし、専門学科や二次募集の場合は科目数が減る場合がある。

### b．面接試験

　入学者選抜において合否判断に使用するため、学力検査のほか、面接試験を行う都道府県がある。個人面接は、入学志願者を対象に、ひとりずつ学校の教員が短時間、対面で質問し、その対応状況を見るものである。集団面接といって、数人の入学志願者を一度に集めて面接をするところもある。面接官の質問内容は、志望動機、中学校での学習や活動の状況、高校での学習や活動への意欲、自己アピール、将来の進路、夢などである。

［神奈川県の例］

　神奈川県では面接シートを用いて面接をしている。面接シートとは、入学者選抜の面接において面接官が質問する際に参考として使用する書類で、入

学志願者が自分で、入学志願の理由や中学校での活動状況、自身の考えや性格、特筆できる活動などを記入して、入学願書と一緒に学校に提出する。

### c．その他の検査

入試では学力検査や面接のほか、スポーツや芸術といった専門学科などにおける実技検査や小論文（作文）、学校ごとに設定された検査などがある。これらの内容は都道府県によって異なる。

[神奈川県の例]

神奈川県では、各校の特色などに応じて総合的な能力や特性を見るため、独自の内容で検査（「特色検査」という）を行っている学校がある。

### ウ．定時制の一般募集

定時制も全日制と同様に、原則として学力検査がある。学力検査科目は、英語、国語、数学の3教科のところと全日制と同じ5教科のところなど、都道府県によって異なる。

学力検査のほか、面接も行う。面接の内容と方法は全日制と変わらないが、成人の志願者の場合はこれまでの就業経験などを聞く場合もある。このほか、作文や論文、実技検査、自己表現検査などを課す高校もある。

### エ．通信制

基本的に学力検査は実施されない場合がほとんどである。面接はほぼ必須となっている。高校によっては作文や小論文を書かせるところもある。

### オ．受検方法の特例

一般募集での特別な受検方法によって受検できる特例措置が用意されている場合がある。受検方法の特例（4-58）といい、学習に関する能力と意欲は有するが、日本語が不自由であったり、障害があったりするなどで通常の受検方法では合格が難しい入学志願者を対象にする制度である。試験問題の漢字へのルビ振り、用紙拡大、時間延長、別室等での受検といった特別な配慮を施した方法での受検を認める。入学志願者からの事前の申請が必要である。

[神奈川県の例]

日本語が不自由な入学志願者を対象にした「海外からの移住者等を保護者とする志願者の受検方法等申請書」により申請する特例措置が用意されている。通称「第5号様式・5号申請」などという。原則として日本に移住後または引揚げ後、6年以内の者（通算6年ではない）という限定がある。この方法は中学校を通じて申請する必要がある。そのため、中学校での教員との面談の場で、この措置が必要かどうかの確認がなされることがある。

また、障害を有する入学志願者の場合には、通称「第6号様式・6号申請」という受検方法等申請書で特例措置を申請できる。

[東京都の例]

・入国後6年以内の外国籍の受検者で日本語指導を必要とする者は、以下の特別な措置を申請することができる。

　①ルビを振った学力検査問題（共通問題）（第一次募集・分割前期募集又は分割後期募集・第二次募集に志願する者）

　②ルビを振った検査問題（在京外国人生徒対象の選抜に志願する者）

　また、第一次募集・分割前期募集又は分割後期募集・第二次募集に志願する者で入国後3年以内の外国籍の受検者は、上記①、②に加えて次の③の措置を申請することができる。

　③辞書の持ち込み及び学力検査時間の延長（ただし、国語の検査では辞書の持ち込みはできない。また、国語の検査では、時間の延長はない。持ち込める辞書は、希望する外国語について、日本語に対する当該外国語の訳が記載されている辞書1冊と、当該外国語に対する日本語の訳が記載されている辞書1冊の合計2冊を原則とする（例：日中辞典と中日辞典）。電子辞書は使用できない）

・入国後6年以内の日本語指導を必要とする日本国籍の生徒等（第一次募集・分割前期募集又は分割後期募集・第二次募集に志願する者）は、ルビを振った学力検査問題（共通問題）の措置を申請することができる。

[大阪府の例]

原則として、中国等から帰国した者、又は外国籍を有する者で、小学校第

1学年以上の学年に初めて編入学した者、その他特別な事情がある者を対象
に

①各検査教科等に規定した学力検査時間の約 1.3 倍。

②さらに①が認められた場合、次の 3 項目の配慮を申し込むことができる。

③受験者が希望する英語以外の外国語の辞書の持ち込みを 2 冊まで可能
とする（例：日中辞典と中日辞典）。

④国語において作文及び小論文形式の独立した問題が出題された場合は、
キーワードとなる語に受験者が希望する外国語を併記する。

⑤各教科の学力検査において、ルビをつけた学力検査問題を配付する（ル
ビは小学校学習指導要領学年別漢字配当表で示される漢字以外の漢字の
読みとする）。

[福岡県の例]

帰国生徒、外国人生徒等は、志願先高校の校長の審査を経て、下記の「一
般学力検査」特例措置の適用を受けられる場合がある。

①学力検査時間の延長（国語は 25 分、数学、社会、理科、英語は 15 分
延長）

②問題の一部について、別に漢字振り仮名表を用意

## カ. 追検査

インフルエンザ<sup>4</sup> にかかるなど、やむをえない事情により学力検査を受検
できなかった志願者の中で、希望する者を対象に検査を行う追検査（4-59）
という措置が用意されている。

## (5) 入学者選抜（入試）の合否

### ア. 合格発表

受検日の数日後、受検した高校で合格したかどうかの発表（HP 上で確認
できるところもある）が行われる。合格者は合格書類（合格通知書、入学手
続きに必要な書類など）を受け取る。

### イ．合否の判定

　入学者選抜の合否判定は、原則として、選考基準に基づき上位から成績順に、その高校の定員を満たすまで合格とし、最終的に校長が決定する（定員内不合格を出すところもある）。

　入学者選抜の成績の決め方は、通常、次のとおりとなる。

　入学者選抜の成績＝「中学校の成績（内申点）」＋「学力検査の得点」＋「面接の得点」（高校によって独自の検査がある場合は、その点数も加算される）となる。

　都道府県教育委員会や高校は、この各点に異なる重みづけをするため、係数をかけて最終的な成績の点数を出している場合が多い。

　たとえば、中学校の成績を重視する高校では、「内申点」×6 ＋「学力検査の得点」×2 ＋「面接の得点」×2 とし、学力検査を重視する高校では、「内申点」×3 ＋「学力検査の得点」×5 ＋「面接の得点」×2 などとする。

[神奈川県の例]

　神奈川県では、第二次選考という合格者の決め方がある。これは、第一次選考で成績順に定員の 90% まで選考し、残り 10% の人数を、中学校の成績（内申点）は考慮せず、入学者選抜当日の成績だけで判断するというものである。

[兵庫県の例]

　兵庫県の合否判定は、基本的に調査書の学習評定（内申点）5 割、学力検査の成績 5 割という比重で行っている。

### ウ．不合格の場合の対応

　受検した学校が不合格となった場合はどうなるか。あらかじめ滑り止め[5]に私立の高校を受験し、すでに合格している場合は、その学校に入学する道を選択できる。しかし、そうでない場合は、二次募集を行う学校（都道府県によって募集制度は異なる）や定時制、通信制の学校への再受検を行うことを考えなければならない。そうならないためにも、志望校の決定は、高校入試の的確な情報を有する中学校の担任教員とよく相談したうえで行う必要が

ある。

# 9　入学手続き

　高校に入学するには、入試に合格した後、入学手続きを行わなければならない。その後、入学が許可され、入学式（4-60）を迎えることになる。以下にその概要を述べる。

## ア．入学手続き

　合格発表日の翌日から合格した高校が指定する期日までに、入学金を納付し、必要書類をそろえて入学手続きを行う。必要書類の中に口座振替（4-61）の依頼書がある場合は、事前に金融機関に行って手続きをしておく必要がある。また、生徒の行為や学校に支払うべき経費に対して責任をとることを約束するため、誓約書（4-62）を提出し、あわせて保証人（4-63）を立てることを求められる場合がある。また、日本の中学校を経ていない場合などは住民票記載事項証明書が必要なこともある。

　これらは、重要な手続きなので、指定された期日内にどうしても学校へ行けない場合は、事前に高校に連絡する必要がある。

## イ．入学式

　日本の高校は入学時に入学式をとり行う。校長が新入生に対して入学を許可し、そのお祝いをする式典のことである。一般的には保護者も参列することが多く、式の中では校長からの式辞（お話）や、新入生代表の言葉、校歌斉唱などを行う。また、入学式終了後には保護者に対し、各クラスの担任が紹介される。入学式は日本の学校文化の代表的な儀式であり、新たなステージに立つ新入生にとって、人生の一つの区切りを意味するものとなっている。

# 10 外国につながる保護者が誤解する事例

　母国の制度のもとで教育を受けてきた保護者にとっては、日本の学校制度は感覚的に分かりにくいものであろう。そのため、実際と異なるイメージをいだいてしまっている場合も少なくない。**図表8**により、高校の種類に関して、よくある思い込みや誤解の事例を紹介する。

**図表8　外国につながる保護者が誤解する例**

| 誤解事例 | 背景・求められる配慮 |
|---|---|
| ・定時制は、特定の社会階層の人が行く学校である。→ × | ・国によっては、夜の学校は住み込みの家事労働者など特定の社会階層の労働者が通う学校だと認識されているところがある。<br>・定時制に対して、そうした夜の学校であるというイメージを強く持っている場合がある。<br>⇒そうしたイメージを根拠に、進学の選択肢として定時制を除外してしまわないよう配慮する必要がある。 |
| ・定時制の卒業では、大学など上級の学校の進学に必要な資格が得られない。→ × | ⇒定時制も通信制も、普通科以外の学科も、高校と名がつけば、大学等への進学に必要な高校卒業資格が得られることを理解してもらう必要がある。 |
| ・専門学科の高校からは、大学などの上級学校に進学できない。→ × | ・国によっては、専門学科は職業訓練校の扱いになるところがあり、大学進学ができないところがある。<br>⇒日本は高校と名がつけば、どんな学科も高校卒業資格が得られることを理解してもらう必要がある。 |
| ・ITや情報系の大学等に進むには、高校でそうした専門学科に入学しないといけない。→ × | ・国によっては、進路の振り分けが低年齢で行われ、後からでは変更できないところもある。<br>⇒日本では普通科高校から専門大学や専門学校に進むことも可能であることを理解してもらう必要がある。 |
| ・普通科高校は、どんな専門学科より社会的評価が高い。→ × | ・学科のちがいは、必ずしも学力の高低にはつながらない。<br>⇒将来の就職に際して、普通科よりも専門学科が有利な場合があることなどを理解してもらう必要がある。 |

| | |
|---|---|
| ・入学者選抜で一定の点数を取れば、希望の高校に入学できるはずだ。→ × <br> ・入学者選抜で取った点数によって、入学する高校が決まる。<br>→ × | ・国によっては、定員という枠を設けることなく入学者選抜を行うところや入学者選抜の点数で希望校のいずれかに振り分けられるシステムを採用しているところがある。<br>⇒高校ごとに定員があり、選抜方法が異なることや、入試倍率が重要になってくるという日本の事情を理解してもらう必要がある。 |
| ・定時制でも高校に在籍していれば「留学」の在留資格を取得できる。→ × | ・「留学」は、もっぱら夜間通学または通信により教育を受ける場合には適用されない。<br>⇒日本に在留する資格がない（なくなる可能性がある）場合には、事前に在留資格について確認しておく必要がある。なお、その場合でも高校を退学する必要はない。支援者等に相談すること。 |

注

1　外国籍の子どもの場合、国民の義務は課せられないが、教育を受ける権利を有している。

2　中学に相当する前期課程と高校に相当する後期課程を持つ。

3　説明は第 6 章の「8 高校卒業後の進路 (3) 職業訓練校への進学」（125 ページ）に記載。

4　新型コロナウイルスに感染した者や濃厚接触者に認定された者には、追検査のほか、別途の追加検査が用意されている都道府県がある。

5　合格確率が非常に高い高校。第 1 志望の高校に不合格となった場合に備えて、確実に合格する高校を受験しておくもの。

<br>

# 第5章　高校の経費と支援制度

## 1　公立高校入学・通学の経費

　公立高校に入学するには、受検料（5-1）、入学料、制服代（5-2）、体育着代（5-3）が必要となる。また、通学のための交通費、授業料、教科書（5-4）の代金、副読本（5-5）や補助教材（5-6）などの経費、学年費（5-7）、PTA会費（5-8）、修学旅行（5-9）の積立金（5-10）なども用意する必要がある。本章では、これらの経費について学校通訳に必要な範囲で簡単に説明する。

### （1）入学者選抜（入試）受検と入学にかかる経費

　公立高校の入試から合格して入学するまでの間にかかる経費について述べていく。記載した金額は 2020 年度現在のものであり、高校設置者（都道府県や市）や地域の物価水準などによって異なる場合がある。また、年度ごとに変更される可能性もある。

#### ア．入試受検にかかる経費

　公立高校の入学者選抜を受検するためには受検料が必要となる。全国的に、ほぼ同じ金額（全日制 2,200 円、定時制・通信制 950 円など）だが、ちがいのある県や市もある。

　志望校の見学、下見、入試には交通費もかかる。日本の風習では、家族や親族が寺社に合格祈願をしたりお守りを求めたりすることがある。

## イ．入学料・入学金

公立高校に入学するためには入学料（一般的には入学金と呼ばれている）が必要である。入学することに対して高校が入学者に課す料金である。入学手続き時に一括で全額支払う必要がある。全国ほぼ同じ金額（全日制 5,650 円、定時制 2,100 円、通信制 500 円など）だが、ちがいのある県や市もある。

## ウ．制服代

多くの高校では制服や標準服といったものが定められているため、入学前に、学校から紹介された服屋や洋装店で購入する必要がある。制服代あるいは標準服代の価格はおおよそ 5 ～ 6 万円前後と見込まれる。

## エ．体育着代・上靴代・体育館シューズ代

制服などは、運動など体育の授業に適さないため、各学校では指定の体育着あるいは体操着といった服を購入するよう入学時に指示がある（服装指定がない学校もある）。通常、学校名が入ったジャージなどであり、体育着代[1]として保護者が負担する。一般的には入学説明会の際、業者が来て採寸し、入学後に注文した生徒に配付される。あわせて柔道着（体育の授業で使用する場合）の購入も求められることがある。

また、学校によっては上靴代（5-11）も必要となる。これは、校舎専用靴の購入代金のことである。学校の校舎内では、外ではく靴とは別に校舎内専用の靴をはくよう求める学校がある。登校して校舎に入る際にはきかえる。多くの場合、学校から色や形が指定されているため、学校から紹介された靴屋から購入することになる。

さらに、体育館シューズ代（5-12）も必要となる場合がある。体育館で運動をする場合などに使用する靴の代金である。校舎専用靴とは別に、学校から体育館専用の運動に適した靴を用意することを求められる。

## （2）在学にかかる経費

ここでは、高校在学中、毎年かかる経費について概要を述べる。分類する

と、授業料や教科書代、私費といわれる学校教育上必要な経費として生徒および保護者から徴収するお金（学年費、生徒会費、補助教材費などの学校徴収金とPTA会費などの団体徴収金）、その他、生徒個人にかかる通学経費や通学バッグ代、修学旅行費（実施校のみ）なども経費としてかかってくる。

### ア．授業料

授業料は、高校に籍を置き、授業を受けるために必要な料金である。全国同一の金額設定（全日制年間118,800円、定時制年間32,400円）となっている。東京都の単位制の定時制では単位数により授業料が異なる。また、通信制高校では単位数×単価（都道府県によって異なる）という設定になっている。

### イ．教科書代

高校は義務教育ではないが、指定された教科書がある。文部科学省の検定に合格し、教育委員会が選定した教科に関するテキストである。各教科の授業はこの教科書を活用して行われるため、購入は必須である。この代金も保護者が用意する必要がある。義務教育ではないため有料となる。金額は教科によって異なるが、全体としては年間数万円の単位となる。

### ウ．私費（学校徴収金および団体徴収金）

#### a．教材費

指定された教科書のほか、教科書に記載された内容に関連した冊子や書籍（たとえば郷土史の解説冊子など）を補助的に活用して授業を行うことがある。これを俗に副読本という。副読本のほか、たとえば「地図帳」「問題集」「練習用ワークシート」といった冊子やペーパー類を使って授業を行うことがある。副読本を含めて、これらの総称を補助教材という。また、美術、書道、家庭科の授業に使う材料などにも経費がかかる。購入代金は保護者負担となる。

b．学年費

実習費、校外活動経費、災害備蓄品費（乾パンなど）、運動会（5-13）や文化祭（5-14）などの学校行事にかかる諸費も保護者負担として生じる。これらの 1 年の間にかかる経費を学年の開始する時点でまとめて集める。これを学年費と呼ぶことがある。

c．生徒会費

生徒会（5-15）の活動に必要な経費である。具体的な使いみちは、学校行事（運動会、文化祭等）や委員会活動（5-16）、部活動に必要な物品（ボールやボールケース、バドミントンのシャトル、ゴールネット、吹奏楽の楽器、文房具など）である。

d．PTA 会費

PTA 会費は、生徒の活動をサポートするために集められているが、PTA活動のための費用にあてることもある。具体的な使いみちとしては、教育振興のための物品（大学入試問題集、大学一覧等、授業用プロジェクター、プリンター、医薬品など）、PTA 保険代[2]、慶弔費[3]、卒業準備費（卒業証書ホルダー、コサージュなど）、広報誌代、環境整備費などである。

### ウ．そのほかの必要経費

a．通学用バッグ代

登下校に教科書などを入れるバッグで価格には幅があるが、通常 5,000 円〜 10,000 円程度のものを使うことが多い。

b．通学経費

自宅から学校まで公共交通機関（電車やバス）を利用する場合にかかる経費。6 か月の定期券を購入した方が割安となる。

c．修学旅行経費

多くの高校では、在学中に 1 回、何泊かの期間で修学旅行を行う。高校によっては海外に出かけることもある。こうした修学旅行の経費は、多額のお金（たとえば、神奈川県では 10 万円前後のことが多い）がいっぺんに必要となる。そこで、保護者がそうした費用を負担しやすくするため、あらか

じめ分割して積立金として集め、ためておくという方式がとられている。

### d．部活動費

日本の高校は部活動という特別活動があり、1日の授業が終了した後や土日等に活動を行う。部活動費は、その際にかかる費用である。たとえば、バレーボール部に入部した場合、練習着、シューズ、ユニフォームなどは自分で用意する。

### e．文房具代

授業を受ける際に使うノートや筆記用具などは自分で用意する。

## (3) 費用徴収方法

### ア．入学までにかかる経費

入学料は通常受検料と同様に、指定された期日までに納付書で銀行等に納付する。詳しい納付手続きや納付書の配布については、合格発表日に案内される。

制服代や上靴代、体育着代、体育館シューズ代などは購入する店に振り込むなど、直接支払う。

### イ．在学中にかかる経費

授業料や学年費など、毎月あるいは毎年かかる経費の徴収は、口座振替による方法を採用している場合が多い。これは、保護者の金融機関口座から自動的に引き落とし（5-17）される（学校の口座に支払われる）ものである。事前に保護者が預金口座を持っている金融機関での手続きが必要である。支払日（「引き落とし日」ともいう）に金融機関の口座に、支払額以上の預金残高がないと、引き落とし不能となり、別途現金で支払う必要が生じる。

### ウ．督促状

授業料など学校に関する費用を払う義務のある者が、その支払いをしない場合や滞った場合に、支払いを催促する書類を支払い義務者に出す。この文書を督促状（5-18）という。

# 2　公立高校の就学経費の支援

　公立であっても高校では、前項のとおり、入学から卒業するまでの間、授業料などの経費がかかり、そのお金を保護者が用意しなければならない。そのため、そうした経費負担に対して、いくつかの財政的支援制度も整えられている。ここでは、その概要について、学校通訳に必要な範囲で解説していく。

## (1)　入学料等の減免

　公立高校に入学するには数千円の入学料の負担がある。そのため、経済的な理由で入学料の支払いが困難な人に対して、その一部または全部を減額する入学料の減免制度（5-19）がある。入学料の免除は入学手続き日（合格発表から数日以内）までに申請する。また、神奈川県では入学者選抜の受検料についても減免制度を持っている。

## (2)　高等学校就学支援金

### ア．制度のあらましと対象家庭

　高等学校等就学支援金（5-20）は、高校の授業料をカバーする国の支援制度である。公立高校は授業料と同じ金額が支給される。返済は不要である。
　対象となる世帯は、保護者の区市町村民税所得割[4]（5-21）の合計が一定額以下（年収換算でおよそ 910 万円以下）の世帯である。支給期間は卒業するまで（全日制 3 年間、定時制 4 年間）である。

### イ．申請手続き（必要書類とスケジュール）

　この支援金の支給を受けるためには、申請手続きが必要である。申請書は、合格発表時などに高校で配布される書類に同封されている場合が多い。申請書とともに、マイナンバー関係書類、住民税（都道府県民税と区市町村民税）の課税証明書などを添付して提出する。
　1 年次は、入学時に申請書と前年度の課税証明書等を提出するほか、7 月にも届出書とその年度の課税証明書を提出する必要がある。2 年次からは 7

月1回の提出で済む。


## （3）高校生等奨学給付金

　高校に通うには、授業料のほか、前項に記載したようにさまざまな経費がかかる。そこで、経済的な困難をかかえた保護者家庭を対象に<u>高校生等奨学給付金（5-22）</u>という支援制度が用意されている。この給付金も返済不要である。


### ア．給付対象経費

　すべての生徒が安心して教育を受けられるよう、授業料以外の教育費（教科書の代金、補助教材の費用、学用品費、通学用品費、教科外活動費、生徒会費、PTA会費、修学旅行の経費等）を対象に給付金が支給される制度である。


### イ．対象となる家庭

　この給付金の対象家庭は、高校生がいる<u>生活保護（5-23）</u>の世帯[5]と、保護者全員の都道府県民税所得割および区市町村民税所得割の合計が0円（非課税）の世帯である。


### ウ．申請手続き（必要書類とスケジュール）

　この給付金の支給を受けるためには、高等学校等就学支援金とは別に、募集期間内に申請手続きが必要である。申請書とともに、生活保護世帯であることを証明する書類、あるいは<u>非課税証明書[6]（5-24）</u>を添付して提出する必要がある。非課税証明書とは、住民税は所得が著しく低い世帯では支払いが一部または全部免除されるが、そうした免除がなされていることを証明する書類のことをいう。区市町村が発行する。


### エ．支給額

　この給付金の支給額は、**図表9**のとおりである。生活保護世帯か非課税世帯か、高校生が何人いるかなどによって金額が異なる。

図表 9　高校生等奨学給付金の額（2020 年度現在）

| 生活保護世帯 | 全日制・定時制・通信制 | ― | 国公立高校在学者 | 年額 32,300 円 |
| | | | 私立高校在学者 | 年額 52,600 円 |
| 非課税世帯 | 全日制・定時制 | 第一子 | 国公立高校在学者 | 年額 84,000 円 |
| | | | 私立高校在学者 | 年額 103,500 円 |
| | | 第二子以降 | 国公立高校在学者 | 年額 129,700 円 |
| | | | 私立高校在学者 | 年額 138,000 円 |
| | 通信制 | ― | 国公立高校在学者 | 年額 36,500 円 |
| | | | 私立高校在学者 | 年額 38,100 円 |

## （4）奨学金制度

　上記の支援制度のほか、高校生のための奨学金[7]（5-25）制度も用意されている。奨学金のタイプは、返済の必要がない給付型奨学金と、返済が必要な貸与型奨学金の 2 つに分けられる。制度の主体で区分すると、都道府県・区市町村が設置している奨学金、民間団体が設置している奨学金に分けられる。

### ア．給付型と貸与型のちがい

　給付型の奨学金は、返済の必要がないものである。上記の就学支援金と奨学給付金も広い意味で給付型の奨学金といえる。下記のとおり市町村や民間団体に給付型の制度がある。

　貸与型の奨学金は、返済が必要な奨学金である。高校生の場合は無利子貸与が一般的である。卒業後に毎月返済が義務付けられている。つまり借金をすることになり、返済が滞れば督促状が送られてくるし、延滞利息が付く可能性もある。そのため、借入の時点で返済が可能かどうか、十分に検討しておく必要がある。

## イ．都道府県が設置している高等学校奨学金

　都道府県教育委員会では、高校生を対象にした無利子貸与型の奨学金制度を設けている。その多くが高校生本人が貸与を受け、自身が返済義務を負うものである。内容（対象者や金額、貸与条件など）は都道府県によってまちまちである。東京都や大阪府は給付型の奨学金制度を設けている。また、東京都では定時制高校の生徒対象の助成金制度もある。

### ［神奈川県の例］

| | |
|---|---|
| 貸与額 | 公立高校　月額　10,000 円または 20,000 円<br>私立高校　月額　10,000 円から 40,000 円まで 1 万円きざみで選択 |
| 募集期間 | 中学校 3 年生の 10 月（予約）または高校入学後すぐ |
| 応募資格 | ①県内在住者で高校在学（入学予定）者<br>②都道府県民税所得割と市町村民税所得割の合計が 409,600 円未満の世帯 |
| 保証人 | 連帯保証人 2 名（独立の生計を営む者）、うち 1 名は親権者等 |
| 返済猶予 | 大学等に進学した場合、返済を待ってくれる。 |
| 返済免除 | 条件を満たせば、返済が免除される（返さなくてもよい）場合がある。<br>（例）低所得世帯で成績優秀の場合、介護福祉士や看護師などで 3 年以上勤務した場合など |
| 短期臨時奨学金 | 高校入学準備のために資金が必要な場合に、入学後に貸与される奨学金の前倒し支給が可能（120,000 円） |

### ［埼玉県の例］

| | |
|---|---|
| 貸与額 | 公立高校　月額　15,000 円、20,000 円、25,000 円　から選択<br>私立高校　月額　20,000 円、30,000 円、40,000 円　から選択 |
| 募集期間 | 中学校 3 年生の 11 月（予約）または高校入学後すぐ |
| 応募資格 | ①高校在学（入学予定）者（埼玉県以外でもよい）、保護者が埼玉県在住。<br>②家計の収入の合計が基準額未満の世帯 |
| 返済猶予 | 高校卒業後 4 年 6 か月後に返済開始。返済期限 12 年間。 |
| 短期臨時奨学金 | 高校入学準備のために資金が必要な場合に貸与する。<br>（公立高校）50,000 円、100,000 円　（私立高校）100,000 円、250,000 円 |

## [大阪府の例]

大阪府では返済不要の給付型の奨学金を設けている。

| 応募資格 | ①保護者等（親権者全員）が都道府県民税所得割額及び市町村民税所得割額が非課税、もしくは生活保護（生業扶助）受給世帯であること<br>②保護者等（親権者全員）が大阪府内に在住していること。 |
|---|---|
| 支給額 | 公立高校　年額 32,300 円から 129,700 円（兄弟姉妹が高校等に在学する、しないにより、額が異なる）<br>私立高校　年額 52,600 円から 138,000 円（上記公立高校と同様） |
| 支給期間 | 3 年間 |

## [兵庫県の例]

兵庫県では公益財団法人兵庫県高等学校教育振興会により制度が実施されている。

| 貸与額 | 国公立高校　自宅通学者　月額　18,000 円、自宅外通学者　月額　23,000 円<br>私立高校　自宅通学者　月額　30,000 円、自宅外通学者　月額　35,000 円 |
|---|---|
| 募集期間 | 在学中の 4 月下旬から 5 月中旬 |
| 応募資格 | ①高校在学者、保護者が県内在住　　　　③連帯保証人 1 名が必要<br>②家計の収入の合計が基準額未満の世帯 |
| その他の追加貸与 | 通学定期券購入費、電動アシスト自転車購入費、タブレット端末等購入費等の貸与制度が設けられている。 |

## [福岡県の例]

福岡県では、公益財団法人福岡県教育文化奨学財団により奨学金の貸与（無利子）がある。

| 貸与額 | 国公立高校　自宅通学者　月額　10,000 ～ 18,000 円、<br>　　　　　　自宅外通学者　月額　15,000 ～ 23,000 円<br>私立高校　自宅通学者　月額　10,000 ～ 25,000 円<br>　　　　　自宅外通学者　月額　15,000 ～ 30,000 円 |
|---|---|
| 募集方法 | 「予約募集」（中学 3 年時に中学校に申込）<br>「在学募集」・「緊急募集」（高校等在学中に高校に申込） |

| 応募資格 | ①保護者が福岡県内に生活の本拠を有していること<br>②「予約募集」：世帯の全収入額（年額）が生活保護基準額の 1.5 倍以下<br>　「在学募集」・「緊急募集」：世帯の全収入額（年額）が生活保護基準額の 2.4 倍以下　など |
|---|---|
| その他の貸与 | 保護者が福岡県内に生活の本拠を有しており、4月に高校等に入学する生徒に対する入学支度金（公立高校：50,000 円、私立高校：100,000 円）の貸与もある。 |

## ウ．その他の奨学金

　市町村によっては高校生対象の奨学金制度を持っているところがある。給付の条件や申込期間などがそれぞれ異なるため、事前に問い合わせて確認しておく必要がある。

　また、公益財団法人など民間団体が実施している給付型や貸与型の奨学金もある。その応募資格や給付額などの制度内容はさまざまであるため、まずは在学する学校の教員に相談するとよい。

［川崎市の例］

| 奨学金タイプ | 給付型（返済不要） |
|---|---|
| 給付対象者 | 川崎市内在住、成績5段階評価で3.5以上、経済的困難世帯 |
| 支給額 | 学年や公立私立の別によって年額36,000 ～ 85,000 円 |
| 支給期間 | 1年間 |
| 申請方法等 | 在学する高校を通して川崎市教育委員会へ申請 |
| 他制度の併用 | 他の奨学金との併用可 |

# 3　外国につながる保護者が誤解する事例

　図表10 により、高校にかかる経費に関して、よくある思い込みや誤解の事例を紹介する。

## 図表 10　外国につながる保護者が誤解する例

| 誤解事例 | 背景・求められる配慮 |
|---|---|
| ・公立高校は、高等学校等就学支援金があるので、保護者の経費的な負担はない。→ × | ・就学支援金は授業料を無償化する制度であり、授業料以外の経費はカバーされない。<br>⇒高校では、そのほかに教科書代や制服代、体育着代などの経費が自己負担となることを理解してもらう必要がある。 |
| ・私立高校は入学時の費用が高いが、分割払いできるはずである。→ × | ・私立高校は、多くの場合、その高校のルールとして合格後すぐに数十万円の金額を一括で支払う必要がある。<br>⇒分割払いという方法は採られていない旨を理解してもらう必要がある。 |

## 注

1　体育着は、地域によっては体操服と呼ぶことがある。

2　全国高等学校 PTA 連合会の賠償責任補償制度。生徒や PTA の活動で、たとえば自転車事故で損害を与えた場合に被害者への賠償金を補償するもの。

3　慶弔の慶はお祝いごと、弔は死亡などのことをいう。ここの文脈ではお祝い金や香典などのことを指す。

4　前年の所得に応じて区市町村から課税される住民税の１つ。所得が多くなれば所得割の税額も多くなる。

5　生活保護は、世帯（全員合計）の所得や財産が少なく、親族などの援助も見込めない場合、生活費や家賃、学用品費、医療費などに当てる費用を支給され、最低限度の生活を保障する制度である。外国籍家庭の場合は、「特別永住者」「永住者」「日本人の配偶者等」「永住者の配偶者等」「定住者」といった定住性のある在留資格をもつ者だけが準用として適用されるが、「家族滞在」などの在留資格の者には適用されない。

6　都道府県民税・区市町村民税が非課税であることを証明する書類。

7　経済的な理由や家庭の事情から進学や在学が厳しい生徒・学生を対象に、学業に必要なお金を毎月給付あるいは貸与するもの。

## 第6章　公立高校の教育内容と学校生活

# 1　公立高校の教育活動

　学校では文部科学省によって定められた教育活動が行われる。教育活動とは、教育課程（6-1）に基づく各教科（6-2）の授業と特別活動（ホームルーム（6-3）の活動、生徒会の活動、部活動、入学式、運動会などの学校行事）をいう。ここでは、このうち教育課程と教科について解説する。

## (1) 教育課程と単位

　各高校は、教育目標を持っている。たとえば「責任を重んじ、相互に信頼し合う人間を育成する」といったものである。その目標を達成するため、生徒の実態や発達段階に応じ、有効な方策を盛り込んだ学校教育計画を作成している。その中で学習指導に当たる部分を構成するのが教育課程である。

　その内容は、生徒が3年間、各学年で学ぶ各教科の標準単位数が定められたものである。たとえば、体育であれば、1年生で3単位（週3時間）、2年生と3年生で各2単位（週2時間）などである。校外講座やボランティア活動、ホームルーム活動なども単位として位置づけられている。

　単位とは、文部科学省によって定められたものであり、授業35時間（週1時間）で1単位と数える。授業の2／3あるいは3／4に出席し、試験などで一定の成績をおさめたときに、その単位を修得できる。文部科学省が定める高校の卒業単位は74単位であり、高校卒業には最低限、この単位の履修・修得が必要である。ただし、多くの全日制高校では74単位を超える

単位の修得を卒業要件として義務づけている。

　定時制高校の教育課程は、通常4年で卒業するように組まれている。そうした中で追加の授業を受けたり、校外の単位を修得したりすることによって、一定の条件（3年終了時に74単位以上を修得）を満たせば、3年で卒業できる制度がある。これを三修制という。

## (2) 学期

　高校も小中学校と同様に学期がある。1年間を2つまたは3つの学期に分けて授業を行い、その間の成績評価を行っている。3つに分けたものが3学期制（6-4）であり、2つに分けたものが2学期制・2期制（6-5）、セメスター制（4月～9月と10月～3月）といわれるものである。なお、厳密にはセメスター制は半期単位認定制（6-6）のことであり、1年の半分の期間で科目（単位）が終わり、単位が取れる制度のことを意味する。

　学期と学期の間に夏休みや冬休み、春休みといった長期の休みをはさむ。

## (3) 教科

　教科とは、学校教育において、学ぶべき知識のひとまとまりのものをいう。教科の中を細分化したものが科目である。教育課程では、この科目ごとに単位数を定めている。教科と科目の種類の例は**図表11**のとおりである（なお、2022年度入学生からは大きく変更される[1]）。

## 図表11　教科と科目の種類の例

| 教科 | 科目（標準単位数） |
|---|---|
| 国語 | 国語総合（4）、国語表現（3）、現代文（6-7）A（2）、現代文B（4）、古典A（2）、古典B（4） |
| 地理歴史 | 世界史A（2）、世界史B（4）、日本史A（2）、日本史B（4）、地理A（2）、地理B（4） |
| 公民（6-8） | 現代社会（2）、倫理（2）、政治・経済（2） |
| 数学 | 数学Ⅰ（3）、数学Ⅱ（4）、数学Ⅲ（5）、数学A（2）、数学B（2）、数学活用（2） |

| 理科 | 科学と人間生活 (2)、物理基礎 (2)、物理 (4)、化学基礎 (2)、化学 (4)、生物基礎 (2)、生物 (4)、地学基礎 (2)、地学 (4)、理科課題研究 (1) |
|---|---|
| 保健体育 (6-9) | 体育 (7〜8)、保健 (2) |
| 芸術 | 音楽Ⅰ (2)、音楽Ⅱ (2)、音楽Ⅲ (2)、美術Ⅰ (2)、美術Ⅱ (2)、美術Ⅲ (2)、工芸Ⅰ (2)、工芸Ⅱ (2)、工芸Ⅲ (2)、書道Ⅰ (2)、書道Ⅱ (2)、書道Ⅲ (2) |
| 外国語 | コミュニケーション英語基礎 (2)、コミュニケーション英語Ⅰ (3)、コミュニケーション英語Ⅱ (4)、コミュニケーション英語Ⅲ (4)、英語表現Ⅰ (2)、英語表現Ⅱ (4)、英語会話 (2) |
| 家庭 | 家庭基礎 (2)、家庭総合 (4)、生活デザイン (4) |
| 情報 (6-10) | 社会と情報 (2)、情報の科学 (2) |
| 総合的な学習 (探究) の時間 (6-11) (3〜6) ※ 2 単位まで減らすことが可能 ||

　海外の学校教育ではなじみのない、あるいは一般的に聞きなれない教科や科目、単元、授業をピックアップすると**図表 12** のとおりとなる。

**図表 12　海外の学校教育ではなじみのない教科・科目・単元・授業の例**

| 教科・科目等 | 内容 |
|---|---|
| 現代文 | 国語の科目の 1 つ。現在の文体で書かれた書物を材料に、論理の展開や文章の解釈能力、日本語の表現などを磨くもの。評論文や小説、詩などを題材に学ぶ。 |
| 古典 | 国語の科目の 1 つ。平安時代から江戸時代の間に書かれた書物 (古文 (6-12)) や中国の古典書 (漢文 (6-13)) などを材料にして、その当時の文体の読み方・文法を学び、文章の意味や展開、作者の意図を読み取ることを学ぶもの。 |
| 公民 | 政治や経済のしくみ、現代の社会制度、倫理 (宗教や哲学の歴史や基本的な考え方、生命・環境・家族をめぐる課題など) を学ぶ。 |
| 保健体育 | 主に教室内で行う保健に関する授業と、校庭・グラウンドや体育館で実際に各種の運動・スポーツを行う授業の 2 科目に分かれる。 |
| 情報 | 文章作成や表計算ソフトの基本操作、インターネットやソーシャルネットワークなどの情報に関する知識や考え方、それらの活用方法などについて学ぶもの。 |
| 総合的な学習 (探求) の時間 | すべての高校で各学年 1 または 2 時間置かれているが、教科書はなく、授業内容は各校で大きく異なる。将来の進路に関係した学習をすることが多いが、生徒に何らかの課題を設定させ、自ら調べ、体験し、行動して、それを発表させている学校もある。 |

| 道徳（6-14） | 生命を大切にする心や他人を思いやる心を養うもの。また、自ら主体的に善悪の判断ができるように社会のルールを守る意識を磨く教育。たとえば、偉人など望ましい生き方をした人物などの資料をもとに、その人の考え方や意欲、態度などを考えたりする。 |
|---|---|
| 作文<br>（小論文） | 自分の意見や感想を一定の長さの文章で表現する能力を養うもの。 |
| 長文読解<br>（6-15） | 長い文章（1,000字など）を読んで、その論理展開や文章の意味、作者のねらい・主張を読み取るもの。 |
| 実験（6-16） | 授業の中で、フラスコやビーカー、電子回路基板などの道具を使い、実際に科学現象などを発生させ、それを観察して科学的な原理などの知識を身につけるもの。 |
| 校外学習<br>（6-17） | 授業の一環として、学校の外に出かけ、実際のものを見聞きして、学ぶもの。 |
| プログラミング教育（6-18） | コンピュータを動かすプログラムのしくみや作り方を学ぶ教育。 |

## (4) 科目選択

　文部科学省によって、必ず履修が求められる教科と、その教科の中で選択的に必履修が求められる科目が定められている。

　各高校の教育課程には、そうした文部科学省の基準に沿って<u>必履修科目（6-19）</u>が盛り込まれている。一方、その高校の教育目的や学科の特色などに基づいて、選択科目も用意されている。

### ア. 必履修科目

　文部科学省では、必履修教科として、国語、地理歴史、公民、数学、理科、保健体育、芸術、家庭、外国語、情報の10教科を定めている。1つの教科は複数の科目で構成されている。その複数の科目の中で、進級や卒業のために必ず単位を取らなくてはいけない科目が必履修科目である。

　たとえば、教科が国語の場合、必履修科目は、国語総合であり、数学の場合、数学Ⅰである。

### イ．選択科目

　選択科目（6-20）は、必履修科目以外で生徒の関心や進路選択上の必要性によって選べる科目である。たとえば、1年次は芸術（音楽、美術、書道）の中から自分の希望する科目を選択したり、2・3年次は、文系であれば古典や国語表現、理系なら物理や化学を選択したりといったように、将来自分の進みたい進路に対応した科目を選択することである。

　ただし、どのような科目を、どの程度選択できるかは高校によって大きく異なっている。たとえば、「科学と人間生活」は理科の必修選択科目の一つであるが、大学受験科目ではないため、実際には設置していない学校も多い。また、東京都や兵庫県では、一部の学校で学校設定科目に「日本語」が設けられている。

　地理歴史の「日本史」と「地理」は、文部科学省はどちらか一つを必修科目としているが、東京都や神奈川県は日本史を必修科目と決めている。

### ウ．履修ガイダンス

　通常、学年が始まる前に、必履修科目や選択科目、進級や卒業に必要な科目、単位数に関する説明の場として履修ガイダンス（6-21）が実施される。主に選択科目の選択に関して、どの科目をどの程度選択したら、生徒の希望や将来の進むべき道に合うか、教員が生徒に指導助言する機会となることが多い。

　生徒は、履修ガイダンスの説明を踏まえて、1週間の授業のスケジュール表である時間割（6-22）の中で履修する科目を決めていく。

## (5) 特例的な学習指導の形態の例

　日本語の能力が十分でない生徒や授業についていけない生徒などに対して、よりていねいな学習指導の形態をとる場合がある。以下にその主なものを列挙する。

### ア．取り出し指導

　取り出し指導（6-23）は、日本語の能力が十分でない生徒などを対象に、

国語や地理歴史など、ある特定の授業の時間にクラスの授業から離れ、別の教室で個別に指導を受けることをいう。取り出し授業と呼ぶこともある。たとえば、国語の授業のときに、別の教室で語句を中心とした学習や漢字の読み書き、教科の復習などを行うことである。

### イ. 入り込み指導（ティーム・ティーチング）

入り込み指導（6-24）は、日本語の会話能力は備わっているものの、学習言語の力が十分でないなどのため、授業についていけない可能性のある生徒を対象に、授業を受け持つ教員以外の者（母語を話せる支援者）が、対象生徒の横で小声でヒントを与えるなど授業の補助をするものである。

### ウ. 補習

補習（6-25）とは、授業時間外に、学習の遅れが見られる生徒や試験成績が悪かった生徒を対象に、授業を補完するために学校内において、教員または地域の講師支援員等の指導のもとで行う学習である。学校によっては、日本語学習のための補習を行ったり、大学入試などへの対応でハイレベルな学力をめざして行うこともある。

## 2　公立高校の指導体制

高校には、教員と職員が配置されている。教員には、いくつかの担当やポストが割り振られている。また、教員以外にも高校に関連する組織が位置付けられている。以下に、それらの主なものについて概要を解説する。

### (1) 教職員等

#### ア. 学級担任

学級担任（6-26）とは、あるクラス（学級）の担当教員のことをいう。単に「担任」と呼ぶことが多い。通常1年間担当し、そのクラス（学級）の生徒の指導・支援や保護者対応を行う。

## イ．学年主任（学年リーダー）

　学年主任（6-27）は、各学年に１人配置されている。その学年の指導方針を考えたり、各クラス担任教員のとりまとめを行ったり、ほかの学年との調整などを図ったりする役目を担っている。

## ウ．生徒指導担当教員

　生徒指導とは、生徒一人ひとりの人格を尊重し、自立に向けて生活習慣の確立や規範意識の向上などについて指導することである。生徒指導担当教員（6-28）は、学校の中で、全教員に生徒指導をはたらきかけ、学校全体の生徒指導の状況や課題を把握し、校長などの管理職に報告、相談する担当教員である。

## エ．教育相談コーディネーター

　教育相談コーディネーター（6-29）は、教育委員会が主催する養成講座を修了した教員から校長が指名する。学校の中で、問題や悩み、困り事をかかえている生徒とその保護者を支援する。具体的には、学級担任の教員や管理職の教員などと支援体制をつくったり、支援計画を作成したり、担任に助言したりする。

## オ．養護教諭（養教）

　養護教諭（6-30）は、保健室に常駐して、生徒の健康診断の計画を立てたり、施設の衛生面の検査計画をつくったり、生徒のけがや病気の際の応急手当に関わったり（医療行為は不可）する。また、困難や課題をかかえる生徒の相談役になったりすることもある。略して「養教」ということもある。業務の詳細は、第7章9学校生活・PTA（3）健康管理（160ページ）を参照されたい。

## カ．スクール・ソーシャルワーカー

　スクール・ソーシャルワーカー（6-31）は、教員ではなく社会福祉士（国家資格）などの資格やケースワークの経験を有する者を非常勤職員として採

用しているものである。学校で教員と協力し、何らかの理由で困っている生徒とその保護者を対象に、ケースワークを行う。具体的には、児童相談所[2] (6-32) 等の関係機関と調整を図りながら、社会福祉的な立場で家庭訪問し、保護者のケアをしたり、教職員に指導助言をする。「SSW」（School Social Worker の略）と呼ぶことがある。

### キ．スクール・カウンセラー

スクール・カウンセラー（6-33）は、教員ではなく臨床心理士の資格を有する非常勤職員である。略して「SC」と呼ぶことがある。

心理面で支援が必要な生徒に対して、学校でカウンセリングを行う。具体的には、学校の教育相談体制、生徒指導体制の中で、いじめ、暴力、不登校等の問題行動や、発達の課題、精神科領域の問題、家庭や親子関係の課題等、生徒がかかえるさまざまな悩みや問題に対し、次のようなアセスメントやカウンセリング（見立て・情報収集）等を行う。

- ・生徒へのカウンセリング・・・生徒から悩みや相談を聞く。
- ・保護者に対するカウンセリング・・・保護者の悩みや相談を聞く。
- ・生徒に関するアセスメント・・・専門的な見地から見立て（心理的査定）をする。
- ・教職員に対するコンサルテーション・・・指導助言を含めた検討を行う。
- ・緊急時への対応・・・生徒が事故やトラブル等に巻き込まれた場合に対応する。
- ・研修会等の実施・・・教職員や保護者に対し、心理的な面についての講話等を行う。

### ク．日本語指導支援員

日本語指導支援員（6-34）は教員ではない。非常勤職員として採用されている場合もあるが、ボランティアの場合もある。日本語が十分でない外国につながる生徒に対して、授業中や放課後に教室の中で、あるいは、個別の教室などで、日本語や教科の学習を支援したりする。

### ケ．母語支援員

　母語支援員（6-35）も教員ではない。上記と同様、非常勤職員あるいはボランティアである。日本語が十分でない外国につながる生徒に対して、授業中に教室の中で、母語を交えて教科の学習を支援したりする。

## (2) 学校に関係する組織・団体

### ア．教育委員会

　教育委員会という言葉は、次の3とおりの使われ方をする。
①教育委員による協議体
②教育長、教育委員と教育委員会事務局
③教育長、教育委員、教育委員会事務局、学校、図書館、博物館などを含めた教育委員会に所属する組織の全体
　学校の教員が「教育委員会」というときは、②を意味していることが多い。

### イ．教育センター教育相談窓口

　教育センター教育相談窓口（6-36）は、都道府県によって名称が異なる。総合教育センターの教育相談課であったり、教育相談センターと称したりしている。いずれも、不登校（6-37）や引きこもり（6-38）など、学校や家庭における教育に関するさまざまな悩み事や、障害に関することなどを、来所で、あるいは電話で相談できる。教育委員会の組織の1つである。

### ウ．同窓会

　同窓会（6-39）は、学校の卒業生が自主的に組織した団体という位置づけである。年会費を集め、総会や親睦会を開催して互いの交流を図っている。また、母校を支援する目的で、生徒のために学校に施設改善を要望・提案したり、部活動などで全国大会に出場して活躍すると、寄付を集めたり、応援にかけつけたりする。

# 3　公立高校の成績・評価・評定・卒業要件等

## (1) 成績（評価、評定）の出し方

### ア. 成績（評価）の判断材料と出す時期

　教科には成績（6-40）をつけることが義務付けられている。そのため各教科は、学期ごとや学年ごとに何らかの形で、学習目標に対してどの程度、学びが身についたかを測る。その測った結果が成績である。

　評価の判断材料は、定期テスト（6-41）や小テスト、レポート、実技、欠時・欠課（6-42）数などである。特に成績を左右するものが中間テストや期末テストといわれる定期テストである。これらは、生徒の学習の進み具合を確認し、苦手な部分の把握など今後の学習指導に生かすため、学期末などに学校で一斉に行うテストである。

　欠時・欠課とは、1 日のうち、1 つの授業、あるいは複数の授業を欠席することである。たとえば、2 日間、風邪で学校を欠席し、その間に体育の授業が 3 時間含まれていた場合、体育の欠時数（欠課数）は 3 時間と表す。

　成績をいつ出すかは、3 学期制と 2 学期制では異なる。神奈川県の例を図表 13 に掲げる。ただし、学校によって若干のちがいがある。

[兵庫県の例]

　兵庫県では全日制高校で、4 月、9 月、1 月の長期休み（春休み、夏休み、冬休み）明けに実力テストを行っている学校が多い。

[福岡県の例]

　福岡県でも全日制高校で、4 月、9 月、1 月の長期休み（春休み、夏休み、冬休み）明けに実力テストを行っている学校が多い。

### イ. 成績の算定方法

　高校の成績の出し方は、学校によって異なる。それぞれ独自の算定方法の基準を持っているからである。通常、教科ごとに、学期の評価を出して学年の評価を算出する。多くの高校では観点別評価（6-43）を取り入れている。「観点」とは、①基礎的・基本的な知識・理解、②技能、③課題解決に必

**図表 13　神奈川県における定期テストと成績評価スケジュール**

| 月 | 3期制 | | 2期制 |
|---|---|---|---|
| 4 | | ↓ 1学期 | |
| 5 | 中間テスト | | 前期 |
| 6 | | | 中間テスト |
| 7 | 期末テスト、1学期評価 | | |
| 8 | | | |
| 9 | | ↓ 2学期 | 期末テスト、前期評価 |
| 10 | 中間テスト | | |
| 11 | | | 後期 |
| 12 | 期末テスト、2学期評価 | | 中間テスト |
| 1 | | ↓ 3学期 | |
| 2 | | | |
| 3 | 学年末テスト、学年評価 | | 学年末テスト、学年評価 |

要な思考力、判断力、表現力、④主体的に学習に取り組む態度・関心・意欲の4点のことをいう。通常、高校の場合、生徒の成績を決定する際に、この4点を踏まえることとされている。一例をあげると**図表14**のとおりである。

　学期の成績は、評定（6-44）の点数で示され、最高が5で最低が1となる。学年の成績は各学期の成績を総合して学年評定として示される。

　奨学金によっては、各教科の学年評定の平均点の一定以上の点数を給付条件にしているものもある。

　[兵庫県の例]

　兵庫県では、1、2学期末は10段階評価で行い、学年末に5段階評定としている。

　[福岡県の例]

　福岡県では、1、2学期末は100点法で評価を行い、学年末には、5段階評定も出る。ただし、最終学年については、就職の場合は1学期末、進学

**図表14　ある教科のある学期の観点別評価の例**

| 観点の種類 | 関心・意欲・態度 | 技能 | 知識・理解 | 思考・判断・表現 |
|---|---|---|---|---|
| どんな観点か | 学習意欲の状況、授業態度、出欠状況など | 知識や情報ツール、学習ツールなどの適切な活用能力 | 基礎知識（重要用語や語句などを含む）の理解度 | 論理的な思考力、判断力、説明力 |

↓

| 評価の材料 | 定期（中間・期末等）テスト | 小テスト、実技テスト | レポート、提出物 | 授業での積極性や発言内容 |
|---|---|---|---|---|

↓

| 評　定 | 1 | 2 | 3 | 4 | 5 |
|---|---|---|---|---|---|

の場合は2学期末に5段階評定が出る。

## (2) 進級・卒業・在籍要件

### ア. 進級・卒業要件

　高校では、進級（1年生から2年生、2年生から3年生に上がること）のための要件を設けている。つまり、その要件をクリアしないと原級留置（留年）となり、進級できないことになる。同様に卒業にも要件を設けている。

　その要件は、学校によって異なり、各学校の生徒の実態等に応じ、規定を設け、それに基づき判定している。

　たとえば、ある高校では、以下の条件のすべてを満たすと判断できる場合に卒業を認定することとしている。

①3年次の出席日数が出席を必要とする日数の2／3以上であること

②校長が定めた必履修科目をすべて履修していること

③未修得の必履修科目の単位数合計が6単位以下であること

④修得単位数の合計が74単位（法定必要最低限単位数）以上であること

　上記②の「履修」については、その科目の年間授業時間数の1／3を超えて欠席すると履修したことにならない。詳しく述べると、50分間を1単位時間として、35単位時間を授業の1単位として計算する。この50分×

98

35 単位＝ 1,750 分を法定時数という。欠課時数（その授業の欠席）が法定
時数の 1 ／ 3 以下の場合は当該科目を履修したものとするものである。
　　上記③と④の「修得」については、学習の成果が、その教科および科目の
目標から見て満足できると認めた場合は、10 段階評価で 3 以上 3 とし、当
該科目を修得したものとするものである。
　　また、学校によっては学校での授業以外にも単位を認定する場合がある。
その例を上げると**図表 15** のとおりである。

**図表 15　授業以外の単位認定事項の例**

| 認定例 | 内容 |
|---|---|
| 技能審査 | 日本漢字能力検定、実用英語検定、中国語検定等の合格で単位が認定される。取得した級やレベルによって単位数が定められている。日本語能力試験を「日本語」の科目の単位として認定する高校もある。<br>（例）実用英検 1 級・準 1 級→ 4 単位、2 級・準 2 級→ 3 単位 |
| ボランティア活動 | 活動場所や活動時間、活動内容等を事前に申請し、校長が適正と判断した場合に単位が認定される。1 単位あたり 35 時間程度の活動が条件。<br>（例）東日本大震災の際、現地に行きボランティア活動実施、1 日 7 時間・月〜金（5 日間）活動。7 時間×5 日＝ 35 時間→ 1 単位 |
| 就業体験活動 | インターンシップ等の教育を目的とした活動に限って認められるもので、アルバイト等の報酬を伴う活動については通常認められない。<br>（例）○○幼稚園にてインターンシップ活動 1 週間実施→ 1 単位 |
| スポーツ・文化活動 | 学校教育活動としての部活動等を除く校外の活動で、普段からの計画的・継続的活動が行われていることが条件。優秀な成績を証明する賞状および証書等の資料の提出があること。<br>（例）ダンス教室に定期的に通いレッスンを受けている生徒が、コンテストで受賞し、世界大会へ出場 |
| 高等学校卒業程度認定試験<br>(6-45) | さまざまな理由によって高校を卒業できなかった者などを対象に、高校卒業と同じ程度の学力があることを認定する試験。合格すれば、大学や短大の入学資格が得られる。<br>入学以前又は在学中に高等学校卒業程度認定試験の受験科目について合格点を得た場合、当該科目に相当する教科・科目の単位を修得したものとみなすもの。 |

| 実務代替 (6-46) | 定時制課程の学校が採用している場合が多い。正社員、アルバイト等を問わず、就労時間が週30時間程度、期間は年間10か月程度勤務した場合、単位が認定されるもの。 |

## イ．遅刻・早退の取り扱い

　遅刻 (6-47) とは、学校で決められた始業時刻以後に、遅れて授業に出席した場合のことをいう。早退 (6-48) とは、逆に、学校で決められた終業時刻より前に帰った場合のことをいう。

　上述の履修に関連して、遅刻や早退の場合、出席と認められるのだろうか。これは、学校によって扱いが異なるところだが、一例をあげれば、遅刻の場合は1時間目の授業の時間を半分以上参加できなかったら、その授業を欠課扱いとする。早退の場合も同様に考える。ただし、交通機関の遅れなど、やむをえない理由がある場合は遅刻扱いにならない場合もある。

　欠席や遅刻、早退の場合、校則などに学校への連絡方法が定められていることが多い。具体的には、あらかじめ明らかに欠席や遅刻、早退をする日が決まっている場合は、事前に保護者より担任に電話で連絡し伝える。学校によっては生徒手帳に記載し提出する。それ以外については、当日、保護者が始業時間前までに電話による連絡を行うことを求めていることが多い。

## ウ．欠席扱いにならないケース

　多くの学校では、欠席扱いにならないケースとして、忌引き (6-49)、出席停止、公欠 (6-50) を定めている。忌引きとは、家族や親族が亡くなった場合に休むことである。出席停止とは、人にうつす可能性のある病気にかかった場合などに出席させないこととし、欠席した日を出席すべき日として扱わないことである。公欠とは、公式の競技大会に出場する場合などに、特例により当該日を出席扱いとするなどである。

　欠席扱いにならないケースのうち、主なものをあげると、**図表16** のとおりである。

**図表 16　欠席扱いにならない主なケース**

| 区分 | 主なケース | 日数 |
|---|---|---|
| 忌引き | 家族や親族の逝去 | 父母7日、兄弟姉妹3日、叔父叔母1日など |
| 出席停止 | 学校保健安全法に定められた感染症にかかった場合 4 | 疾患別に定められた期間 |
| | 進路関係の手続き | 試験日や入社手続き日など |
| | 交通機関の事故、ストライキ | 影響を受けた日数など |
| 公欠 | 競技団体主催の公式試合への出場 | 試合日など |
| | 別室指導（6-51）や自宅謹慎（6-52）などの特別指導（6-53）中の場合 | 特別指導の指定日数 |

## エ．外国籍生徒の場合の公欠扱いケース

　外国籍生徒が、在留資格の更新や変更あるいは国籍取得等の手続きのために入国管理局などに行く場合、出身国によってだが、選挙人登録や兵役登録に行く場合などは、多くの学校では公欠扱いとなる。

## オ．単位認定の救済措置

　成績が悪い場合、進級や卒業があやうくなる。そうした事態は、生徒の人生や成長に大きな影響を与えることになる。そのため、下記の取組などにより、事前に注意喚起したり、成績挽回の機会を与えたりする場合もある。

### a．赤点・欠点

　単位が取れない可能性を事前に注意喚起するために赤点・欠点（6-54）という制度を設けている高校がある。定期テストにおける落第点のことをいう場合が多い。単位取得に必要な一定の成績に達しない点数のことである。学校によっては、赤点（欠点）を何回取ると、その教科・科目の単位取得ができず、進級や卒業ができなくなると定めているところもある。また、追試・追試験（6-55）や補習によって赤点・欠点を補うことができる学校もある。

### b．追試・追試験

　何らかの理由で定期テストなどを受けられなかった生徒や、定期テストで

赤点（欠点）を取った者に対して、特別に定期テストとは別の問題で試験を受けることができるようにするものである。

### c．追走

追走（6-56）とは、体育の授業で、持久走などのタイムが悪いなど成績が良くない場合や、病気などの理由で体育のテストを休んだ場合などに、追試の意味で、再度、持久走などを行うものである。

## カ．在籍・在学条件

高校の在学年数は、全日制の課程にあっては3年、定時制の課程にあっては3年または4年、通信制の課程にあっては3年以上となっている。

何らかの理由で在学年数が延びた場合であっても、上限が定められている。在学年数の上限は、全日制、定時制、通信制の各課程によって異なる。「校長が特に認めるときは、この限りでない」という例外規定を設けている場合もある。ただし、全日制の場合、4年を超えて在籍する生徒は実際には非常に例外的である。

## キ．進級の要件を満たさなかった場合

上記の進級要件を欠く場合、学校としては次の3つの対応を図ることになる場合が多い。いずれも生徒の進退問題に関わってくるため、生徒や保護者とトラブルになる可能性をはらんでいる。

### a．原級留置

進級できない場合、原級留置（留年）となり、同じ学年でもう一度、最初から学ぶことになる。ただし、通常、進級があやぶまれる場合、教員の学習面の指導があるため、成績不良のみで原級留置になることは考えにくい。大半は出席日数が不足した場合に発生する。

### b．進路変更

原級留置で学校に残っても進級の見込みが立たない場合、進路変更を促すことがある。進路変更の多くは、定時制高校や通信制高校への転学（6-57）である。転学とは、在籍していた学校から、他の学校の同じ学年に（進級す

る場合は1学年進級して）移ることである。成績不良による進路変更の場合のほか、保護者の転勤・転居によって県内外の学校に移る場合や、特別の事情により教育的配慮が必要な場合などもある。

c. 退学

進路変更などを勧められたが、進学も就職も決まらないまま退学 (6-58) してしまうケースもある。

# 4　公立高校の生徒指導

## (1) 生徒指導の現状

### ア. 生徒の問題行動の状況

　　近年、地域社会の状況が急速に変化し、生徒を取り巻く環境も多様化、複雑化している。以前は、家庭や学校、社会などへのストレスや不信が、校内での喫煙やバイクでの暴走行為、教員への暴力に向かっていたが、最近は、いじめ (6-59) や公共物損壊 (6-60) といったものに変わってきている。また、LINE のようなコミュニケーションアプリや SNS の普及にともない、友人との飲酒などの不法行為を動画や写真で自らアップロードして閲覧させる行為が生徒指導の対象となる件数が急増している。

　　このように、生徒の問題行動は時代とともに変容している。多くの高校では、こうした問題行動への対応として、生徒指導・生活指導 (6-61) を行っている。生徒指導とは、生徒に対する教育のうち、教科・科目などの教育以外で、生徒の心構えや生活態度などを教えるものである。

### イ. 生徒指導の内容

　　各高校には、校則 (6-62) という学校が定めたルールがある。生徒にとって最も大きな意味をもつのは、頭髪や服装に関するルールであり、学校によるちがいも大きい。通常、生徒手帳[5] (6-63) の中に記載されているほか、校則による指導に力を入れている学校は、入学前の説明会などにおいて、そのことを強調している。

この校則や法令に違反する行為が問題行動とされ、生徒指導の対象となる。生徒指導には日常的な注意喚起のほか、違反行為によっては以下のような特別指導が行われている。

## (2) 特別指導
### ア. 特別指導の目的と種類

特別指導とは、校長の権限により学校が講じる特別な指導である。特別指導は、単なる制裁措置ではなく、生徒の健全な成長発達のために必要な教育的な指導・支援を行うことを目的としている。

たとえば、学校の施設・設備を故意に壊したり、ほかの生徒に暴力をふるったり、たばこを吸ったりするなどの問題行動があった生徒に対して、特別な指導として、多くが保護者同席のもと、反省を促す。

場合によっては、問題行動を起こした生徒に対して、自分の行った問題行動を振り返り、文章で反省の言葉を述べさせるために反省文（6-64）を書かせることもある。あるいは、誓約書を書かせ、二度と問題行動をしない旨の約束を誓わせることもある。窓ガラスやドアなどの学校の施設や、机やいす、機器類などを壊す公共物損壊を行った生徒（実際には保護者）に対して、その修理に要する経費を弁償（6-65）させる場合もある。

特別指導の種類は、大きく次の3つに分けられる。その軽重は、a. が最も軽く、c. が最も重い。

### a. 説諭

説諭（6-66）は、学校が生徒や保護者に対して、生徒の問題行動に対する学校の姿勢を明確に示し、その行動について深い反省と改善を促すものである（「注意」という名称を使用しているところもある）。説諭は、学校内の個室において生徒個人または生徒と保護者に対して行う。説諭の場では、通常、校長から学校の指導方針を確実に伝達し、生徒や保護者の理解を求める。

### b. 謹慎

問題行動を起こした生徒に対して、保護者の理解を得た上で、一定期間、家庭や学校において反省させる指導である。反省文の作成のほか、さまざま

104

な課題が与えられる。学校内の場合は、教室とは別の部屋で行われるため、別室指導⁶ともよばれる。家庭での謹慎を自宅謹慎という。

### c. 自主退学勧告（進路変更勧告）

指導を積み重ねてきたにもかかわらず、問題行動をくり返し起こした生徒に対し、勧奨により自主的な退学や転学を促すものである。

### イ. 特別指導の基準例

特別指導の基準は学校によって異なるが、一例を示すと、**図表 17** のとおりとなる。問題行動の種類とその回数によって段階をつけている。ただし、実際の適用は、同じ種類の問題行動であっても、場面状況や周囲への影響度合いなどによって、事の重大さが異なることがあるため、基準どおりに適用されるとは限らない。

なお、いじめについては、いじめ防止対策推進法により、「児童・生徒に対して、学校で一定の人的関係にある他の児童・生徒等が行う心理的又は物理的な影響を与える行為（インターネットを通じて行われるものを含む）であって、その児童・生徒が心身の苦痛を感じているもの」と定義されている。

**図表 17　特別指導の基準例**

| 問題行動 | 喫煙 | 車両通学 | いじめ | 公共物損壊 | 暴力行為 |
|---|---|---|---|---|---|
| 1回目 | 謹慎1日 | 校長説諭 | 謹慎5日 | 謹慎3日 | 謹慎5日 |
| 2回目 | 謹慎3日 | 謹慎1日 | 無期謹慎 | 謹慎5日 | 無期謹慎 |
| 3回目 | 謹慎5日 | 謹慎3日 | 退学勧告 | 無期謹慎 | 退学勧告 |

### ウ. 特別指導の実施プロセス

生徒に問題行動があった場合、学校側は、問題行動の内容、原因、背景等をよく調べた上で、その生徒の特別指導の方針を全職員で協議し、校長が決定する。

指導の方針が決まったのち、担任の教員は、速やかに本人および保護者に

連絡し、指導に入る前に、本人および保護者に指導の方針等を告知し、理解を求める。これを指導方針説明と呼ぶ場合がある。指導方針説明には、問題行動を起こした生徒および保護者、校長、副校長、担任、生活指導部担当教員、学年主任等が同席し、外国につながる生徒で特に保護者の日本語の理解が困難な場合は通訳者の要請を行うことが望ましい。

### エ．文化や教育事情のちがいによるコミュニケーション・ギャップの例

　特別指導の場面では、母国の文化や法律、教育制度、学校事情のちがいなどにより、保護者と十分なコミュニケーションが確保できないことがある。
　たとえば、母国ではこうした特別指導という行為がない場合、その意味や効果、概念などを把握することが困難であり、差別扱いされていると誤解するケースがある。あるいは、数日間の自宅謹慎を言い渡されても、保護者の仕事など、家庭の事情により謹慎期間中でも子どもとともに過ごすことが不可能なケースが発生しやすい。
　こうした特別指導でのトラブルを避けるためには、適正なトレーニングを受けた通訳者の活用を図ることが有効であろう。

## （3）懲戒処分

### ア．懲戒処分の目的と種類

　懲戒処分（6-67）とは、特別指導とは異なるものである。生徒の問題行動の中でも、学校の指導の枠を超えたものがあった場合に、その生徒の心身の発達段階など、教育上必要な配慮を十分したうえで、校長が学校教育法施行規則に基づき行うものである。通常、次のとおり、訓告（6-68）、停学（6-69）、退学の3種類があり、訓告が最も軽く、退学が最も重い処分である。なお、実際にこの処分が適用されるケースはきわめて限られている。

　a．訓告
　訓告とは、校長が懲戒としての訓告であることを明確にして行う叱責ないし処罰をいう。口頭または文書で行う。

### b．停学

停学は、原則として特別指導をくり返し行った上でも問題行動がなくならず、一定の期間、通学を停止する必要がある生徒に行うものである。

### c．退学

懲戒処分のうち、最も重い退学については学校教育法施行規則（第26条第3項）によって、次のとおり適用できる生徒が規定されている。

① 性行不良で改善の見込みがないと認められる者
② 学力劣等で成業の見込みがないと認められる者
③ 正当な理由がなくて出席常でない者
④ 学校の秩序を乱し、その他学生又は生徒としての本分に反した者

## 5 生徒への支援体制

問題行動を起こす生徒も含め、高校には支援や配慮が必要な生徒が少なくない。学校側には情緒不安定、自殺願望、引きこもり、不登校などの生徒への対応が求められる。自治体による家庭への経済的な支援がきちんと届いているかも重要である。

以下に、通訳業務に必要な範囲で、そうした生徒への支援の状況などについて記載する。

## (1) 支援が必要な生徒

支援が必要な生徒の主な例を挙げると、次のとおりとなる。

### ア．引きこもり

厚生労働省では、引きこもりを、「様々な要因の結果として、社会的参加（義務教育を含む就学、非正規職を含む就労、家庭外での交遊など）を回避し、原則的には6か月以上にわたっておおむね家庭にとどまり続けている状態（他者とかかわらない形での外出をしている場合も含む）」と定義している。

## イ．不登校

　文部科学省の定義では、不登校とは、「何らかの心理的、情緒的、身体的、あるいは社会的要因・背景により児童・生徒が登校しない、あるいはしたくてもできない状況にあること（ただし、病気や経済的な理由によるものを除く）」としている。

## ウ．自己肯定感

　自己肯定感（6-70）とは、自分は大切な存在であると自分を肯定的にとらえている感覚、気持ちのことをいう。自己肯定感が高いと、心が強く、積極的に人とかかわれる。逆に自己肯定感が低いと、自分に自信が持てず、他人の自分に対する評価が気になり、行動が消極的になりがちになるといわれている。

　自己肯定感の低い生徒は、学期の始まり（長期休業明け）や行事などをきっかけにして、引きこもりや不登校につながるおそれがある。

## エ．正義感

　正義感（6-71）とは、不正なことを嫌う感情をいう。正義感が前面に出すぎると、たとえば、ある生徒がクラスの別の生徒にいじめやからかいの行為を行っていたとする。その場面を見た生徒が、やめるよう注意したが、まったく言うことを聞かなかったために、いじめを行っている生徒をなぐってしまうといった事態に至ることがある。この場合、友達を助けようと思うあまりになぐってしまったという背景はあるが、結果的に暴力をふるってしまったことに対する何らかの指導が課せられることがある。指導内容は学校によって異なる。

## オ．経済的に困難をかかえる家庭

　経済的に困窮する家庭の生徒は、経済面だけでなく、心理面のサポートも必要になることが多い。

　たとえば、ひとり親家庭、母子家庭（6-72）といった父母のうち片方の親が

離婚や死別などのためにいない子どもの家庭、父親がいない家庭では、世帯収入が少なくなるケースが多い。こうした家庭には役所の児童福祉課[7] (6-73) から児童扶養手当[8] (6-74) や都道府県教育委員会から高校生等奨学給付金が支給される。ただし、その金額は高校生活を十分に満喫できるほどの額ではないため、生徒自身が学業に影響が出るほどにアルバイトに精を出してしまったり、アルバイトのために部活動への参加をあきらめたりすることになる。

　また、生活保護の世帯の生徒も心理的な支援が求められる。生活保護は、経済的に困窮する世帯に対して行政機関から最低限度の生活費が支給される制度である（第5章注5（85ページ）参照）。しかし、生活保護世帯であることに負い目を感じてしまう場合や、友人との付き合いの経費のためにアルバイトをすると、世帯収入として認定されて生活保護費が減額されてしまう場合がある。

### カ．保護者から虐待を受けている疑い

　保護者から、暴行を加えられたり（身体的虐待）、著しい減食を強いられたりする生徒が少なくない。また、重大な病気にかかっても病院に連れて行かなかったり（ネグレクト）、配偶者に対する暴言や暴力（ドメスティックバイオレンス：DV）などによって心理的虐待を受けたりする生徒もいる。そうした生徒やそうした疑いのある生徒に対し、学校や教職員は、早期発見・早期対応に努める必要がある。また、役所（虐待対応担当課）や児童相談所、警察等への通告や情報提供が求められている。

## (2) 教育相談体制の確立と緊急時の心理ケア

### ア．定期的な相談機会の確保

　生徒の変化に目を配り、生徒のかかえる悩みや課題をできるだけ早期に発見するため、下記のような相談体制を整えている学校が多い。深刻化する前に解決に向けて具体的な手立てや方策を模索することを組織的に行う体制を取っている。

（例）　教育相談日の設定

設定日：毎週水曜日 13:00 〜 17:00（1 人 30 分程度）

対象：生徒、保護者

相談対応者：スクール・カウンセラーあるいは教育相談コーディネーター

### イ．特に支援が必要な生徒の情報共有

個別に支援が必要な生徒については担任が一人でかかえ込まないように組織的に情報を共有し、対応できる体制をとっている場合が多い。たとえば、「教育相談チーム」（教育相談コーディネーター、養護教諭、副校長、教頭などの管理職、担任、スクール・カウンセラー等で構成）を編成し、生徒の情報を共有し支援方針を検討（ケース会議）するほか、必要に応じ警察、児童相談所、医師等の外部機関との連携を図っている。

## 6　学校生活・PTA

高校生活には決められたスケジュールとルールがある。また、クラブ活動（部活動）のように高校の教育活動の一環という位置づけだが、参加が任意（参加しなくてもよい）のものもある。保護者に参加が要請される行事や活動もある。以下に、学校生活の概要を解説する。

## (1) 学校生活

### ア．年間スケジュール

高校は 1 学年を 4 月から 3 月までとしている。4 月には 1 学期の始業式(6-75)、新入生の入学式が行われる。学期の終わりには終業式（6-76）が行われる。これらの式は、通常、体育館や講堂などで全校生徒を一堂に集めて行われる。始業式では、その学期が始まるにあたっての校長の訓示や学校生活を送る上での注意事項の伝達などが行われることが多い。

日本の入学式は、保護者同伴の場合が多い。新入生にはオリエンテーショ

ン（6-77）も行われる。これは、生徒が新たな学校生活を始めるにあたって、その学校の教育方針やルール、必要な書類手続き、各自が持ってこないといけない用具などの案内をするものである。

　終業式は、その学期の振り返りや長期の休みが始まるにあたっての校長の講話や生活指導上の注意事項の伝達などが行われることが多い。

　高校も小中学校と同様、長期休業の期間がある。7月後半から8月後半まで夏休み、年末年始をはさんだ2、3週間が冬休み、3月後半から4月初旬にかけて春休みとなる。

### イ．学習活動

　月曜日から金曜日まで毎日何時間かの時間割が組まれ、各科目の授業が行われる。そのため、生徒は決められた時間までに登校（6-78）する必要がある。一方、学校から自宅に帰る下校（6-79）については、各自の時間割や部活動の有無などによってまちまちとなる。

　学年制の場合は、原則としてクラス全員が1つの時間割に従って学習する。単位制の場合は、大学のように自ら選択した科目の授業の時間によって時間割が決まってくる。

　通常、1単位時間の授業時間は50分間であり、授業と授業の間に休み時間がはさまる。学年制の場合はそのクラスの教室（ホームルーム）に各科目の教員がやってくる形態だが、単位制の場合は、選択した科目の授業が行われる教室が指定されており、生徒は休み時間の間にその教室に移動することになる。

　なお、ホームルームとは、生徒等が所属するクラスの教室の意味だが、その教室でクラス全員に対して担任の教員が行う指導や生徒等が行う活動のことを指す場合が多い。

　体育や音楽、美術などの授業では、実技や演奏、創作などの学習活動が行われる。そのため、校庭（グラウンド）や体育館、音楽室（6-80）、美術室（6-81）などで授業が行われる。理科系の科目では、授業に実験が取り入れられている場合があり、このときは専用の実験室（6-82）での授業となる。

正規の授業時間だけでは単位の習得が難しいと見込まれる場合や定期テストの成績が悪い場合など、補習や追試験が行われることがある。

## ウ．部活動

部活動はクラブ活動ともいう。略して部活と呼ぶこともある。学校の授業以外で、学校の教育活動の一環として、生徒の自主性、主体性を養うために設定された活動とその活動を行うための組織のことをいう。学年・学級に関係なく生徒が自由意志で参加する。1つの部に1人以上の担当教員がつき、「顧問」などと呼ばれる。

部は、運動部（6-83）と文化部（6-84）に分けられる。運動部は、スポーツを行う部をいう。たとえば、野球部やバレーボール部、剣道部などである。ボールや用具等は学校の生徒会費から概ね支出されるが、ユニフォームや専用シューズの購入費は自己負担となる。

文化部は、スポーツ以外のことを行うものをいう。たとえば、茶道部、美術部、吹奏楽部などである。必要なものや活動費用は活動内容によってさまざまである。吹奏楽部の楽器等は、備品として学校が購入したり、OBが寄付したりする場合もある。

これらの部の種類は学校によって異なる。場合によっては入部したい部が設置されていない学校もある。そのため、部活動に関心がある場合は、志望校を決める段階で、部活動情報を把握しておく必要がある。

部活動の活動内容は、放課後（6-85）などの日々の練習や長期休暇中での合宿と、試合や発表会などの練習成果を発揮する場面で構成されている。部活動にかかる経費は、学校から活動費の一部が出る場合が多いが、多くは生徒からも参加費として部費（6-86）を徴収している。その金額は部によって異なる。そのほか、前述の専用ユニフォーム代や個人使用の用具代、試合や発表会などへの交通費などの経費がかかり、保護者の負担となる。

## エ．放課後の過ごし方

放課後とは、1日の授業が終わったあとの時間帯のことをいう。生徒は、

部活動を行ったり、図書室に行ったり、自習したり、すぐに帰宅したり、本人の意向によって過ごし方は異なる。

### オ．生徒会

生徒会は、学校における教育活動の一環として位置づけられている。学校生活の中で問題点や改善すべき点を、全校生徒が教員の力を借りずに自ら話し合い、解決・改善する組織である。総会の議事進行や会長、副会長など役員の選挙も自主的に行われる。

### カ．委員会活動

委員会活動は、学校運営に関して、生徒が自主的に担当できる分野において、委員会というグループ組織をつくり、生徒主体の活動を展開するものをいう。広報委員会や放送委員会、図書委員会などがある。

### キ．清掃

学校によっては、教育活動の一環として生徒に教室や廊下などの校内施設の清掃を義務付けており、多くはクラスで清掃当番を決めている。通常、雑巾 9 (6-87) での汚れ取りやモップ 10 (6-88) での床掃除をする。

## (2) 学校行事について

高校では授業のほかに、教育活動の一環として、以下のような修学旅行、運動会・体育祭、文化祭、研修旅行 (6-89)、施設見学などの特別活動が組まれている。その内容や行き先は学校によって異なる。教科の授業ではないが、任意参加ではないため、欠席すれば指導記録に残ることになる。

### ア．修学旅行

修学旅行は、その学年の生徒全員が参加する、宿泊を伴うような遠方に出かける研修旅行のことである。歴史学習や平和学習と、海辺・河川・湖沼などでの自然体験を組み合わせる旅行が多い。スキーや農村体験などを行う場

合もある。主な旅行先は沖縄・北海道・広島・長崎などであるが、行き先や内容は学校の教育目標によってさまざまである。国際交流に力を入れている学校は、台湾など海外修学旅行を実施することもある。

　ただし、外国籍の生徒は、目的地が海外の場合、母国がビザ免除国になっているか確認する必要がある。また、母国との外交関係から入国できない国もあるので要注意である。

　日程は 3 泊 4 日（6-90）などといった表示がなされる。これは、出発から帰宅まで 4 日間で、その間、ホテル・旅館などに 3 晩泊まる日程のことをいう。往復の交通費のほか、宿泊費がかかることになる。旅行費用が高額（数万円〜 10 万円程度）になり、旅行実施前の支払いが原則となるため、通常、1 年生のときから積み立てを行う。

## イ．運動会・体育祭・体育大会

　保護者などに対して、日頃の体育、運動の成果を披露することを目的に、全校生徒が参加して、年 1 回行う学校行事である。通常、全校生徒をいくつかの団に組み分けして、徒競走やリレー、綱引き、各種球技などで競い、点数を付けて優勝を争う。ただし、運動会・体育祭・体育大会を実施していない学校もある。

## ウ．文化祭

　保護者や地域住民、生徒の知人など、外部の人たちに向けて、美術や音楽、演劇、研究活動などの成果を披露することを目的に、全校生徒が参加して、年 1 回行う学校行事である。生徒が企画し、運営することが多い。雰囲気を盛り上げるため、校内を飾り付けしたり、ダンスパフォーマンスをしたり、屋台、模擬店などを出して、飲食を提供することもある。学園祭、学校祭、文化発表会と呼ばれることもある。

## エ．研修旅行

　研修旅行は、修学旅行とは別に、英語教育の充実（ホームステイ等）、集

団活動の中でのルールやマナーの習得など、その学校独自の教育に応じてプログラムされた、宿泊を伴う研修である。たとえば、校内で希望者を募り、姉妹校（6-91）交流を行っている海外の学校に行き、語学研修や異文化体験を行うなどである。

## （3）健康管理
### ア．健康診断・検査

公立高校では、生徒が授業や学校生活に適する健康状態を有しているかを確認するために、毎年度、学校の取組としてスケジュールを定めて健康診断（6-92）を実施している。健康診断は**図表 18**の項目を実施する場合が多いが、学校独自に項目が追加されることもある。

**図表 18　健康診断の項目**

| 項目 | 内容 |
| --- | --- |
| 身体計測 | 身長、体重 |
| 胸部 X 線検査（6-93） | 胸部レントゲン検査ともいう。放射線の一種であるエックス線を身体に当てて得られた画像により、肺の状況を見る。 |
| 視力検査（6-94） | 目でものを識別できる能力を調べる。通常、近視、遠視、乱視など水晶体の屈折状態を調べる。 |
| 聴力検査（6-95） | 音を感知する能力を調べる。ヘッドフォンで音を聞いて感知できる音の範囲を測定する場合が多い。 |
| 眼科検診 | 目の疾患や特性の有無を医師の診察によって確認する。 |
| 耳鼻咽喉科検診 | 耳、鼻、咽頭の疾患の有無を医師の診察によって確認する。 |
| 皮膚科検診 | 皮膚の疾患の有無を医師の診察によって確認する。 |
| 歯科検診 | 歯と口腔の疾患や異常の有無を医師の診察によって確認する。 |
| 心電図検査（6-96） | 心臓の動きを電気的な波形にあらわして心臓の状況を把握する検査。通常、1 年生のみ行う。 |
| 尿検査（6-97） | 尿を採取して、中に含まれる物質などを検知することによって、腎臓疾患などの有無を確認する。 |

| アルコールのパッ<br>チテスト（6-98） | パッチテストとは、皮膚アレルギーの試験で、薬剤や化粧品を皮膚に試し<br>にぬって反応を見るもの。アルコールのパッチテストでは、体内における<br>アルコール分解酵素の有無を確認できる。 |
| --- | --- |
| 血液型（6-99）の<br>確認 | ABO 式の血液型を確認する。血液型には、このほか Rh 式など、血液のタ<br>イプを分類するいくつかの方法がある。 |

## イ．感染症への対応

　学校では、生徒が特定の感染症（6-100）（第7章9学校生活・PTA（3）健康管理（160ページ）参照）にかかった場合、学校保健安全法に基づき、出席停止の措置を講じることとしている。

　また、インフルエンザや新型コロナウイルスなどの感染症の感染拡大を防ぐため、学級閉鎖（6-101）を行うことがある。これは、学級の中の生徒の一定基準（生徒数の2割など）以上が感染した場合に、その学級が一定期間、授業を中止し閉鎖するものである。学年の全学級が閉鎖になる場合は学年閉鎖、全校的に閉鎖になる場合は学校閉鎖という。さらに、新型コロナウイルスの影響に見られるように、学校自体が長期にわたり休業になることもありうる。

　こうした場合、日本語が十分でない保護者は、学校からのお知らせが読めないこともありうる。子どもの健康に関わることでもあるため、翻訳ややさしい日本語での対応が不可欠となる。

## ウ．事故の際の医療費対応

　学校の管理下で起こった事故などによって医療費がかかった場合、独立行政法人日本スポーツ振興センターの災害共済給付制度が活用できる。学校の管理下とは、授業中や学校の教育計画に基づく課外指導中、休憩時間等、通常の経路および方法による通学中をさす。

　都道府県教育委員会と保護者が掛け金を負担して同法人と加入契約を結んでいる必要がある。けがのほか、熱中症（6-102）など特定の病気、けがの後遺症、死亡などの場合に医療費や見舞金が給付される。

## （4）通学手段

高校の場合は、小中学校のように徒歩圏内を想定して学区が設定されているわけではない。学区は広域にわたっているため、徒歩での通学が困難な場合が多く、次のように自転車やバス、電車が利用されることになる。いずれの経費も保護者負担となる。遠方の高校を志望する場合は交通費も高額となることから、あらかじめ予算として織り込んでおく必要がある。

### ア．自転車通学

自転車通学（6-103）とは、学校に自転車で通学することをいう。高校の場合は、ほとんどの学校で禁止されていないが、学校への届出や許可などの手続きが必要な学校が多い。

### イ．オートバイ通学

オートバイ通学（6-104）はバイク通学と呼ぶことが多い。都市部の高校では、交通事故の危険性や非行のリスクを考えて、ほとんどの高校で禁止している（ただし一部の定時制を除く）。禁止していない学校でも、学校の許可が必要な場合が多い。

## （5）PTA

PTA とは、Parent-Teacher Association（保護者と教員の会）の略である。学校単位で組織し、保護者と教員とで構成する任意団体である。目的としては、通常、委員会を設置して学校活動の広報、学校環境の整備の検討、学年ごとの情報の交換などを行い、保護者間の親睦と学校と保護者との円滑な意思疎通を図ることなどである。

PTA への加入は強制ではないが、学校の教育活動には有効であり、生徒にとってもメリットが大きいため、多くの保護者が加入している。委員会などの PTA 活動は平日に校内で行われることが多い。入会した保護者の中から選ばれた人が PTA 活動を担うことになる。近年では共働き世帯が増え、PTA 活動を回避する人が増えている。そのため、担い手選びは押し付け合

いの様相を呈することがある。この担い手選びは、入学式直後に各クラス何名といった人数が指定されたうえで選出場面が設定される。

［兵庫県の例］

兵庫県では PTA のことを育友会と呼んでいる高校もある。

## (6) 生徒のアルバイト

生活費や学費をまかなうために、長時間のアルバイトに従事する生徒も少なくない。また、定時制高校では、就労することは認められており、キャリア形成を図る上で、学校から積極的に就労をすすめられる場合もある。

外国籍生徒の場合は、「家族滞在」（第3章2在留資格のアウトライン (2) 在留資格の内容（27 ページ）参照）の在留資格を持つ者であっても、出入国在留管理局に「資格外活動許可」を申請すれば、週 28 時間まで就労可能となっている。ただし、在籍する高校の校則でアルバイトが許可されているか、18 歳未満の就業が禁止されている業種への従事ではないかなどの確認が必要である。また、就労が認められる業種でも、28 時間を超えて就労をした場合は、在留資格の更新が不許可になった高校生のケースが過去に存在するので注意を要する。

近年、高校生の「ブラックバイト」の問題が社会的にも取り上げられるようになった。労働者としては極めて弱い立場にある高校生たちの採用面接、労働契約、賃金の未払いなどの問題が挙げられる[1]。

## 7　学校施設

学校の校内には、さまざまな施設や部屋が整備されている。生徒はそれらを使って、日々の学校生活を送っている。学校からの案内や注意事項にそれらの名称が記載されることがある。あるいは、校内における事件・事故も、場所が問題になることがある。そのため、ここでは、学校施設の主なものを掲げ、通訳業務に必要な範囲でその役目を解説する。

## （1）授業で使用する施設

### ア．教室

学校内にある教室は、生徒等が授業を受ける部屋として使われるものである。教員の机といす、黒板、生徒の人数分の机といすが用意されている。なお、音楽室など下記の専門的な教室は構造や備品類が通常の教室と異なる仕立てになっている。

### イ．音楽室

音楽室は、音楽の授業を行う教室である。通常、ピアノなどの楽器が用意されている。防音の機能を備えている場合もある。

### ウ．美術室

美術室は、美術の授業を行う教室である。絵をかいたり、彫刻などをつくったりするのに便利な作業用の机や台などが備え付けられていることが多い。

### エ．実験室

実験室は、理科（高校では物理、化学、生物など）の実験を伴う授業を行うときに使用する教室である。フラスコやシャーレなどの実験器材が用意され、水道、流し台などの設備が整っている場合が多い。

### オ．書道室

書道室（6-105）は、書写などの毛筆を使う授業で使用する教室である。大きめの紙に墨で字を書くのに便利なように、専用の作業机が用意されている場合が多い。

### カ．ICT 環境

ICT とは、Information and Communication Technology の略で、コンピュータやインターネットなどの情報通信技術のことをさす。ICT 環境（6-106）とは、学校などで、そうした技術が使用できるようなパソコン、サーバなど

の機器や、それを動かすソフトウエアが整備されていることをいう。こうした ICT 環境の整った教室を、パソコン教室や PC ルームなどと呼ぶことがある。

### キ．武道場

武道場（6-107）は、高校の体育の授業で柔道や剣道の授業を行うときに使用する建物である。通常、剣道用の板張り部分と、柔道用の畳部分に分かれている。

### ク．実習棟

実習棟（6-108）は、授業の中で作業などを行う教室が集まった校舎のことをいう。特に工業系の高校などに多く見られる。

## (2) 上記以外の学校の施設について

### ア．正門

正門（6-109）とは、学校の門のうち、正式な入り口として使用する門のことをいう。正門以外の門は、通用門や方角の名前をつけて西門などと呼ぶことがある。

### イ．昇降口

外で着用している靴で校舎内を歩行することを禁じている学校の場合（「2足制の学校」ということがある）、校舎内に入るときに校舎内専用の靴（「上ばき」あるいは「上靴」などと呼ぶ）にはきかえる必要がある。昇降口（6-110）とは、玄関口など、校舎内専用の靴にはきかえる場所のことをいう。

### ウ．下足箱（下駄箱）

下足箱・下駄箱（6-111）とは、外からはいてきた靴を入れておく靴入れのことをいう。通常、昇降口に設置されている。

#### エ．保健室

保健室（6-112）は、養護教諭が常駐している部屋で、ベッドがあり、薬品が常備されている（ただし、消毒薬以外の一般用医薬品は提供されないため、鎮痛薬や風邪薬などはもらえない）。気分が悪くなったときに休んだり、けがをしたときに消毒したりできる。悩みをかかえた生徒が相談に来たり、休んだりすることもある。海外の高校では、看護師が保健室に常駐して薬が提供されることもあるが、日本の高校では看護師は常駐しておらず医療や投薬の行為は行われない。

#### オ．放送室

放送室（6-113）は、校内放送を行う部屋である。防音機能があり、マイクや音量調節のための放送機材が備えつけられている。

#### カ．進路指導室

進路指導室は、大学の過去問題集、大学受験ガイド、面接・小論文対策の参考書などがおかれている部屋である。

#### キ．給食室

夜間定時制高校などに給食のための施設・部屋が整備されている場合もある。

# 8　高校卒業後の進路

進路とは、進学（大学や専門学校などに進むこと）と就職して社会人になることの2つを指す。高校卒業後の進路（進学や就職）を生徒自らが適切に決定できるよう、高校ではさまざまな進路指導を行っている。

## (1) 進路指導システム

### ア．キャリア教育

進路を適切に決定できるようにするためには、大学や企業の情報を提供す

るなどの出口部分だけでなく、広く社会人になることの意味ややりがいを考える、社会観や職業観などを育てる必要がある。そのため、進路指導はキャリア教育の一環として行われる。

### イ．進路決定に至るプロセス

高校には、進路指導を担当する教員グループがある。そのグループを中心に当該学年と連携しながら、最終学年の進路決定の時期までのキャリア教育（進路指導）プログラムを作成し、計画的・段階的な指導体制を構築している。

ある高校の進路指導プログラムの例を**図表19**に掲げる。1年生からキャリア教育を展開しながら、3年生の最終進路決定に至るプロセスが表されているものである。

進路ガイダンスでは、生徒と保護者を集め、卒業後の進路について説明する。大学や専門学校関係者が学校に来て説明することもある。インターンシップ（6-114）では、企業や団体の職場で、そこの仕事の一部を短期間、実際に体験する。

**図表19　キャリア教育（進路指導）プログラムの例**

|  | 1年 | 2年 | 3年 |
|---|---|---|---|
| 4月 | 進路ガイダンス | 進路希望調査 | 政治参加教育 |
| 5月 | 進路希望調査 | 小論文学習 | 進路ガイダンス |
| 6月 | 三者面談 | 職業調べ学習 | 三者面談 |
| 7月 | 福祉体験活動 | 三者面談 | 最終進路決定 |
| 8月 | インターンシップ活動 | インターンシップ活動 | インターンシップ活動 |
| 9月 | 外部模擬テスト | 外部模擬テスト | 就職採用試験 |
| 10月 | 選択希望調査 | 進路ガイダンス | 面接指導 |
| 11月 | 地域貢献活動 | 分野別進路説明会 | 自己啓発学習 |
| 12月 | 社会人講演会 | 上級学校見学 | 進学事前指導 |
| 1月 |  | 地域貢献活動 | 自己啓発学習 |

| | | | |
|---|---|---|---|
| 2月 | ボランティア活動 | 消費者金融講話 | |
| 3月 | 進路ガイダンス | | |

　こうした教育・指導により、アルバイトやパートタイムなどの単純労働では達成されない職業人生におけるキャリア向上への意欲を養うとともに、そうしたことができる就職先を選択する能力を身につけることをめざす。ニート 11 （6-115）になると、社会復帰が容易ではないため、こうした教育・指導は非常に重要である。

　また、これらの進路指導の通訳場面では、生徒の進路選択の幅がかなり広いことから、担任教員と事前に十分な打ち合わせが必要となる。

## (2) 企業・団体への就職

　日本の高校による就職あっせんは、卒業前に求職活動が行われ、在学中に就職先が内定（6-116）し、卒業後は直ちに就職するという、他国とは異なる特徴がある。

### ア．外国籍生徒の就職における留意点

　外国籍生徒が日本で就職しようとするときには、就労可能な在留資格を取得しなければならないことに注意が必要である。また、警察官・消防士など公務員の一部の職種では日本国籍がないと就職できない場合もある。

　在留資格が「家族滞在」である生徒が就職する場合は、「定住者」等への変更手続きを行う必要がある。「家族滞在」以外の場合であっても、「家族滞在」の在留資格該当性がある場合（たとえば「留学」）は、この変更手続きの対象となる。ただし、この変更が認められるのは、次の場合に限られる。

①入国時に 18 歳未満であること
②日本において義務教育の大半を修了していること（小学校の中学年までに来日し、その後、小学校、中学校（夜間中学を含む）を卒業し、高校を卒業した者（卒業見込みを含む）） **12**

③就職先が決定または内定していること（資格外就労許可の範囲である週28時間を超えて就労する場合）
④住居地の届出など、公的な義務を果たしていること

## イ．就職情報

生徒が進路として就職を選択する場合、**図表20**の業種や業務内容を検討しながら、自分の希望や適性を考えて就職先を絞っていくことになる。

**図表20　主な業種と業務内容の例**

| 主な業種 | 業務内容の例 |
|---|---|
| 製造業 | 食品、衣服、化学品、機械、部品などの物をつくる業務 |
| 農林水産業 | 農業、林業、漁業、養殖業などに関する業務 |
| 建設業 | 建物や道路などの建設に必要な大工、塗装、土木、電気などの工事業務 |
| 小売業 | 消費者への商品販売、飲食店などの業務 |
| 金融業 | 銀行、信用金庫などの預貯金、貸出、金融商品販売などの業務 |
| 不動産業 | アパートやマンションなどの賃貸・売買物件の仲介・販売などの業務 |
| 運輸業 | バスやトラックの運転、配送などの業務 |
| サービス業 | システム開発、ホテル、医療機関での業務、理美容、清掃、自動車整備などの業務 |
| 公務 | 区市町村・都道府県・国の機関での公務員業務 |

## ウ．求人票の送付

企業や団体などが社員を募集する行為を求人という。企業等は求人票（6-117）を作成し、ハローワークで許可を受けたのち、職業あっせん機関や学校などに送付する。求人には、企業等が指定した学校に生徒の推薦を依頼する指定校求人と、ハローワークなどを活用して広く人材を求める公開求人がある。

就職希望者は求人票を見て就職先を選ぶ場合が多い。そこに書いてあることは、会社や団体の住所・名前、採用したいポスト（仕事内容、勤務場所など）、必要な資格、必要な経験、勤務時間、休暇の内容、給与条件、会社や団体の

規模などである。

　就職希望者が職を求める行為を求職という。高校生の場合、求人から採用選考までのスケジュールは全国共通（一部を除く）の取り決めがなされている。すなわち、企業は、高校生の求人票の送付解禁日（通常7月1日）以降に高校に求人票を送付する。

　生徒は求人票によって、企業規模（従業員数）、雇用形態、勤務形態、給与水準、社会保障制度、研修制度、近年の離職者数、福利厚生制度などをチェックする。

　学校側から企業に生徒の求職資料（応募書類）を提出する開始日も決められている（9月初旬）。

### エ．就職先選びのポイント

　就職先を選ぶポイントは、求人票に記載の各項目だが、特に雇用形態は重要である。雇用形態は、正社員といくつかの非正規雇用がある。

　正社員は、期間の定めがない形（原則として定年までの間）で雇用される従業員である。そのため、通常、昇進や定期昇給、賞与などがあり、健康保険、年金などが確保される。正規社員ともいう。

　非正規雇用は、雇用期間が定められて雇用されるものである。期間の更新は可能だが、経営状況次第という場合が多い。通常、管理監督者への昇進は期待できない。契約社員、派遣社員などと記載されるものがこれに該当する。

### オ．会社訪問（会社見学）

　生徒が就職先を選んでいる中で、候補と考えている会社や団体などを実際に訪問する会社訪問（6-118）を行う場合がある。その会社や団体の事業内容や勤務条件の説明を受けたり、仕事の状況を見たりして、その会社や団体が自分に適するかどうか判断する。会社訪問は、学校が夏休みに入る、7月下旬から8月中にかけて集中的に行われるため、就職を希望する高校3年生（4年生）にとって夏休み期間は重要な時期となる。

**カ．採用選考と内定**

　会社や団体が社員や職員を採用しようとするときに、採用選考、就職試験(6-119) を行う。その形態は会社や団体によってちがうが、試験内容はおおむね、ペーパーテスト、作文、就職面接（6-120）からなっている。ペーパーテストや作文の難易度は、会社によって大きな差がある。会社によっては、どちらかだけの場合や両方とも実施しない場合もある。

　一方、面接は必ず行われ、合否を大きく左右する。面接は、求職者に対して採用担当者や幹部が短時間、面談する。多くは、志望動機や将来目標などを質問して、受け答えの能力や人柄などを観察し、その求職者が採用に値するかどうか判断する。

　就職試験の後、企業は採用を決めた求職者に内定を出す。内定は正式な雇用契約を結ぶ段階ではないが、事前に採用を約束する行為である。会社や団体は特別な事情がない限り、内定をくつがえせない。企業の採用選考と内定の開始日も取り決めがある（9月中旬）。

　なお、外国につながる生徒への採用面接などで、応募者の適性・能力とは関係のない事項を質問するなどの企業による就職差別が起こりうる。そのため、神奈川県では高校生の就職に関して「不適正事案対応システム」という制度がある。これは、就職差別について、高校、県教育委員会、ハローワークが連携し、当該企業に指導・是正を行うしくみである。

**(3) 職業訓練校への進学**

　就職を前提に技能を身につけるために職業訓練校[13]に通うことも選択肢の一つである。原則として職を求める人を対象に、旋盤などの金属加工機械や自動車整備機器、造園器具、電気工事器具などを備え、それらの各種技能を身につけ、就職に結びつける学校である。国の外郭団体の学校（ポリテクセンター）や都道府県が設置した学校などがある。

　特に2年制の職業訓練短期大学校は、文部科学省の所管ではないため短期大学ではないが、カリキュラムの中に技能だけではなく理論的な勉強も盛り込まれている。学校祭があったり、卒業製作なども課せられていたり、充

実した学生生活を送ることができるようになっている。卒業後は中堅の中小企業への就職がかなうことが多い。

## (4) 大学への進学

### ア．大学の種類

　大学には四年制大学と短期大学（6-121）がある。四年制大学は、4年で学位（学士）が取れ、卒業できるようにカリキュラムが組まれている大学である。通常「大学」というと、この四年制大学のことを指す。なお、医学、歯学、薬学、獣医学の学部学科は六年制となっている。

　短期大学とは、2年あるいは3年で学位（短期大学士）が取れ、卒業できるようにカリキュラムが組まれている大学である。通称「短大」という。

　大学は設置者別に、国が設置した国立大学、都道府県や市などの自治体が設置した公立大学、学校法人が設置した私立大学に分類することができる。授業料（学費）は私立大学よりも国公立大学のほうが安い。

### イ．大学入学資格

　大学に入学するには次の要件のいずれかに当てはまる必要がある。
・高校または中等教育学校を卒業した者
・高校卒業程度認定試験に合格した18歳以上の者
・特別支援学校高等部を卒業した者
・外国における正規の教育を12年間修了した18歳以上の者
・高校相当と指定した日本の外国人学校を卒業した者
・大学が個別の入学審査で入学を認めた者
・その他（文部科学省HP「大学入学資格について」参照）

### ウ．大学の組織

　大学は、学部（6-122）という組織を単位として、基準やルールを定めている場合が多い。そのため、授業料や募集人数、受験日、キャンパスも学部ごとに異なることがある。

学部の下に学科が設置されている。たとえば、同じ文学部でも、文学科だけではなく、歴史を研究する史学科や社会のあり方を研究する社会学科まで幅広く設置されている場合がある。

このように学科が異なると学問領域が大きく異なることがあるため、大学を選択するときは、勉強をしたい分野がどの学科でできるか十分に調べる必要がある。

## エ．大学受験制度

入学試験には、次のとおり、一般選抜、学校推薦型選抜（6-123）、総合型選抜（6-124）などの方法[14] がある。同じ方法でも、その制度内容は大学によって異なるため、大学のオープンキャンパスや説明会などに参加して、志望する大学について事前に情報を入手しておくとよい。

### a．一般選抜

一般選抜は学力試験の成績が合否を分けることになる。学力試験の方法は、国公立大学と私立大学とは若干異なる。国公立大学の場合は、大学入学共通テスト（5教科）と各大学個別の試験の2回、試験を受ける必要がある。2つの試験の合計点で合否を決定する大学や、共通テストで受験者を絞り込む大学など、合否の決め方は大学によって異なる。

私立大学の場合は、大学入学共通テスト（指定する3教科など）によって合否を決める大学やプラスして個別の試験を用意している大学、個別試験だけの大学など、その選抜方式は多様である。

一般的には、国公立大学は受験科目が多くなる傾向にあり、私立大学は主要3科目だけという大学もある。どの科目も良い成績（偏差値）であれば、国公立を選択肢に入れることができるが、主要3科目は得意だが、そのほかの科目は苦手な場合は、私立大学を中心に選択することになろう。

### b．学校推薦型選抜

学校推薦型選抜（旧推薦入学）は、一般選抜を受験し合格して入学するルートではなく、出身校の学校長からの推薦により入学をめざす制度である。合否の判定は、高校における成績（評定平均）や活動状況、学力検査（小論文、

口頭試問、基礎学力テストなど）の結果などで評価される。

　学校推薦型選抜は、大きく指定校制（指定校推薦）と公募制（公募推薦）に分かれる。指定校推薦は、大学が特定の高校を指定して実施する入試方式で、高校内で選考された生徒が校長からの推薦を受けて受験する制度である。指定校推薦の場合、高校と大学の間の信頼関係のもとに行われるため、100％に近い確率で合格するのが特徴である。ただし、合格したら入学を断れない（たとえば一般選抜で、よりレベルの高い大学に合格していても）。

　一方、公募推薦は、大学ごとの出願資格を満たして、出身校の校長から推薦された生徒が受験可能となる。その制度の内容や出願要件は大学によってまちまちである。推薦できる高校とその人数を指定する大学や全国どの高校からも志願できる大学などがある。

　なお、大学によっては指定校推薦と公募推薦の併願を認めているところもある。

### c．総合型選抜

　総合型選抜（旧 AO 入試）は、文部科学省により「詳細な書類審査と時間をかけた丁寧な面接等を組み合わせることによって、入学志願者の能力・適性や学習に対する意欲、目的意識等を総合的に評価・判定する入試方法」とされている。

　通常、学力試験では測れない目的意識や学習意欲などを、調査書（内申書）や入学志願者本人が記載する資料、プレゼンテーション、面接、集団討論、小論文などで判定する。出願時期や合格発表時期が夏から秋にかけてなど、一般選抜に比べて早いので注意が必要である。

### d．留学生入試等

　留学生入試は、通常、外国で学校教育を 12 年間修了（修了見込みも含む）した者を対象とするものである。ただし、中には、たとえば、外国の小・中学校に在籍したのち、日本の高校を卒業あるいは卒業見込みの者も対象としている大学がある。

　このほか、中国帰国者の子どもを対象とした中国引揚者等子女特別選考、難民生徒の特別入試などの入試制度を持っている大学もある。海外帰国生の

ための帰国生入試では、外国の学校在籍年数の証明があれば、日本の高校卒業（見込み）の生徒でも受験できるところもある（ただし永住できる在留資格をもつ生徒と明記されている）。

## オ．大学選択における留意点

　大学選択で重要なことは、大学で何を学びたいかである。一方、大学卒業後に何になりたいかもポイントである。その大学の卒業生の就職先など、進路情報も調べておくとよいだろう。

　かつては採用する大学を限定していた企業もあった。現在では人物本位で採用することを基本としているが、卒業生による人脈ネットワークが広い大学は、それだけ企業の情報を入手しやすいともいえるだろう。

## カ．大学の難易度

　大学は、入学が非常に難しい大学から比較的やさしい大学まで、さまざまある。旧帝国大学（「旧帝大」と呼ぶことが多い）系の国立大学（北海道大学、東北大学、東京大学、名古屋大学、京都大学、大阪大学、九州大学）、早稲田大学や慶應義塾大学といった有名私立大学などは入学のハードルが非常に高い。上記以外の国公立大学や有名私立大学が、それに続く難易度を保っている。同じ大学でも学部によって難易度は異なることがある。

　大学を目指す場合は、自分の合格可能性を偏差値という形で確認しながら、受験する大学を絞り込む。偏差値は、模擬試験・模試（6-125）という、受験生向けに民間会社が実施する入学試験を模した試験によって確認できる。

　大学受験にすべて失敗するか、第1志望の大学が不合格で、あきらめきれない場合などは、浪人といって高校卒業後に1年間、受験勉強に励み、翌年、再度挑戦する道を歩む場合もある。浪人する者を浪人生（6-126）といい、通常は入学試験対策に特化した学校である予備校（6-127）などに通う。ちなみに、2年間浪人して大学に入学する場合を2浪という。浪人に対して、高校3年生の時に受験に成功して入学するパターンを現役合格という。

## （5）専門学校への進学

### ア．専門学校の特徴

　専門学校とは、専修学校の専門課程（主に高校卒業者を対象にしたもの）のことである。1年以上の期間で職業に結びつくような実践的な教育を行う学校である。

### イ．専門学校の種類

　専門学校の種類は、医療、看護、福祉、保育、語学、教育、美容・理容、ファッション・アパレル、調理・栄養、ホテル、ブライダル、観光・旅行、公務員、法律、ゲーム・IT、アニメ・マンガなど多岐にわたっている。自分が将来就きたい職業を見すえ、受験校を絞り込むことが重要である。ただし、学校によって教育内容や学費が異なるので、資料を請求したり、実際に自分で専門学校に見学に行くことが望ましい。

### ウ．専門学校の入学プロセス

　専門学校においても大学と同様、AO入試、推薦入試（指定校推薦・公募推薦）、一般入試に分かれ、それぞれ出願資格がある。受験を経て合格したら、学校が指定する期日までに入学金を納めなければならない。入学金が未納だと入学が認められず合格取り消しとなるので、事前に受験する専門学校の入学金や授業料をしっかりと把握しておく必要がある。

## （6）大学・専門学校にかかる経費

### ア．大学進学における総経費

　大学受験から入学、在学に当たって必要となる経費のうち、主なものを挙げると**図表21**のとおりとなる。同じ大学でも文科系学部が最も安く、医学系や歯学系の学部が最も高くなる傾向がある。なお、表中の金額は変動する可能性があり、概算で計上してある。

**図表 21　大学進学における主な経費**

| 経費の種類 | 国公立大学 | 私立大学 |
|---|---|---|
| 願書代（1 校につき） | 無料 | 1,000 円程度 |
| 大学受験料（1 校につき） | 大学入学共通テスト（3 教科以上）18,000 円<br>個別試験　17,000 円程度 | 大学入学共通テスト（2 教科以下の場合）12,000 円<br>一般入試　35,000 円程度 |
| 受験のための旅費 | 居住地と受験会場間の距離による。 | |
| 入学金 | 30 万円程度 | 医歯学系以外　25 万円程度<br>医歯学系　100 万円程度 |
| 大学授業料（年間） | 55 万円程度 | 医歯学系以外　80 ～ 100 万円程度<br>医歯学系　300 万円弱程度 |
| 大学施設費等（年間） | なし（多くの大学で） | 医歯学系以外　15 ～ 20 万円程度<br>医歯学系　90 万円程度 |
| テキスト書籍経費（年間） | 10 ～ 20 万円程度 | |
| その他 | 自宅通学経費またはアパート・学生寮での生活費 | |

　総額でどのくらいの資金を準備しておく必要があるか、自宅通学圏内の国立大学 1 校、私立大学文系学部 3 校を受験し、私立大学に入学した場合を想定して、おおざっぱに試算すると、**図表 22** のとおりとなる。この他、昼食費やゼミの合宿費、研究調査費なども必要となる場合がある。

**図表 22　大学進学における経費試算**

| 経費の種類 | 積算内訳 |
|---|---|
| 国立大学受験経費 | 受験料 35,000 円＋受験旅費 2,000 円＝ 37,000 円 |
| 私立大学受験経費 | 願書代 1,000 円×3 校＋受験料 3 万 5,000 円×3 校＋受験旅費 2,000 円×3 校＝ 11 万 4,000 円 |
| 入学時経費 | 入学金 25 万円＋施設費等 15 万円＋前期授業料 40 万円＝ 80 万円 |
| 大学授業料 | 1 年後期 40 万円＋ 2 年以降 80 万円×3 年＝ 280 万円 |

| 大学施設費等 | 2年以降15万円×3年＝45万円 |
|---|---|
| テキスト書籍代 | 10万円×4年＝40万円 |
| その他 | 通学定期代　1万円×2期×4年＝8万円 |
| 合計 | 468万1,000円 |

## イ．大学入学時における経費

　上記のうち、大学入試に合格した後、すぐに必要となるのが、入学時一括納付金（6-128）である。大学によって種類と金額は異なるが、私立大学の場合は、上記の「入学時経費」に記載したとおり、おおむね80万円程度は用意しておく必要がある。

## ウ．専門学校進学の経費

　専門学校は文科系から理科系、建設系、理美容、調理、医療系など多様な分野の学校がある。かかる経費もそうした分野による金額差のばらつきが大きい。卒業までの年数も1年から3年まであり、当然、年数が長くなれば、それだけ経費もかさむことになる。また、専門学校の授業では、講義のほか技能・技術を身につけるための実習が多く組まれているため、各分野の実技や実習にかかる専門学校実習経費（6-129）が必要となる。

　そうしたことから、経費総額を推計することは困難だが、あえて示すとすると、入学金20万円前後、年間授業料50～100万円、年間実習経費3～100万円程度、年間設備費3～35万円、教材費その他1～10万円程度である。実技が重視される分野では実習経費が高くなり、語学など講義だけで済む分野では実習経費は安いが、授業料が高くなる傾向がある。合計すると2年間で180万円以上は必要となるのではないだろうか。

　ただし、低額の学費設定や月払い可にしている専門学校もあることから、十分な情報収集が求められるところだろう。

## （7）大学・専門学校の就学に対する支援制度

### ア．入学金・授業料の減免（高等教育の修学支援制度）

　区市町村民税非課税世帯とそれに準ずる所得が低い世帯の者を対象に、大学、短期大学、専門学校の入学金と授業料が減免される制度がある。この制度の活用を国に申請し認定された大学、短期大学、専門学校では、**図表 23** に記載した額まで入学金と授業料が減免される。たとえば、子ども 2 人の家庭の場合、区市町村民税非課税世帯（年収約 270 万円まで）は、図表 23 の額の全額減免、それに準ずる年収約 300 万円までの世帯は 2 ／ 3 まで減免、年収約 380 万円までの世帯は 1 ／ 3 まで減免となっている。

　この減免制度は、次項で説明する給付型奨学金とセットになっている。まず、日本学生支援機構に給付型奨学金を申し込み、認められた者が大学等で減免を受けられるしくみになっている。

　また、外国籍の場合は、「特別永住者」、「永住者」、「日本人の配偶者等」、「永住者の配偶者等」、「定住者」の在留資格が要件となる。

　現状の入学金・授業料の平均水準から見ると、区市町村民税非課税世帯の者は負担なしになるケースが少なくないと想定される。ただし、施設整備費や諸経費として設定されているものは減免の対象にはならない。

### 図表 23　入学金・授業料（年額）の減免の上限額

| | 国公立 | | 私立 | |
|---|---|---|---|---|
| | 入学金 | 授業料 | 入学金 | 授業料 |
| 大学 | 約 28 万円 | 約 54 万円 | 約 26 万円 | 約 70 万円 |
| 短期大学 | 約 17 万円 | 約 39 万円 | 約 25 万円 | 約 62 万円 |
| 専門学校 | 約 7 万円 | 約 17 万円 | 約 16 万円 | 約 59 万円 |

### イ．日本学生支援機構の奨学金制度の概要

　大学と専門学校の経費に対しては、日本学生支援機構の奨学金制度が多く利用されている。この奨学金には返済を要する貸与型と要しない給付型がある。

### a. 貸与型の制度内容

貸与型には無利子型と有利子型の2種類あり、利用できる条件は**図表24**のとおりである。貸与の額と上限は、無利子型か有利子型か、自宅通学者か否か、国公立か私立か、大学か専門学校かなどによって異なる。おおむね無利子型が月額1～6万円程度（大学院は上限12万円程度）、有利子型が月額2～12万円（大学院は上限15万円）となっている。

**図表24　日本学生支援機構の貸与型奨学金の利用条件**

| 種類 | 貸与条件 | 利用条件 |
| --- | --- | --- |
| 第1種 | 無利子 | 家計収入が747万円以下で成績が5段階評価で3.5以上 |
| 第2種 | 年3%上限の利子<br>（卒業後より） | 家計収入が約1,100万円（給与所得者）以下で成績が平均水準以上 |

第2種奨学金の利子3%は上限であるが、実際の利率は、その時々の金融市場における金利状況に連動するため、最近では低金利を反映してより低い利子が適用されている。

### b. 給付型の制度内容

給付型の奨学金は、区市町村民税非課税世帯とそれに準ずる所得が低い世帯の者を対象にしている。給付額（年額）は**図表25**のとおりであり、大学、短期大学、専門学校とも同額となっている。区市町村民税非課税世帯は図表25に記載された額の全額、それに準ずる年収303万円までの世帯は2／3、378万円までの世帯は1／3が給付される。

**図表25　給付型奨学金の給付額（年額）**

| | 自宅通学者 | 自宅外通学者 |
| --- | --- | --- |
| 国公立の大学・短大・専門学校 | 約35万円 | 約80万円 |
| 私立の大学・短大・専門学校 | 約46万円 | 約91万円 |

### c. 奨学金の申し込み手続き

日本学生支援機構の奨学金は、大学入学前に在学する高校を通して申し込むことが一般的である。これを予約採用と称している。日本学生支援機構では大学入学前に申込者の審査をし、貸与あるいは給付するかどうかの決定を行う。

## ウ. 貸与型奨学金の利用上の注意点

奨学金は、大学進学に要する高額な資金を用意できる点で利用価値は大きい。一方で日本学生支援機構の貸与型については、次のとおり何点か注意しないといけないこともある。

### a. 貸与型は借金であること

貸与型の奨学金は借金やローンと同じであることを忘れないことが肝心である。第1種の枠は2割〜3割程度といわれていることから、多くの学生は第2種を利用することになる。この第2種では利子負担が上乗せされる。学生本人が返済の義務（債務）を負い、卒業後に毎月均等な額を20年間返済し続けることになる。返済が滞れば、督促状が送られてくる。

### b. 大学中退の場合

何らかの理由で大学を中退すると、奨学金はその時点でストップされる。貸与型であれば、それまで支給された金額の返済が開始される。

### c. 留年の場合・学業不振の場合

奨学金の支給は4年間が限度であるため、留年した場合は、支給されない年が発生することになる。また、給付型では、修得単位数や出席率が5割以下など、学業不振の場合は給付が打ち切られる。

### d. 奨学金振り込み時期

予約採用の場合であっても、実際に奨学金を手にすることができるのは大学入学後である。そのため、大学合格後や入学時点に必要な資金には活用できない。別にお金を準備しておく必要がある。

136

### e. 対象外の在留資格

この奨学金は、在留資格の「特別永住者」、「永住者」、「定住者」、「日本人の配偶者等」、「永住者の配偶者等」の者しか利用できない。「家族滞在」の在留資格で在住している生徒は奨学金の対象外である。こうした家庭では、自己資金を用意するか、あるいは高校卒業までに「定住者」や「永住者」の在留資格を取る必要がある。

### エ. 地方自治体の奨学金

区市町村によっては奨学金制度を持っているところがある。その多くが無利子の貸与型である。日本学生支援機構の奨学金と比較して貸与金額が少ないことや日本学生支援機構の奨学金との併用は不可の場合が多いことから、利用に当たっては日本学生支援機構の奨学金と十分に比較検討する必要がある。

### オ. 民間団体の奨学金

民間団体の奨学金制度も有効に活用できる場合があることから、詳細を確認しておきたい。貸与型のほか給付型もあり、また、成績要件や支給額など、その制度内容は団体によってまちまちである。ただし、多くの場合、募集定員が少なく、厳しい成績要件が付けられている。

### カ. 学校独自の奨学金

大学では、給付型の奨学金や学費免除制度を設けているところがある。成績が特に優秀な人が対象となる。

専門学校では、専門分野に関係する資格を持っている者や検定試験に合格している者が対象となる授業料免除制度を設けているところもある。

## 9 企業・団体に関する参考情報

高校卒業後、就職する場合はもちろん、専門学校や大学に進学する場合も、

いずれは就職という形で社会に出ていくケースがほとんどだろう。ここでは、そうした場合に役立つであろう企業・団体に関する情報を記載する。

## (1) 企業規模

企業には、何万人という従業員を雇用しているところから、従業員1人というところまで、さまざまな企業がさまざまな形態でビジネスを展開している。

法律上では、大企業と中小企業を資本金と従業員数で区分している。たとえば、中小企業を、製造業では「資本金3億円以下または従業員300人以下」とし、小売業では「資本金5,000万円以下または従業員50人以下」としている。資本金と従業員数のどちらか一方に該当すれば中小企業になる。

ただし、そうした中小企業であっても、大企業の子会社（6-130）や系列会社（6-131）、グループ企業（6-131）である場合もある。子会社には親会社（6-132）があり、その親会社が資金を出して別会社として子会社を設立し、関連する事業（たとえば親会社の製品の輸送や販売）などを専門に行わせたりする。このように親会社によって出資、設立された会社を子会社という。

系列会社やグループ企業とは、大企業が関連する企業とグループをつくり、株式を持ち合ったり、取引を密接に行ったりして、他のライバル会社に対抗していく会社群のことである。問題が起こった時には共同して対処したりする。

## (2) 企業のキャリアアップ制度

企業には、独自に社員育成の制度を持っているところが多い。そうした研修制度では、就業の一環として知識を身につけ、自らのスキルをアップさせることができる。腕をみがいて技能検定（6-133）などの資格取得につなげることもできる場合がある。技能検定は、厚生労働省の基準に基づき、働く上で必要とされる作業や業務のテクニック、器具・機械の操作の腕前など、各種の技能のレベルを評価し、それを国として認定する制度である。

## (3) 社会保障

　就職するとすぐに書かされるのが社会保障の書類であろう。労働者に関係する社会保障は、雇用保険（6-134）と健康保険（6-135）、厚生年金保険（6-136）、労働者災害補償保険・労災保険（6-137）の4つである。非正規雇用の場合は、これらの社会保障が付かない場合がある。

　雇用保険は、雇用主と従業員が給料の一定割合を保険料として支払うものである。一定期間以上加入した従業員は、万一、失業したときに、次の就職先を探すまでの間の生活費や就職活動費にあてるため、一定期間、給付金が支給されるものである。

　健康保険は、正式には公的医療保険という。所得に応じて保険料を支払い（雇用主が半額負担）、万一、病気やけがで医療機関にかかったときに、治療費や薬代が保険から支払われるものである。通常、自己負担が3割あり、7割が保険でまかなわれる。

　厚生年金保険は、主として従業員が加入する公的年金である。健康保険とセットで加入することになる[15]。非正規雇用であっても、雇用の見込みが1年以上あり、正社員の4分の3以上の勤務時間で雇用される場合は加入義務がある。年金保険料は所得に応じて支払う（雇用主が半額負担）。

　労働者災害補償保険（労災保険）は、労働者が業務や通勤で負傷したり、病気にかかったり、死亡したりした場合に、その労働者や遺族に対して保険給付を行う制度である。

注

1　2022年度入学生から変更される教科・科目の主なものは次のとおりである。

| 教科 | 科目（標準単位数） |
|---|---|
| 国語 | 現代の国語 (2)、言語文化 (2)、論理国語 (4)、文学国語 (4)、国語表現 (4)、古典探究 (4) |
| 地理歴史 | 地理総合 (2)、地理探究 (3)、歴史総合 (2)、日本史探究 (3)、世界史探究 (3) |
| 公民 | 公共 (2)、倫理 (2)、政治・経済 (2) |

| 外国語 | 英語コミュニケーション I (3)、同 II (4)、同 III (4)、論理・表現 I (2)、同 II (2)、同 III (2) |
|---|---|
| 情報 | 情報 I (2)、同 II (2) |
| 理数 | 理数探究基礎 (1)、理数探究 (2 〜 5) |

2　児童相談所は問題をかかえた子どもの支援を担当する行政機関である。相談を受け付け、どのような支援が適切か検討し、必要に応じて家庭を訪問したり、学校や他の支援機関と協力して、子どもの支援を行う。状況に応じて、家庭から子どもを引き離して保護したり、児童関係施設に入所させたりする。略して「児相」ということもある。また、地域によっては「こども家庭センター」や「児童センター」などと呼称しているところもある。

3　修得の基準は地域によって異なる。たとえば福岡県では 5 段階評価で 2 以上としている。

4　第 7 章 9 学校生活・PTA（3）健康管理（160 ページ）参照。

5　学校の教育目標や教育方針、校則（学則）、生徒心得（生活指導上の注意事項）、生徒会則、荒天時の対応、大規模災害時の対応、相談室・保健室・図書室の利用方法などが記載され、生徒の在籍を証明する手帳。

6　「別室指導」の意味は、ここでいうもののほか、不安をかかえるなどで教室に入れない生徒に対して静かな環境を提供する意味で別の部屋を用意して教室への復帰を図ることを意味する場合もある。

7　18 歳未満の子どもの福祉を担当するセクション。自治体によって名称が異なる場合がある。ひとり親家庭の支援や児童養護施設の入所管理、里親支援、保育園への入所調整、児童扶養手当支給などの業務を行っている。

8　児童扶養手当は、区市町村から一人親家庭に、子どもと家庭の生活安定と福祉の向上のために支給される。所得に応じて、所得が低い家庭で月額 4 万数千円（子どもが多い場合に加算あり）が支給される。

9　机や床、窓ガラスのよごれなどをふくときに使う、タオル地などの布きれを合わせて、20 センチから 15 センチ程度にしたもの。布の端の辺と布の対角線を糸でぬって、ものをふきやすく処理している。通常、家庭でつくって、生徒が学校に持参するが、店で購入することもできる。

10　柄がついた床掃除の道具。

11　15 歳から 34 歳までの者のうち、無職で職業訓練も行っておらず、かつ家事や勉学に従事していない若者。

12　②に該当しない者であっても、一定の要件を満たす者には就労可能な「特定活動」

への在留資格の変更が認められている。

13　地域や設置者によって名称が異なる場合がある。神奈川県では「かなテクカレッジ」、東京都では「職業能力開発センター」としている。

14　2021年度入学者選抜より、一般入試を一般選抜、推薦入学を学校推薦型選抜、AO入試を総合型選抜として制度改正が行われている。

15　国民健康保険に加入している場合は、別に国民年金に加入する必要がある。

**参考文献**

[1]　坪谷美欧子［2017］「外国につながる子どもたちの教育の保障をめぐって──近年の制度の変化と課題から──」神奈川県教育文化研究所『所報 2017』pp.18-22.

# 第 7 章　公立特別支援学校の概要

## 1　特別支援教育

### (1) 目的

　特別支援教育（7-1）とは、障害のある幼児、児童、生徒の自立や社会参加に向けた主体的な取組を支援するという視点に立ち、幼児、児童、生徒一人ひとりの教育的ニーズを把握し、その持てる力を高め、生活や学習上の困難を改善又は克服するため、適切な指導及び必要な支援を行うもの（文部科学省）としている。

　外国につながる児童・生徒の障害については、出身国における障害のある子どもへの偏見や差別、特別支援教育や障害者福祉の制度的なちがいから、日本において適切な診断や支援を受けられていない場合も考えられる。また日本語の問題から、必要な情報が自治体の窓口や支援機関につながりにくい可能性がある。そのため、外国につながる障害のある子どもやその家族は、地域社会でより孤立しがちである。日本では外国につながる子どもの障害に特化した支援制度や施設はないが、適切な支援を早めに受けられるようサポートが求められる。

### (2) 障害のある児童・生徒の就学

　障害があることにより、通常の学級における指導だけではその能力を十分に伸ばすことが困難な子どもたちについては、特別な配慮のもとに適切な教育が行われている。そうした教育（特別支援教育）が行われる学校は、**図表**

**26** のとおり分類できる。

## 図表26　特別支援教育の種類

| 種別 | | 教育内容 |
|---|---|---|
| 小中学校 | 特別支援学級 (7-2) | 学校教育法に基づき、小学校および中学校に、知的障害 (7-3)、肢体不自由 (7-4)、病弱・身体虚弱 (7-5)、弱視、難聴、言語障害 (7-6)、自閉症・情緒障害 (7-7) のいずれかに該当する児童・生徒のために置くことができる。病院内に設置される院内学級 (7-8) を含む。 |
| | 通級による指導 | 小中学校の通常の学級に在籍し、言語障害、自閉症、情緒障害、弱視、難聴、学習障害、注意欠如多動性障害 (7-9) などのある児童・生徒を対象として、特別な指導を特別な場で行う教育形態。 |
| 特別支援学校 (7-10) | 視覚障害 (7-11) | 幼稚部、小・中学部、高等部がある。小・中学部では、小中学校に準じた教育を行っている。高等部では、普通科の教育の他、あん摩マッサージ指圧師等の国家資格の取得を目指した職業教育を行っている。 |
| | 聴覚障害 (7-12) | 幼稚部、小・中学部、高等部がある。小・中学部では、小中学校に準じた教育を行っている。高等部では、普通科の教育の他、印刷、被服、情報デザイン等の職業学科が設置されている。近年は、高等教育機関への進学を目指す生徒がいる。 |
| | 知的障害 | 知的障害の子どもたちのための教科の内容を中心にした教育課程を編成している。小・中学部、高等部がある。 |
| | 肢体不自由 | 幼稚園、小学校、中学校、高校に準じた教育を行うとともに、障害に基づく困難を改善・克服するための指導である自立活動にも力を入れている。 |
| | 病弱（身体虚弱を含む） | 病気等により、継続して医療や生活上の管理が必要な子どもに対して、教育を行っている。病院に併設した特別支援学校やその分校、又は病院内にある学級に通学して学習している。 |

[神奈川県の例]

　神奈川県では、高等部に分教室 (7-13) を設置しているところがある。高等部の分教室は、特別支援学校知的障害教育部門高等部を希望する生徒の増加に対応するために、高校の教室を使用して設置されている。主に自力通学

が可能であること、集団活動が可能なこと、昼食は各自持参することが条件となっている。

　また、神奈川県では、知的障害のある生徒が高校の学籍で学ぶ<u>インクルーシブ教育</u>（7-14）実践推進校を設けている。これは、すべての子どもが、できるだけ同じ場で学び、共に育つ教育を推進することを目的としている。インクルーシブ教育実践推進校は 14 校（2020 年度現在）で、定員は各校 21 名となっている。

[大阪府の例]

　大阪府では、特別支援教育を支援教育とし、特別支援学校、特別支援学級の呼称を支援学校、支援学級としている。これは、特別支援教育はすべての学校で行われるものであること、特別支援教育の対象となる子どもは、決して「特別」な子どもではないという考え方によるものと思われる。

　また、知的障害のある生徒が高校で学ぶ取り組みとして、高校の学籍で学ぶ知的障がい生徒自立支援コースを府内の高校 11 校に設置している。職業学科を設置する高等支援学校の分教室にあたる共生推進教室を府立高校 10 校に設置している。いずれも、高校における「ともに学び、ともに育つ」教育を推進する取組として制度化されたものである。

## 2　障害の状況等

　特別支援教育を理解する前提として、障害についての知識を学ぶ必要がある。そのため、以下に障害の種類や程度、特性などについて、学校通訳に必要な範囲で簡単に記載した。

### (1) 特別支援学校で受け入れる子どもの障害の種類

　特別支援学校で受け入れる子どもの障害の種類は、前述した図表 26 のとおり、視覚障害、聴覚障害、知的障害、肢体不自由、病弱・身体虚弱の 5 つとなっている。それらの障害の状況は、**図表 27** のとおりである。

**図表 27　特別支援学校で受け入れる子どもの障害の状況**

| 障害種別 | 障害の状況 |
|---|---|
| 視覚障害 | 視覚（見え方）に支障があること。視力障害のほかに、視野障害もある。全盲や弱視、視野狭窄といった症状を持っている。 |
| 聴覚障害 | 聴覚（聞こえ方）に支障があること。聾、難聴（高度難聴から軽度・中度難聴まで）などの症状を持っている。 |
| 知的障害 | 知的機能に支障があること。知能指数（IQ）は、目安としては使われるが、定義として定まっているわけではない。発達期に現れるものをいい、認知症や事故の後遺症は含まない。 |
| 肢体不自由 | 身体の動きに関する器官が損なわれ、日常生活動作に支障が生じている状態をいう。 |
| 病弱・身体虚弱 | 病弱とは、慢性疾患などのため、継続して医療や生活規制を必要とする状態をいう。身体虚弱とは、病気にかかりやすいため継続して生活規制を必要とする状態をいう。 |

　小中学校の特別支援学級では、上記のほか、言語障害、自閉症・情緒障害の子どもを受け入れている。


## (2) 身体障害・知的障害以外の障害の例

　子どもの障害に関して、図表 27 に記載した障害種別以外にも、学校通訳者として承知しておいたほうがよいものがある。そのため、ここではその主なものについて掲げておく。


### ア．発達障害

　発達障害（7-15）とは、自閉症、アスペルガー症候群、その他の広汎性発達障害、学習障害、注意欠如多動性障害、その他これに類する脳機能の障害であってその症状が通常低年齢において発現するものとして法令（発達障害者支援法）で定めるものをいう。

　なお、外国につながる子どもの保護者向けに、国立障害者リハビリテーションセンターの発達障害情報・支援センターから「お子さんの発達について心配なことはありますか？」というパンフレットが多言語で発行されている。

### イ．自閉症スペクトラム障害・自閉スペクトラム症

自閉症スペクトラム障害・自閉スペクトラム症(7-16)は、コミュニケーションに困難さがあり、限定された行動、興味、反復行為などが起こる。原因は特定されていないが、先天的な脳機能障害と考えられている。自閉症、アスペルガー症候群等は独立したものではなく連続しているひとつのものと考えることができるとして、DSM-5[1]では、自閉症スペクトラム障害あるいは自閉スペクトラム症という診断名となっている。

### ウ．情緒障害

情緒障害とは、情緒の現れ方が片寄っていたり、その現れ方が激しかったりする状態を、自分の意思でコントロールできないことが継続し、学校生活や社会生活に支障となる状態をいう。

## (3) 障害の程度

### ア．障害者手帳に記載された障害の程度

#### a．身体障害者手帳に記載された障害の程度

身体障害者手帳 (7-17) は、視覚障害、聴覚障害、平衡機能障害、音声機能障害、肢体不自由、内部障害（心臓、腎臓、呼吸器、膀胱、直腸、小腸、肝臓、免疫系の障害）が、一定以上で永続する者に対して交付される手帳である。各種の障害者支援制度の対象となる。障害の程度によって1級から6級の等級（数字が小さいほど重度）が定められている。

#### b．療育手帳に記載された障害の程度

療育手帳・愛の手帳[2] (7-18) は、児童相談所、または知的障害者更生相談所 (7-19) において、知的障害であると判定された者に対して交付される手帳である。各種の障害者支援制度の対象となることができる。障害の程度によって重度の順からA1、A2、B1、B2と4区分されている。

### イ．重複障害

複数の種類の障害を併せ有する場合、重複障害 (7-20) と呼ぶことがある。

### ウ．重度障害

　障害の程度における重度障害（7-21）は、身体障害と知的障害において基準が設定されている。身体障害の程度における「重度」は、身体障害者障害程度等級表における等級が、1級、2級の障害、または3級の重複障害等のことをいう。

　知的障害における「重度」は、療育手帳で「A」とされているか、あるいは児童相談所や知的障害者更生相談所から、療育手帳の「A」に相当する程度とする判定書が出されている場合である。または、障害者の雇用の促進等に関する法律に基づき、障害者職業センター（7-22）により「重度知的障害者」と判定された場合である。

## （4）特徴のある行動・状態の例

　障害のある子どもに見られる特徴的な行動や状態のうち、主なものを掲げておく。

### ア．クレーン現象、クレーン行動

　クレーン現象、クレーン行動（7-23）とは、何かほしいものがあるときに、他者の手首を持って、ほしいものに近づける行動をいう。自閉症の子どもや言葉の発達が未熟な時期の子どもによくみられる。

### イ．かん黙

　かん黙（7-24）とは、発声器官に問題がなく、言葉を理解することや言語能力はあるにもかかわらず、話すことができなくなる状態をいう。特定の場面・状況で話すことができなくなってしまう場合を選択性かん黙症、あるいは場面かん黙症という。

### ウ．吃音

　吃音（7-25）とは、話すときに自分の意思とは関係なく、「わ、わ、わたし」とくり返したり、「わーーたし」と引き延ばしたり、言おうとする言葉が詰まっ

てしまって、なかなか出てこなかったりする状態をいう。

## (5) 障害を補完する手段の例

### ア．補聴器

聴覚障害のうち、わずかに音が聞こえる場合は、補聴器（7-26）という残存する聴力（7-27）を活かして聞こえる音量を拡大する器具を使用する。ただし、音を大きくするためのものであり、言葉の識別を助けるものではない。

### イ．点字

点字（7-28）は、視覚障害者が、文字を読んだり、書いたりするために使う文字で、たて 3 点、よこ 2 点の 6 つの点の組み合わせからなる音標文字である。6 つの点の組み合わせは 63 通りあり、それぞれが 50 音や数字、アルファベット、記号を表す。

### ウ．手話

手話（7-29）は、手や指、顔や体の動きで伝える独立した言語である。「日本手話」と「日本語対応手話」がある。「日本語対応手話」とは、主に聴者（聴こえる人）が使う日本語通りに手話の単語を並べて表すものである。「日本手話」は、日本語と文法が異なる。ろうあ者の多くは「日本手話」を使う。

### エ．車いす

車いす（7-30）は、身体の機能障害などにより歩行困難となった人が座った状態で移動するために使われる用具である。

### オ．歩行器

歩行器（7-31）は、歩行時にふらつきが大きい人や、足腰の力が弱った人に使われる。両手が使えることが前提となる。歩行器は数本の脚で支えるので、1 本で支える杖よりも安定性が高い。また、杖歩行に移るための歩行訓

練にもよく使われる。


### カ．靴型装具

靴型装具とは、足部を覆う装具のことである。内反や外反偏平足などの変形の矯正や、病的変形に対し、疼痛や圧力集中の軽減を図るなど、治療を目的とした靴および靴に類似したものである。


# 3　障害のある子どもの就学・進学

障害のある子どもの就学・進学について、主に神奈川県の例をもとに、学校通訳に必要な範囲でアウトラインを記載する。


## (1) 小学部（中学部）への入学

### ア．就学相談

障害のある子どもの就学先を決めるためには、まず、就学相談 (7-32) が行われる。これは、保護者、本人、教育委員会の話し合いと、決定までのプロセスを指すものである。


### イ．就学先の決定

障害のある子どもが就学年齢である６歳に達するとき、その子どもの就学先を小学校の特別支援学級にするか、特別支援学校の小学部にするかなどを決める必要がある。この判断には、文部科学省が定めた就学基準がある。たとえば、知的障害の場合、「知的発達の遅滞があり、他人との意思疎通が困難で日常生活を営むのに頻繁に援助を必要とする程度のもの」などとされている。

就学先の決定には、この基準が前提になるが、実際には、過去の教育相談、支援状況、就学相談を基にして、就学先を決定する。その決定は、教育的な観点だけでなく、心理学的、医学的な見地、本人、保護者の意向、地域の学校の実情などを踏まえて総合的に判断する必要がある。そのため、区市町村

教育委員会に教育支援委員会（7-33）あるいは就学支援委員会といった協議体が設置されて行われる。この委員会は、就学先決定後の一貫した支援についても助言を行う。

## （2）高等部（知的障害教育部門）への入学

### ア．志願相談

　特別支援学校の高等部（知的障害教育部門）へ入学を希望する場合、志願資格があるかどうかを確認するため、本人と保護者が志願を予定している学校に行き、学校見学および面談を行う。これを志願相談 3（7-34）という。志願相談は、在籍校を通じて申し込む。

　高等部は、志願資格があって入学を希望する者であれば、いずれかの学校で全員、受け入れることにしている。

### イ．志願先

　知的障害教育部門は、学区と呼ばれる通学区域（神奈川県では「指定地域」という）が設定されている。原則として学区内に居住する者からの志願を受け付けている。

[大阪府の例]

　大阪府では、職業学科を設置する高等支援学校（知的障害教育校）は府内全域、その他の支援学校は通学区域が定められている。

### ウ．志願先の変更

　特別支援学校に入学願書を提出した後、希望する学校の応募が定員を超えている場合、募集人数より志願者が少ない学校に志願変更をすることができる。この変更は特別支援学校の志願調整期間（7-35）の間に行う必要がある。志願変更の手続きは、保護者または本人が行う。

### エ．入学者の選抜

　高等部の入学志願者には入学者選抜 4 を実施する。選抜の内容は、学力検

査、体力・運動能力検査、面接（本人および保護者）、その他校長が指定する内容について実施する。都道府県によっては学力検査が行われないところもある。

[神奈川県の例]

　神奈川県では、入学者選抜を前期選抜と後期選抜に分けている。高等部は原則として、いずれかの学校に入学できるようにしているため、前期選抜で募集定員を超え、志願先に入学ができなかった者は、定員に満たなかった学校が後期選抜を実施し、入学希望者全員が入学できるようにしている。

[大阪府の例]

　大阪府では、職業学科を設置する高等支援学校を除いて、各校において入学者決定検査が実施される。また、事前に入学予定の学校において教育相談等を受けることとなっている。また、職業学科を設置する高等支援学校では、各校の募集人員が定められており、入学者選抜により合否が判定される。

### オ．入学手続き

　神奈川県の場合、合格通知は、郵送で各家庭に送られる。その際に、入学時に必要な書類が同封されているので、保護者は、指定された日に行われる入学説明会に出席するとともに、書類を提出することで入学手続きとなる。

## 4　就学経費の支援

　障害のある子どもにかかる教育関係経費に対して、次の経費支援の制度が用意されている。

## （1）特別支援教育就学奨励費

### ア．目的

　特別支援教育就学奨励費（7-36）とは、障害のある幼児・児童・生徒が特別支援学校や小中学校の特別支援学級等で学ぶ際に、保護者が負担する教育関係経費について、家庭の経済状況等に応じ、国および地方自治体が補助す

る制度である。通常の学級で学ぶ障害のある児童・生徒についても、一定の基準を満たせば補助対象にしている。

### イ．対象経費

対象とする経費は、通学費、給食費、教科書の代金、学用品費、修学旅行の費用、寄宿舎日用品費、寝具費、寄宿舎からの帰省費などがある。

### ウ．交付申請手続き

世帯の所得によって、援助の内容が異なるため、所得証明を提出する必要がある。申請する際には、購入したものが対象になるかを在籍する学校で確認するため、領収書（またはレシート）を必ず添付する。また、各家庭で購入したものの他に、学校で購入したものも対象になる場合があるので、学校からは年に数回、会計報告が各家庭に配られる。

## (2) 特別児童扶養手当

特別児童扶養手当（7-37）とは、20歳未満で精神又は身体に障害を有する子どもを家庭で育てている父母等に支給される手当である。支給金額は、月額 52,500 円（1級）と 34,970 円（2級）の 2 種類[5]がある。ただし、その世帯の所得が一定の額以上であるときは手当は支給されない。支給にあたっては、区市町村の窓口へ申請する必要がある。

# 5　教科・カリキュラム体系

## (1) 教科・カリキュラムの考え方

特別支援学校では、幼稚園、小学校、中学校、高校に準ずる教育を行うとともに、自立活動（7-38）という特別な指導領域が設けられている。自立活動とは、「障害に基づく種々の困難を主体的に改善・克服するために必要な知識、技能、態度及び習慣を養い、もって心身の調和的発達の基盤を培う」ことを目標とする特別に設けられた領域である。内容は、「健康の保持」「心

理的な安定」「人間関係の形成」「環境の把握」「身体の動き」「コミュニケーション」の6区分ある。

　また、特別支援学校では、子どもの障害の状態等に応じた弾力的な教育課程が編成できるようになっている。

　なお、知的障害者を教育する特別支援学校については、知的障害の特徴や学習上の特性などを踏まえた独自の教科およびその目標や内容が示されている。

## (2) 特別支援学校の教育活動の例

### ア．課題・課題別学習・個別課題

　特別支援学校には、課題、課題別学習、個別課題（7-39）と呼ぶ学習活動がある。国語や算数・数学等に該当する内容で、個々の実態に応じた課題設定のもとに取り組むものである。「ことば・かず」などと呼ぶこともあり、学校によって呼び方はさまざまである。

### イ．教科「生活」

　小学校（1、2年生）と同様、特別支援学校（知的障害）の小学部にも生活（7-40）という教科が設定されている。ただし、同じ教科名だが内容は異なる。特別支援学校の生活は、「基本的な生活習慣」「健康・安全」「遊び」「交際」「役割」「手伝い・仕事」「決まり」「日課・予定」「金銭」「自然」「社会の仕組み」「公共の施設」の12の観点から構成されている。

　また、特別支援学校には生活単元（7-41）という、複数の教科・領域を合わせた指導形態がある。知的障害教育において、特に必要があるときは、各教科、道徳、特別活動および自立活動の一部または全部について、合わせて授業を行うことができるという規定のもとに設けられている。

### ウ．絵カードを使った活動

　特別支援学校では絵カード（7-42）を使用することがある。これは、自分で言葉を発して意思表示をすることが難しいときに、言葉に替わる手段となるものである。子どもの特性によっては、耳から入る音声情報よりも、目か

ら入る視覚情報のほうが理解しやすい場合もあることから、教員が子どもに伝えたいことがあるときにも活用する。

### エ．学校外の教育活動

　特別支援学校では、学校の外に出て行う教育活動として、小中学校と同様に遠足（7-43）や校外学習などが設定されている。

　遠足は、望ましい人間関係を形成すること、集団への所属意識や連帯感を深めること、公共の精神を養うこと、協力して、よりよい学校生活を築こうとする自主的、実践的な態度を育てることを目標とした学校行事である。ふだんと異なる環境の中で見聞を広め、自然や文化等に親しみながら行う活動である。

　校外学習は、教科指導の一部として必要に応じて行うものであり、遠足や宿泊行事とは区別される。教科の指導内容を指導する際に、児童・生徒の学びの特性から、より実際的な場面で指導することが効果的であって、校内においてそうした環境を設定できない場合に実施する。

### オ．五十音表

　日本語の発音や書き方を覚えるため、五十音表（7-44）あるいは五十音図といわれる図表ペーパーが活用される。ひらがなやカタカナを母音（あいうえお）に基づき縦に5字、子音に基づき横に10字ずつ並べたものである。

### カ．おこづかい帳

　卒業後の給料等の管理のために、おこづかい帳（7-45）をつけるよう指導をすることがある。これは、在学中から、もらったおこづかいの金額や、何に使ったかを書きとめ、計画的にお金を使えるように取り組むものである。生徒の実態に応じて活用するため、すべての生徒が取り組むわけではない。

# 6　個別の（教育）支援計画、個別の指導計画

　障害のある子どもの指導に当たっては、一人ひとりのこれまでの発達の歩みや現状、今後の目標などを設定し、その経過を評価したものを記録として作成していることから、その概要を学校通訳に必要な範囲で簡単に説明する。

## (1) 個別の（教育）支援計画

　障害のある子ども一人ひとりの支援に関し、関係機関との連携を図るため、長期的な視点に立った個別の支援計画が作成される。その中でも、在学中に、学校と保護者が作成するものを、特に個別の教育支援計画（7-46）と呼んでいる。

　障害のある子ども、一人ひとりについて、乳幼児期から学校卒業後までの一貫した長期的な計画を作成する。この作成作業は、関係機関の協力や保護者の意見、本人の願いなども踏まえて行われる。

[神奈川県の例]

　神奈川県では、個別の教育支援計画を「支援シート」と呼んでいる。保護者、本人を中心に支援の必要な子どもに関係する人たちが、ライフステージに沿った継続的な支援を目的に支援シートを作成している。「これまでの取組」「これまでの取組の評価」について、3年に1回を目安に見直しを行う。作成した支援シートは、保護者・本人が保管し、次の進路先に自ら引き継ぐことで、これまでの支援を生かすようにすることを目的としている。

## (2) 個別の指導計画

　特別支援学校に在籍するすべての子どもたち、一人ひとりについて、継続的、発展的な指導を一貫して行うため、個別の指導計画を作成する。その子の障害の状態や発達段階等の的確な実態把握に基づき、教育的ニーズに応じた指導目標および指導内容を設定している。

[神奈川県の例]

　神奈川県では、個別の指導計画のことを「個別教育計画」と呼んでいる。

学校生活全般について、単元や学期、学年ごとに、ねらいをもって学習活動が行えるよう、目標、手立てや評価を具体的に示すものである。また、年に2回程度、保護者面談を行っている。個別教育計画や支援シートなどを基に、保護者と教員とが、個別に子どものことについて話し合うものである。

## 7　児童・生徒指導

　特別支援学校では、地域の小中学校や高校と同じように、児童指導、生徒指導を担当する教員を中心に、学校生活全般について必要な指導を行っている。高等部には、高校の特別指導の考え方を取り入れる学校も増えてきた。
　このような現状を踏まえつつも、特別支援学校における児童指導、生徒指導は、障害の特性に対する配慮は欠かせない。
　たとえば、知的障害のある児童・生徒に対しては、わかりやすい説明が不可欠である。まわりの人に不快感を与えないような服装を着用するよう、身だしなみ（7-47）についても指導する場合がある。清潔であるか、だらしない印象を与えないかなどについて、各学校でチェック項目を立てるなどして、子どもたちにわかりやすく指導している。
　また、友人関係について、年に数回、アンケート等を実施し、いじめにつながる行為がないかを確認したり、友だちとの関わり方について指導したりすることで、社会性の育成に取り組んでいる。
　また、近年では、SNSの利用によるトラブルも多く、携帯電話の適切な利用について、学校での取組はもちろん、保護者の協力も欠かせないものとなっている。

## 8　教員・専門職等

　特別支援学校に配置されている教職員の役割について、学校通訳に必要な範囲で簡単に説明する。

## (1) 教員の役割

特別支援学校には、**図表28**のとおり、担任の教員をはじめ、子どもたちと直接関わりながらさまざまな役割を担う教員がいる。

**図表28　特別支援学校の教員の種類と役割**

| 教員の種類 | 役割 |
|---|---|
| 学部長・室長 | 小学部、中学部、高等部、分教室をそれぞれ統括する。 |
| 学級担任 | 学級（クラス）を担当する。 |
| 教育相談専任 | 学級の担任は持たず、所属校や地域の学校の教員や保護者、子ども自身の学校生活に関する相談等を受ける。 |
| 進路担当 | 高等部卒業後の進路選択について、担任、保護者、本人と協働して進めていく。 |

## (2) 専門職

特別支援学校には、教職員チームの一員として、**図表29**のとおり、医療系の専門職が配置されている。これらの専門職は、自立活動教諭（7-48）と呼ばれ、看護師資格をもつ専門職を「自立活動教諭（看護師）」、理学療法士（7-49）、作業療法士（7-50）、言語聴覚士（7-51）、臨床心理士（7-52）の資格をもつ専門職を「自立活動教諭（専門職）」として配置している。近隣の学校等からの多様な教育相談に対応するなど、地域の学校への支援を行う場合もある。

**図表29　自立活動教諭の種類と役割**

| 専門職の種類 | 役割 |
|---|---|
| 看護師 | 医療的ケアを必要とする子どもたちのために重症心身障害児の臨床経験がある看護師を配置している。 |
| 理学療法士（PT） | 運動機能の維持・改善を目的に、運動、温熱、電気、水、光線などの物理的手段を用いて、自立した日常生活が送れるよう支援する。 |

| 作業療法士（OT） | 粗大運動（体の大きな動き）、巧緻動作（手などの細かい動作）、日常生活技能、学習基礎能力、社会・心理的発達などの、発達課題にかかわる。肢体不自由や知的障害のある子ども、動作や認知に課題のある発達障害の子どもに関する助言、指導を行う。 |
| --- | --- |
| 言語聴覚士（ST） | ことばやコミュニケーションの力を育むための支援にかかわる。さらに難聴など聴こえに関すること、構音障害や吃音などの話しことばに関すること、食べることの困難さなど口腔機能の問題などの相談を受け、助言・指導を行う。 |
| 心理職（7-53）<br>（臨床心理士） | 学習面、心理・社会面、進路面、健康面など、発達全体にかかわる。また、こころの問題に対し援助することができる。子どもや保護者が支援の必要な状況にあるときなど、必要に応じてカウンセリングを行うことができる。臨床心理士の資格を有する者が当たる。 |

# 9　学校生活・PTA

　ここでは、特別支援学校における学校生活とPTA活動、健康管理について、その概要を簡単に説明する。

## （1）学校生活

### ア．登下校

　登下校にはスクールバス（7-54）が用意されている。運転士のほか、介助員が同乗している。ただし、バスの運行ルート（複数あり）は決められているため、自宅からバスルート上の乗降希望地点までは保護者等の送迎が必要となる場合がある。また、家庭によっては、徒歩、自家用車、公共交通機関等で、学校まで保護者が送迎している場合もある。

　下校時には、放課後の一定の時間を福祉事業所等で過ごしてから、自宅まで送ってもらうこともある。

### ［神奈川県の場合］

　神奈川県の場合、スクールバスの利用は小学部・中学部の児童・生徒が中心となっている。知的障害教育部門の高等部の場合は、卒業後の自立と社会参加を考慮して、できる限り公共交通機関による自力通学を促している。一

方、通学支援の手立ての1つとして、生徒の実態に応じてスクールバスの利用も行っている。

[大阪府の例]

高等部では、自主通学を促しているものの、スクールバスを利用することが通常となっている。職業学科を設置する高等支援学校は、スクールバスはなく、公共交通機関等による自主通学になる。

### イ．時間割

特別支援学校では、各学校で定めた教育課程のもと、各教科、領域等の時間配当を示した時間割を定めている。<u>日課表（7-55）</u>と呼ぶこともある。

学校生活の一つひとつが自立に向けた学習の場となるため、小中学校や高校に準ずる教育課程のほかに、障害部門によっては、特別の教育課程を編成することが認められている。そのため、国語や算数、数学などの教科名を、独自の名称で時間割に示している場合もある。たとえば、「体育」を「からだづくり」、「国語・算数（数学）」を「個別」と呼んでいる。

また、高等部では、自立に向けた学習の比重が大きく、作業班に分かれて行う「職業」の時間や校内実習、企業や障害者施設等での校外実習が定期的に行われている点は、高校の教育課程と大きくちがうところである。

### ウ．朝のしたく

各学校、各学部には、登校後に、更衣、連絡帳等の提出、タオルや給食着等を所定の位置に出すことなど、必ず行うことがある。<u>朝のしたく（7-56）</u>とは、それらを総称した呼び方だが、日課表には「日常生活の指導」「日常生活の学習」「更衣」などと記載されている。

### エ．朝の会

特別支援学校では、<u>朝の会（7-57）</u>と称して、あいさつ、健康観察、1日の流れ、給食の献立等を確認して、1日の見通しを持てるようにする時間を設けている。毎日、行うものなので、文字を読んだり、文字と絵を合わせた

りする教科学習的な要素やあいさつ、返事のような生活習慣の形成等の要素も盛り込んでいる。

### オ．帰りの会

帰りの会（7-58）は、1 日の活動を振り返る時間である。子どもたちの実態に応じて、翌日の予定等についても触れ、見通しを持って学校生活を送れるようにする。

### カ．連絡帳

連絡帳（7-59）と呼ばれるノートを使って、保護者と担任との間でやり取りをする。連絡事項だけでなく、学校での様子や家庭での様子を毎日やり取りすることで、子どもの健康状態や学習の様子を保護者と担任とで共有している。

### キ．学級通信、学年便り

保護者と学校側とのやり取りでは、学級通信、学年便り（7-60）といった文書も活用されている。これは、翌週の予定や持ち物などを保護者に伝えるためのものである。校外学習や遠足があったときには、その様子を掲載することもある。

### ク．保護者会

保護者会（7-61）という、学級または学年全体で集まって、保護者と担任が話をする会も行われる。年度始めに 1 年間の方針等を説明したり、宿泊学習や修学旅行の事前説明をしたりする時に実施する。

## (2) PTA

PTA の目的や組織形態は高校と同様である。詳細は、第 6 章 6 学校生活・PTA（5）PTA（116 ページ）を参照されたい。PTA への加入は任意ではあるが、入学と同時に加入することを前提としている学校が多い。

クラスから 1 名程度の代表が決められ、集まったメンバーで、さらに各

委員会（厚生委員会、広報委員会等）を分担したり、担任と保護者とのパイプ役を担ったりする。任期は1年であることが多い。

## (3) 健康管理

### ア. 養護教諭の配置

特別支援学校には、高校と同様に養護教諭が配置されている。略して「養教」と呼ばれたり、児童・生徒からは保健室に常駐しているため、「保健室の先生」と呼ばれたりしている。主な業務内容は、次のとおりである。

#### a. 健康管理・衛生管理

健康に関する専門的な立場から、すべての児童・生徒の健康状態を、毎朝の健康観察で把握する。また、学校内の衛生状態に問題がないか、水質検査や空気検査等を学校薬剤師と連携して実施する。

#### b. 応急措置

児童・生徒のけがや病気に対して、応急的な措置を行う。医療行為を行うことはできないため、症状が深刻な場合は、学校長の許可を得て、保護者に連絡し、通院をお願いすることになる。

#### c. 健康診断

児童・生徒の健康診断を計画し、実施する。

#### d. 保健指導

担任等と協力し、健康等に関する指導を行う。たとえば、「虫歯予防デー」に合わせて、歯の磨き方を指導したり、風邪などの感染症の予防として、手洗い、うがいの励行を呼びかけたりする。

#### e. 相談への対応

保健室に訪れる児童・生徒の相談に応じる。身体的不調の背景にいじめなどのサインがないかに気づくことができる立場にあることから、体の健康だけでなく、心の健康についても果たす役割は大きくなっている。

### イ. 健康診断の実施

学校では、学校保健安全法に基づき、保健に関する事項について計画を策

定し、健康診断を実施している。

　具体的には、身長と体重の計測、栄養状態や脊柱・胸郭等の観察、視力検査、聴力検査、尿検査、心電図検査（小、中、高 1 年）のほか、眼科検診、耳鼻科検診、内科検診、歯科検診等がある。具体的な内容は第 6 章 6 学校生活・PTA（3）健康管理（114 ページ）を参照されたい。

## ウ．感染症への対応

　学校では、学校保健安全法に基づき、児童・生徒が**図表 30** の感染症にかかった場合に、出席停止の措置を講じることとしている。出席停止期間は、特定の症状や現象が見られた日の翌日を第 1 日として算定する。たとえば、「発熱後、5 日を経過するまで」では、発熱した日を 0 日とし、その翌日を 1 日目として 5 日経過することが必要となる。

**図表 30　出席停止措置を講ずる感染症**

| 分類 | 主な病気 | 出席停止期間 |
|---|---|---|
| 第一種感染症 | エボラ出血熱、ペスト、ラッサ熱、ポリオ、ジフテリア、重症急性呼吸器症候群（サーズなど）、鳥インフルエンザなど | 治癒するまで |
| 第二種感染症 | インフルエンザ | 発熱した後、5 日を経過し、かつ解熱後、2 日経過するまで |
| | 百日咳 | 特有の咳が消失するまで、または 5 日間の適正な抗菌性物質製剤による治療が終了するまで |
| | 麻疹（はしか） | 解熱後、3 日を経過するまで |
| | 水痘（水疱瘡） | すべての発疹がかさぶたになるまで |
| | 咽頭結膜熱（プール熱） | 主要症状が消退した後、2 日を経過するまで |
| | 結核 | 医師が感染のおそれがないと認めるまで |
| | 髄膜炎菌性髄膜炎（流行性髄膜炎） | |
| 第三種感染症 | コレラ、細菌性赤痢、腸チフス、パラチフス、流行性角膜炎、急性出血性結膜炎など | |

### エ．事故の際の医療費対応

児童・生徒の事故によるけがなどで医療費がかかった場合、次の共済制度が用意されている。

### a．災害共済給付制度

この制度の内容は、第6章6学校生活・PTA（3）健康管理（114ページ）に記載してあるので、参照されたい。

### b．知的障害教育校総合補償制度（普通障害保険）

この制度は、特別支援学校（知的障害教育部門）の子どもを対象にしているものである。PTA連合会で団体契約をしているため、個人で加入するより割安な掛金で補償が得られる。本人のけがの補償だけでなく、他人に対する法律上の損害賠償責任に対する補償と、同居の家族全員の他人に対する法律上の損害賠償責任に対する補償が対象となる。

## 10 障害福祉制度

特別支援学校の児童・生徒は、日常的に福祉制度による福祉サービスなどを利用している場合がある。また、特別支援学校が個別の教育支援計画を作成する場合も、児童・生徒が利用している、あるいは入学前に利用していた福祉制度について聞き取り、指導の参考にする場合もある。そうした福祉制度と福祉サービスの主な内容は、**図表31**のとおりである。

**図表31　主な福祉制度と福祉サービスの内容**

| 福祉制度 | 内容 |
|---|---|
| 放課後等デイサービス（7-62） | 障害児の学童保育と呼ばれるもの。6歳から18歳までの障害のある子どもを対象に、放課後や休校日に子どもを預けることができる施設。申込先は区市町村の児童福祉担当になる。運営は民間が行う場合も少なくない。 |
| 障害児相談支援事業所 | 障害児支援利用計画を作成。特別支援学校と連携協力して、就学前の福祉サービスから就学への移行、学校在籍中に利用する福祉サービスとの連携、卒業後の福祉サービスへの円滑な移行を図る。 |

| 育成医療（7-63） | 身体に障害を持つ18歳未満の子どもが対象。その障害を除去・軽減するために行う手術などの治療に関して公費負担がある。 |
|---|---|
| 障害者手帳 | 手帳の交付を受けると、税金の控除や減免、公共料金や交通機関の割引、生活保護の加算、就労時の障害者雇用率への算入などのメリットがある。手帳の種類は、身体障害者手帳、療育手帳、精神障害者保健福祉手帳6 の3つであり、区市町村で申請する。 |

# 11　障害者福祉制度における進路

　特別支援学校を卒業したあと、就職を目指す場合、次のとおり、一般就労と障害者総合支援法に基づく福祉的就労（7-64）の2とおりの方法がある。就職が困難な場合は、福祉施設などに通ってスタッフの支援のもとで軽作業などに従事する。これらの内容について、学校通訳に必要な範囲で簡単に解説する。

## (1) 一般就労

　一般就労は、健常者と同様に会社の従業員や団体の職員、公務員として働くものである。障害者の雇用には、各種の雇用促進の取組が用意されている。

### ア. 障害者雇用率

　法律に基づき、事業主や国、地方自治体に一定の率以上で障害者の雇用を義務付ける制度である。この法定の障害者雇用率に算入できる障害者は、いずれかの種類の障害者手帳を持っている者である。一定規模以上の事業主は、法定の障害者雇用率を達成できないと、納付金を払うことになる。一方で、法定の障害者雇用率を超えて雇用した事業主には、調整金や報奨金が支払われる。こうしたしくみによって、事業主に対して障害者の雇用を促そうというものである。

### イ．高齢・障害・求職者支援機構による支援

#### a．地域障害者職業センターの設置

独立行政法人高齢・障害・求職者支援機構では、障害者雇用を支援するため、全都道府県に障害者職業センターを設置している。

障害者の雇用には、職場の中に、障害者が持てる能力を発揮して働ける業務や作業が一人分の仕事量として存在すること、その能力を発揮できるような職場環境が整っていることが不可欠である。同センターは、そうしたことに関し事業主に的確なアドバスを行う機関である。

また、障害者に対しては、ハローワークと協力して、就職相談や就職後の職場適応の相談などを行っている。

#### b．ジョブコーチの派遣

事業所にジョブコーチを派遣し、障害者の就労や定着・適応、まわりの従業員の対応などについて支援している。

## ウ．特例子会社

会社が、障害者を多く雇用する子会社を設立した場合、その会社（親会社）や関係会社（グループ会社や系列会社など）の障害者雇用率に、その子会社の障害者雇用数を算入できる制度である。その子会社を特例子会社（6-66）という。

障害者に適した仕事が会社の各セクション・各職場で少量しかない場合、関係会社なども含めて全セクションの仕事をまとめ、一定の量にして特例子会社が引き受ける。つまり、障害者に適した仕事を切り出し、特例子会社に集中させて障害者の雇用に結びつけようとするものである。たとえば、全職場のクリーニング作業、営業用の卓上カレンダーづくり、名刺印刷、データ入力などが事例として上げられる。

## エ．障害者職業訓練施設

全国に障害者を対象とした職業訓練校である障害者職業能力開発校（7-67）が19校（国と地方自治体）設置されている。訓練コースは、機械加工や塗

装、木工、OA事務、コンピュータ制御、システム設計、電話交換、デザインなどであり、学校によって異なる。

　また、地方自治体や職業訓練法人、社会福祉法人が、独自に障害者を対象とした訓練施設を設置、運営している地域もある。こうした障害者職業訓練施設の特徴としては、入学に当たって選抜があること、障害者が学びやすい校内環境が整っていることと、高い就職率を誇っている点であろう。

　[神奈川県の例]

　神奈川県では、知的障害者を対象とした神奈川能力開発センターが設置されている。2年間の入寮制（必須）となっている。

## (2) 福祉的就労等

　障害者総合支援法に基づく福祉サービスとして就労支援の取組が2つ用意されている。1つは、知識の習得や訓練によって一般就労をめざす就労移行支援（7-68）事業、もう1つは、すぐには一般就労が難しい障害者を対象に、一定の職場が用意されている就労継続支援事業である。これにはA型とB型があり、これらの職場を就労継続支援事業所（A型、B型）（7-69）という。

### ア．就労移行支援事業

　就労移行支援事業所に通いながら、就職に必要な知識やスキルを学ぶものである。就労を希望し、就労の見込みがある者が対象である。最長2年間で就労を目指す。就労支援員などのスタッフが、たとえば実習先の確保や就職活動の手伝いなど、就職に向けたさまざまな支援を行う。

### イ．就労継続支援A型事業

　雇用型といい、障害者が福祉事業所などと雇用契約を結んで仕事を行うものである。最低賃金が適用され、給与という形で収入が得られる。福祉事業所では、仕事のほか、一般就労に必要な知識やスキル、能力のアップに向けた支援も行われている。

　仕事内容は一般企業での仕事と変わらない。仕事の種類は、レストラン店

員やデータ入力、商品梱包などさまざまである。1日の労働時間が短いことが多く、給与額は月に6〜8万円程度である。

### ウ. 就労継続支援B型事業

A型での就労が難しい障害者の場合、非雇用型といい、雇用契約を結ばずに福祉事業所などにおいて生産活動に従事するものである。

利用対象者として、次のような条件がある。

① 就労経験があって、年齢や体力面で一般企業での雇用が困難になった者
② 50歳以上の者
③ 障害者基礎年金1級受給者（20歳以上）
④ 就労移行支援事業を利用してアセスメントを受け、就労継続支援B型の利用が適当と判断された者

仕事内容は、企業からの受託生産や自主商品づくりなどのうち軽作業を担う。雇用という形態ではないため、最低賃金制度が適用されず、労働の対価は給与ではなく工賃と呼ばれるものを受け取る。作業に対する評価によって工賃の額に差があるが、収入は月に1〜3万円程度である。

## (3) 福祉施設

### ア. 自立訓練事業

特別支援学校を卒業した者や障害者入所施設、病院などを退所・退院した者などを対象に、自立生活に向けた自立訓練 (6-70) を行うサービス事業である。サービスの種類は、生活訓練と機能訓練の2とおりある。

生活訓練は、知的障害者や精神障害者を対象にしている。障害者支援施設や障害福祉サービス事業所などに通って、入浴や排せつ、食事、家事などにおいて自立した生活を送れるよう、生活能力の向上に必要な訓練を受けるものである。

機能訓練は、身体障害者や難病患者を対象にしている。障害者支援施設や障害福祉サービス事業所などに通って、身体機能の回復・向上のために理学療法や作業療法などのリハビリテーションを受けるものである。

## イ．生活介護事業

　生活介護（6-71）事業は、食事や排せつなどの介護や日常生活上の支援のほか、創作活動や生産活動の機会の提供が定められている。原則、障害支援区分[7]3以上の人が対象である。スタッフの支援を受けながら、自分のペースで作業をこなしていく通所の施設である。作業の例としては、お菓子づくり、パンづくり、プリント印刷といった軽作業などである。月数千円程度の工賃収入が得られる。

## ウ．地域活動支援センター（区市町村事業）

　地域活動支援センター（6-72）は、就労が困難な身体・知的・精神の障害者を対象とした通所施設である。自宅に引きこもって地域で孤立しがちな障害者のために、地域での交流など社会参加を促すことを目的としている。障害者が地域で活動するときの拠点として利用されている。

　具体的には、手工芸品の創作的活動や公園の清掃美化活動、簡単なパソコン操作教室、地域イベントへの参加などを行っている。

**注**

1　米国精神医学会が定めた精神疾患の診断基準
2　自治体によって愛護手帳、みどりの手帳などと呼ぶことがある。
3　都道府県によって名称が異なる場合がある。
4　都道府県によって「入学者選考」、「入学相談」、「検査」などという。
5　金額は2020年4月1日現在のもの。
6　統合失調症や躁うつ病、てんかん（7-65）などの疾患による精神障害で、長期にわたり日常生活や社会生活に制約が生じている者を対象としている。
7　心身の状態に応じて必要とされる標準的な支援の度合いを示すもの。最も低いものを区分1、最も高いものを区分6としている。

## 第8章　通訳技術と通訳トレーニング

# 1　学校通訳に必要な語学力

　通訳を行うためには、当然、高いレベルの語学力が必要である。学校通訳の場合は、どの程度であればよいのか。基本的には「通訳者が日本語ネイティブの場合は、対象言語の国の学校で教師等とストレスなく会話できる程度」であり、また「通訳者が対象言語ネイティブの場合は、日本の学校で教師等と日本語でストレスなく会話できる程度」が求められる。つまり、通訳者自身が児童・生徒の保護者になって学校関係者と会話するときに、習得言語で的確なコミュニケーションがとれるだけの語学力が必要という意味である。もう少し単純化すると、「日本語と対象言語の両言語で、日常会話が十二分にできること」という表現も可能だろう。

　通訳者によっては対象言語もしくは日本語のどちらか、自分の母語でない方の言語に、流ちょうさやイントネーションに不十分なところが残る可能性がある。そうした場合にあっても、通訳の実践の中で誤解が生じないレベルの言語能力を持っている必要がある。

　なお、本書では語学力を高めるための方法については記載していない。日本語が母語である人は習得言語の語学学校で、日本語が習得言語である人は日本語学校や日本語教室などでトレーニングを積んでほしい。

# 2　学校通訳の特徴

## (1) 通訳形態

　通訳とは、2言語間の橋渡しである。たとえば、日本語－中国語の通訳でいえば、日本語の話者と中国語の話者の間の意思疎通を可能にするものである。したがって、外国人向けの観光ガイドなどは通訳とはいわない。それは、1言語間による案内業務である。

　学校通訳とは、学校現場で通訳をすることである。つまり日本語話者である学校関係者と外国語話者である児童・生徒や保護者の間で言葉の橋渡しをすることである。

　学校通訳には、次の2とおりの形態がある。全体説明の通訳と個別面談の通訳である。

### ア．全体説明

　これは、学校説明会や入学説明会、新入生オリエンテーションなどの集団行事等における通訳である。学校側が児童・生徒あるいは保護者を一堂に集め、日本語で何かを説明したり、伝えたりするものである。多くの日本人に交じって少数の外国につながる子どもや保護者がいるパターンである。この場合の通訳は、逐次通訳ではなく同時通訳的な形態、すなわち通訳対象者の耳元でささやくウイスパリング形式の通訳となる。事前に内容に関する資料などを入手して準備し、現場ではスピーカーの話をある程度まとめて要点をしっかり訳すようにする。

### イ．個別面談

　これは、三者面談や特別指導など、児童・生徒や保護者と学校関係者が対面で個別に会話する際の通訳である。この場合の通訳には特に正確さが求められる。要約や付け足しをせずに語句の意味を忠実に訳すことが原則であることから、逐次通訳で行う。

　通訳の形態には、逐次通訳、同時通訳、前述のウイスパリング、サイト・

トランスレーション[1]があり、それぞれ手法や用途が異なる。そのうち、逐次通訳が最も話者の発語した情報に忠実に言葉を伝達できる手法であることから、学校関係者と児童・生徒や保護者が個別に面談する場合は、通常、逐次通訳を採用している。

　逐次通訳は、発言を一定の長さで区切って、その都度、その発言内容を通訳するものである。「一定の長さ」は、1文が10数秒といったものから1〜2分間のものまである。含まれている情報の、忠実で漏れのない再現を行う場合は、意味のひとかたまりなどで文を区切って、その都度、通訳することが求められる。ベテランになると、より長い数10秒のひとまとまりの発言で区切って通訳できるようになるが、初級者では、自分の中ですべての言葉が再現できる範囲の比較的短い文節で区切って通訳する。

　したがって、個別面談における逐次通訳の場合は、通訳者が話の長さを決め、相手に合図を送り、話を切ってもらうようにする。


## (2) 通訳利用者の特徴

　学校通訳は、コミュニティ通訳やパブリック・サービス通訳の範ちゅうに分類され、会議通訳やビジネス通訳と区別される場合がある。会議通訳やビジネス通訳は、利用者双方が比較的類似した職業・知識・文化等を共有していることが多い。それに対し、学校通訳はさまざまな社会階層のさまざまな文化習慣を持った人々が通訳利用者となることが多く、双方の理解を確実にするためには、より慎重な言葉の選択が必要になることが多い。


## (3) 通訳業務と支援業務の混在

　学校現場においては、通訳業務と支援業務が混在している場合がある。支援業務とは、たとえば、教員から渡された連絡ペーパー（通知文やお便り、お知らせなど）の内容を母語で児童・生徒に教えたり、校則に書かれてあることを母語で説明して、きちんと守るよう説得したりすることである。通訳業務と支援業務のちがいを対比すると、**図表32**のとおりとなる。

　学校関係者は、こうした支援業務も通訳業務の一部とみなす傾向がある。

しかし、通訳者としては、2つの業務を的確に区分し、通訳業務を行う場合は正確な通訳に努める必要がある。

### 図表32　通訳業務と支援業務のちがい

| 種別 | 通訳業務 | 支援業務 |
|---|---|---|
| 会話形態 | 異なる言語間の橋渡し | 母語による1言語間の会話 |
| 業務内容 | 的確なコミュニケーションの確保 | 母語による説明、相談、説得、案内など |
| 利用者 | 児童・生徒・保護者と学校関係者 | 児童・生徒・保護者 |

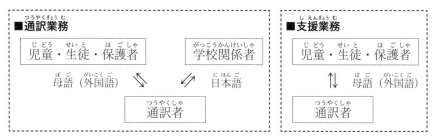

## 3　通訳技術の基礎

　学校通訳には通訳技術が必要である。通訳技術とは、相手の話を聞いて理解し、それを短期的に記憶して対象言語・母語で相手に伝える作業とそれに付随する技術である。相手の話を聞き理解する上では、集中力とリスニング力、理解力が必要である。記憶する上では、短期的に記憶を保持する力、それを助けるメモ取りの技術が必要である。最後に、もう一方の相手に伝える上では、十分な語彙（ボキャブラリー）、表現、構文、文法の力と発音や声の質など場面に応じた伝達力が求められる。

　そこで、それらの能力について、以下に概要を述べてみたい。

### (1) 聞く力

　学校通訳では、正確で漏れのない情報の再現が必要であるため、集中して会話を聞き取る力が要求される。同時に聞き取った会話の意味を的確に理解

することが求められる。たとえば、「いじめられている可能性がある」という会話では、「いじめ」は「単なる仲間同士の悪ふざけ」という意味ではないし、「可能性がある」は「いじめはないかもしれない」という意味も含んでいる。

　こうした会話の理解に必要なものとして、一般常識や教養（生活に密着している用語や時事性のある話題など）が有用であり、ボキャブラリーの豊かさがポイントである。また、入試制度や学校生活、進路関係などの専門知識、まとまった内容の構成を分析する力、枝葉を省いて幹をつかむ力など、理解を助ける分析力が大切である。

　さらに、話の先行きに予測をつけることも有効である。「学校を休んだのは、土曜日から熱が……」と聞いた時点で、次に出てくる言葉は、体温を測った結果、熱が高いことを表す数値が登場する可能性、気分が悪かったという症状が語られるかもしれないと予測すると、会話の全体の意味を素早くとらえられることにつながる。

　全体の意味を認識的にとらえられたとしても、用語や言い回しの聞きまちがいがあっては正確な通訳はできない。聞きまちがいには、似ている言葉との取りちがいと単なる勘ちがいの2つがある。「じゅけんりょう」と「じゅぎょうりょう」、「しゅとく」と「しゅうとく」を聞きまちがえたり、「必修科目」と「選択科目」をうっかり取りちがえたりするケースがある。集中して聞き取り、こうしたミスを回避したい。


## (2) 記憶する力

　通訳には、聞き取って理解した会話内容を記憶しておく力が必要である。記憶力には、短期記憶と長期記憶がある。人間の短期記憶のキャパシティは、心理学者の G. ミラーらの研究によって、一度に記憶できる単語数は5～9であり、保持できる時間は約20秒であるとされている。したがって、1会話1会話区切って行う逐次通訳の場合は、1会話がこの範囲で収まるようにしないといけない。

　また、短期記憶力を磨くことも重要である。くり返しのトレーニングによっ

て、短期記憶力が鍛えられ、長い会話も短期的には覚えていられるようになる。

## (3) メモ取り術 (ノート・テイキング)

　短期記憶を補助するものがメモ取り（ノート・テイキング）である。以下に、通訳理論や通訳技術の文献[2]を参考に、その目的と方法を述べる。

　メモには、①速記性（すばやく書けること）：記号や略語の活用、②構造の明示：ノートの空間配置の利用、③一時性：記録を目的としないこと・記憶を呼び起こすため、という三原則がある。

　また、メモには2つの種類がある。1つは、会話の展開や意味を思い出すためのものである。「加えて……」や「でも・しかし、……」といった接続詞やキーワード、特徴的な用語をメモしておくと、会話全体の流れの方向や意味を思い出しやすい。もう1つは、記憶しにくい用語や混同しやすい語句をメモしておくものである。固有名詞や数字、専門用語などである。正確な通訳を行うためには不可欠な作業であり、短期記憶を保持しているうちにきちんとメモを取っておきたい。

　メモ取り作業と記憶作業は同時に進行するため、メモ取りばかりに気を取られると、メモ取り作業も脳には負担になっているから、記憶作業のほうがおろそかになる。記憶作業がメイン作業でメモ取りはサブ作業であることを忘れないようにしたい。聞いた文章全部を速記のように書いていたのでは、話の流れを追うことができなくなるので、できるだけ要点や数字、名詞、通訳するときに使いたい表現などと略語や記号を組み合わせながら取るとよい。

　また、知らない用語は話者にその場で確認するか辞書を引くようにする。

　以下にメモ取り作業の効率的かつ効果的な方法を紹介したい。まず、ノートの1ページを半分にして真ん中でタテに線を引き、左半分を上から下に使用していく。1番下まで来たら右半分に移り、上から下へ同じようにタテに使用していく。これは、ヨコにずらずら書いていくと、メモとメモの関係がわかりにくくなるためである。

　次に、1文のメモが終わったら、文の終わりを示す「//」で区切る。通訳をし終えた部分は、分かりやすいようにその下に横線を引き、次の1文は

横線の下の空白スペースからメモする。接続詞は会話の流れの中で大切なので無視せずに、「そうは言っても／しかしながら」→「but」、「つまり」→「∴」、「それともう一つある」→「＋」など略語を使用してメモするとよい。

　この略語を上手に利用することはスムーズな通訳につながる。記号は、用語を短縮（「県教育委員会」を「県委」など）したり、頭の1字と数値をつなげて意味をもたせたり（「偏差値55」を「へ55」、「遅刻15日」を「ちこ15」など）、数式の記号（「同等」は「＝」、「無限大」は「∞」）を利用したり、独自に決めた記号を使ったりして自由に工夫してよい（**図表33**参照）。

**図表33　メモ略語の例**

| 用語 | メモ略語 | 用語 | メモ略語 |
|---|---|---|---|
| 指導方針 | 指方 | 5日間 | 5d |
| しかし | but | 1週間 | 1w |
| 付け加えて | ＋ | 1時間 | 1h |
| 増加 | ↑ | 後 | ご |
| 減少 | ↓ | もし仮に…… | if |
| 変化無し | → | 同じ、等しい、同等 | ＝ |
| 自宅謹慎 | じ・き | ほぼ同じ | ≒ |
| 数学50点 | すう50 | ちがう、同じではない | ≠ |
| 平均点 | 平 | Aは60以上 | A≧60 |
| 評点 | 評 | 無限大 | ∞ |
| PTA | P | わかった、了解した | OK |

　以下にメモ取りの例を紹介する。例文を聞いてメモすると**図表34**のようになる。

【例文】

1．数学のテストが25点でした。しかし、前回は良い点数でしたし、欠席もありませんので、このままいけば卒業は、おそらく大丈夫でしょう。

２．成績良好です。評点の平均が 4.1 ですから、大学推薦の指定は大丈夫でしょう。

**図表 34　メモ取りの例**

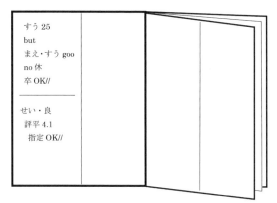

```
すう 25
but
まえ・すう goo
no 休
卒 OK//

せい・良
評平 4.1
 指定 OK//
```

　メモに必要な用具についても配慮したいことがある。ノック式のボールペンと書きやすいメモ帳、ノートを持参したい。また、筆記用具は予備があると安心である。そこに書いた内容は、たとえメモ書きであっても個人情報に該当することがあるため、他に流出することがないよう、自宅に持ち帰り、シュレッダーにかけるなど、廃棄処分には十分に注意したい。

## (4)　訳出
　聞き取った会話内容は、対象言語に正確に訳出する必要がある。正確に訳出、といっても片方の話者の会話を直訳すればよいというわけではない。単に単語を別の言語に置き換える作業ではなく、その会話の意味を漏れなく、わかりやすく通訳対象言語に変換する必要がある。
　原則は、語順や文の順番をそのまま変えずに変換することであるが、言語によっては、まず結論を訳してから、理由を説明する方が相手の理解を得るすいこともあるだろうし（「結論＋理由」）、日本語のように「理由＋結論」という文章構成の言語もあろう。できるだけ聞き手側が理解しやすい訳出を試みる。また、大切な情報は文頭で訳す必要がある場合もあろう。

時には、言い換え作業（パラフレージング）も有効である。たとえば、「これまでの成績では、原級留置を免れないかもしれないが、これから1日も欠席しなければ進級できないこともない」という会話を、「これまで取った成績から判断すると落第の可能性があります。でも、今後、全部出席すれば落第しない可能性があります」などと、言葉や表現を言い換えることである。

## （5）伝える力

　一連の通訳作業の最後は、相手に伝えることである。相手が意味どおりに受け取り、十分な理解を得るためには、伝達力が不可欠である。伝達力は、1つには語彙（ボキャブラリー）力や表現力、構文力、文法力、もう1つには、場面に応じて発音や声の質を選択するなどの力（デリバリー）の2種類がある。

　前者のうち、語彙力は、社会常識的な知識を身につけることに加えて、本書掲載の学校用語を学ぶことで対応したい。表現力については、通訳利用者に聞こえるように、口ごもらないではっきりと、自信をもって発言することが大切である。か細い声や小さい声では、学校関係者だけでなく児童・生徒や保護者からも「本当に正しく通訳してくれているのだろうか」と疑問をもたれてしまいかねない。できる限り、発話者の発言が終わって、間をあけずに訳出するよう心がけたい。ただし、発話者の発言が終わらないうちに、発言にかぶせて訳出しないように注意する。

　また、日本語のように同音異義語がある言語の場合は、特にアクセントやイントネーションにも注意したい。アクセントの置き所などによってちがう言葉になってしまうからである。

　構文力や文法力は通常の語学学習と基本的に同じであるが、相手が理解しやすいように簡単な構文にして、1文も短めの訳出に努める。文法は、特に時制が大切である。日本語は、時制があいまいな言語なので、訳していて不安な時は、話者に確認する必要がある。また、主語が省略されがちでもあるので、はっきりしないときは、これもきちんと確認することが肝要である。

　後者のデリバリーは、学校通訳では、会議通訳よりも重要度は低いものの、通訳セッションの場所に応じて、相手のプライバシーを守るよう、不用意に

大きな声で訳さないことや、スピードも相手が理解しやすいようにゆっくりと、平易な単語を選んで話すことなどが特に大切である。

# 4　通訳トレーニングの手法

　前項の通訳能力を磨くには、通訳トレーニングが効果的である。本書では、その代表例を紹介する。トレーニングはIC レコーダーなどを使用したり、知人・友人とペアで行ったりするとよい。

## (1) リプロダクション

　短期記憶力の向上には、リプロダクションというトレーニング手法が有効であると言われている。これは、通訳利用者の発話を聞き終わった時点で、その発話を正確にくり返す練習法である。初めは、短い発話をメモを取らずに、一語一句まちがえずに言えるようにするとよい。慣れてきたら徐々に長くしたり、メモを取りながらリピートすることで短期記憶力が鍛えられる。通訳者の母語で練習してから対象言語に移る方がスムーズである。

### 【練習方法の例】

①　ラジオやテレビのアナウンサーの発話を録音する。録音中は発話が聞こえない所にいるようにする。

②　録音内容を再生し、たとえば「昨夜2時過ぎ、鈴木町の交差点で乗用車同士の接触事故がありました」程度の長さで再生を止める。

③　その発話を口に出して正確に一字一句まちがえずにくり返す。

④　録音を発話の先頭に戻して、再度再生し、まちがえずに言えたか確認する。

　こうした練習をくり返し行うとともに、短いセンテンスで正確にリピートできるようになったら、その倍の長さでトレーニングを行うとよい。ただし、発話の意味を理解しながら行うことが重要である。

## （2）クイック・レスポンス

　クイック・レスポンスは、通訳利用者の発話の中に登場する単語をまちが
えずに訳せるようにするためのトレーニングである。聞いた単語の訳を素早
く口から出す練習で、単語の意味を記憶にしっかりと定着させることで、訳
のまちがい（言いまちがい）を減らすことができる。また、単語の訳が即座
に出てくるような反応力（瞬発力という）や語彙力もつく。

### 【練習方法の例（英語）】

① 　練習したい単語を 15 語程度選ぶ（たとえば、偏差値、単位、引きこもり、
　　 いじめ……）。このトレーニング手法は、くり返しの練習によって訳が
　　 固定的になる可能性も指摘されているため、状況によって訳が変化した
　　 り、複数の訳が存在するような単語は避けた方がよい。
② 　その単語を以下のように日本語と対訳を、間（ポーズ）を入れながら
　　 録音する（もしくは録音してもらう）。例示すると以下のとおりである。

---

「偏差値」（2 秒程度の間）「deviation value」（2 秒程度の間）「単位」（2 秒
程度の間）「credit」（2 秒程度の間）「引きこもり」（2 秒程度の間）「shut-
in」（2 秒程度の間）「いじめ」（2 秒程度の間）「bullying」（2 秒程度の
間）……

---

③ 　聞こえた単語をそのまままねて発音する。リピートすることで発音の
　　 取得に役立つ。斜体字の用語は録音の再生音である。「　」内は練習者
　　 が発音するところである。例示すると以下のとおりである。

---

*偏差値*「偏差値」、*deviation value*「deviation value」、*単位*「単位」、*credit*
「credit」、*引きこもり*「引きこもり」、*shut-in*「shut-in」、*いじめ*「いじめ」、
*bullying*「bullying」……

---

④ 　単語の対訳を言う。例示すると以下のとおりである。

> 偏差値「deviation value」、*deviation value*「偏差値」、単位「credit」、*credit*「単位」、引きこもり「shut-in」、*shut-in*「引きこもり」、いじめ「bullying」、*bullying*「いじめ」……

## (3) シャドーイング

　話し方のトレーニングにシャドーイングという手法がある。これは、音声を聞きながら、そっくりそのまま口まねしながら影（シャドー）のようにリピートする方法である。再生音を先にスタートさせて少しずらしてあとから同じ言葉を発声していく。歌の輪唱とやり方は同じである。聞き取りの際の集中力アップと発音改善・滑舌向上、デリバリーの向上にもつながる。

### 【練習方法の例】

　上段の行が録音の再生音で、下段の行が練習者のリピートを表している。リピートは、録音の再生音よりもワンテンポ遅れて始める。次の例では、再生音が「通信制高校は」と言った直後に、練習者は「通信制高校は」と発声し始める。

| 再生音 | 通信制高校は、自宅で、教科書や学習書をもとに自主学習によってレポー |
|---|---|
| 練習者 | (ずらしてリピート) 通信制高校は、自宅で、教科書や学習書をもとに自主学 |

| 再生音 | トを作成し、高校に提出して、試験に合格して単位を修得する課程です。 |
|---|---|
| 練習者 | 習によってレポートを作成し、高校に提出して、試験に合格して単位を修 |

| 再生音 | 毎日学校に通う必要はありませんが、月に2、3回、登校してスクーリン |
|---|---|
| 練習者 | 得する課程です。毎日学校に通う必要はありませんが、月に2、3回、登 |

| 再生音 | グという面接指導を受ける必要があります。 |
|---|---|
| 練習者 | 校してスクーリングという面接指導を受ける必要があります。 |

# 5 学校通訳の実践技術

　学校通訳の能力向上には、基礎的な通訳技術を学ぶことのほかに、学校現場で活用する実践的な技術をおさえておくことも重要である。以下に、その例を、全体説明と個別面談の通訳場面別に紹介する。

　いずれの場合も、構文を単純化して正確さと速さを確保するため、一人称で通訳する。たとえば、教員が生徒に「これは校則違反だと思うよ」と言った発話を通訳する場合、「彼は、これは校則違反だと思う、と言っている」(英語の場合、He said that he thinks this is a violation of school regulations.)ではなく、「私は、これは校則違反だと思う」(英語の場合、I think this is a violation of school regulations.)と訳す。

## (1) 全体説明の例

　全体説明は、多くの日本人向けに行われるため、通訳のたびに説明を止めることは、通常、想定されない。そのため、前述したように逐次通訳ではなく、全体説明が進行する中で同時通訳的に行う形態が求められる。具体的には、通訳利用者の耳元でささやくウイスパリングで行うことになる[3]。

　このウイスパリングでは、学校関係者の説明の中に登場する「説明したいこと・伝えたいこと」に関係ない言葉を省略し、短くして通訳することが求められる。話の幹をつかみ、通訳する。話されたことすべてを通訳していると時間的に通訳が追い付かない可能性があるからである。とはいえ、説明者が説明したいと思っている内容を聞き手側に的確に届けること(伝達情報の等価性)が最も肝心な点であることも忘れてはいけないだろう。

### 【全体説明の通訳の例】

・学校関係者の話(約1分間)

　「みなさん、こんにちは。今日は足元の悪い中、いずみ総合高等学校においでくださり、ありがとうございます。本校は、2000年に横浜ひかり高校と再編統合してできた、新しい単位制総合学科の高校です。特色としまして

は、単位制の総合学科ということで、必履修科目以外にも自由に選べる科目がたくさん用意されており、自分の適性や進路に合わせて幅広い科目選択ができるようになっています。修得した科目の単位数が 74 単位になると卒業できます。また、10 名の外国人特別枠があり、1 学年につき 10 名ほど外国人の生徒たちが入ってくるので、外国籍の生徒が全体で約 30 名在籍しているほか、一般枠で入学してくる外国つながりの生徒たちも全校で約 20 名おります。つまり何らかの形で外国とつながりを持つ生徒が学校全体で約 50 名在籍しており、たいへん国際色豊かな学校となっております。」

　・通訳者のウイスパリング（約 30 秒間）

　「みなさん、こんにちは。ご出席ありがとうございます。本校は単位制総合学科の新しい高校です。（単位制総合学科というのは、）必履修科目以外にも、自由に選べる科目がたくさんあります。自分の適性や進路に合わせて自分で選択でき、合計 74 単位を修得すると卒業できます。また、10 名の外国人特別枠があります。学校全体で外国籍の生徒が約 30 人います。一般枠で入学してくる外国つながりの生徒も 20 人ほどいます。全体で、外国つながりの生徒が 50 人います。国際的な学校です。」

## （2）個別面談の例

　個別面談では、個室などで教員と児童・生徒やその保護者が面と向かって会話する形になる。一般に想定されるのは、教員と保護者の間の通訳であるが、場合によっては、生徒と教員の会話を保護者に訳すこともある。

　内容も全体説明と異なり、その児童・生徒やその家庭事情に即して個別具体の話になることが多い。進路のことや心身の健康問題、非行・暴力などの問題行動などがテーマとなる。

　特に、問題行動などの通訳では、次の例のとおり、生徒の「高校生会話」の訳し方が難しい。

【会話例】

「今までも下田に命令されて、したくもないのにケンカさせられたりとか、

パシリとかさせられて、どっちが上とか下とかないけど、俺とマルは下田やタカより下に見られているみたいで嫌だった。でもやらないとハブられるかもとか、ビビりだと思われたりするのも嫌だった。で、丸山と相談して、下田をトイレに呼び出して、ここで土下座でワビ入れるか、タイマンはるか選べっていったら、向こうがスジ通してタイマン選ぶって言ったからこうなったんです。」

　この会話例で分かるように、複数の生徒の人間関係がからみあっていることがあり、状況を理解するのはなかなか難しい。また、あだ名も頻繁に登場する。若者特有の言葉遣いも、知らないと意味をとらえられない。あるいは、時として生徒は意味の通らないことを言うこともある。こうした高校生の会話を通訳するポイントとしては、次の4点が挙げられる。

① 問題行動の前提となっている生徒間の関係（だれが何をしたのか？）を図にしてみる。
② あだ名はそのまま訳す。
③ 若者言葉は、保護者や教員がわからない可能性があるため、できるだけ普通のことばに訳す。
④ 「スジを通す」など、何のスジを通すのか、意味の通らない場合もあるが、そのまま訳す。

　若者言葉については、通訳業務の中で登場する可能性があるものを**図表35**に例示する。ただし、こういった言葉は変化が速いので、すぐに使われなくなったりする。わからないときは、その場で確認することが肝要である。

**図表35　通訳業務の中で登場する若者言葉の例**

| 若者言葉 | 意味 |
|---|---|
| パシリ | あごで使われる人、使いっ走り |
| ハブられる | 仲間はずれにされる、無視される |

| ビビる、ビビリ | おじ気づく、おじ気づいていること |
|---|---|
| タイマンはる | 1 対 1 でやり合うこと |
| チャリ | 自転車 |
| ヤバい | とても良い、とても悪いの両方のケースで使用 |
| ディスる | ばかにする、見下す、悪く言う、批判する、「disrespect」が語源 |
| ワンチャン | もうワンチャンスある、もしかしたら可能性がある、「one chance」を略した言葉 |
| ぼっち | 友人がおらず単独でいること　（例）「クリぼっち」＝クリスマスに一人で過ごすこと |

　なお、通訳業務は、学校関係者が入った公式の場の中で行われるため、生徒同士だけで使用される若者言葉は登場しないと思われる。しかし、支援業務において生徒と関わる中では、生徒同士の若者言葉も登場する可能性があるため、**図表 36** にそうした言葉の例を掲げておく。

**図表 36　支援業務で登場する可能性のある若者言葉の例**

| 若者言葉 | 意味 |
|---|---|
| あるっしょ | あるでしょう |
| …んじゃねぇ？（語尾が上がる） | …ではないだろうか |
| あげみざわ | テンションがとても上がっている様子を表す言葉 |
| 映え | 風景などが撮影したときに見映えがよいこと |
| おけ | OK |
| それな | そのとおり、そう思うなど相手の言っていることに同意を表す言葉 |
| あざまる水産 | ありがとうございます |
| KS | 既読スルー |
| JK | 女子高生 |

| マジ卍 | 感情の高ぶりを表す言葉で特に意味はないが、どちらかというと「ヤバい」に近い言葉 |
|---|---|
| ぴえん | 悲しい出来事や残念なことがあった時に使う言葉、泣き声の「ぴえ〜ん」の略語 |
| 草／大草原 | 笑える時に「クサ」と言う／大草原は大爆笑の意味 |
| チキる、チキン | おじ気づく、おじ気づいていること（人） |

# 6 模擬通訳トレーニング

　学校通訳のトレーニングでは、特に模擬通訳（ロールプレイ）の手法が有効である。この方法は、本書でこれまで述べてきた知識と技術を実践に近い形で効果的に身につけることができる。ここでは、主な場面での会話をトレーニング・シナリオとして提示する。

## (1) 模擬通訳トレーニングの方法

　このトレーニングは、学習者（トレーニングを受ける者）が通訳者役として模擬通訳にチャレンジする。講師陣は、学校関係者役（日本語話者）と児童・生徒・保護者役（対象言語話者）、役を演じない専任の通訳講師（児童・生徒・保護者役と兼務可）の 3 人編成となる。1 人の通訳講師が教えることができる模擬通訳の学習者の上限人数は 10 人程度としたい。

　この模擬通訳の大道具（会場設定）として、**図表 37** のとおり、面談机に見立てた長机や学校関係者、児童・生徒・保護者、通訳者用のイスが必要となる。これは、個別面談形式の通訳を想定したものだが、全体説明形式の通訳の場合も全体参加者が大勢いると想像して、この配置の中で行うことは難しくないだろう。また、学校関係の知識や通訳ノウハウの説明用にホワイトボードを用意したい。

図表37　模擬通訳の会場設定（学校内の面談室のケース）

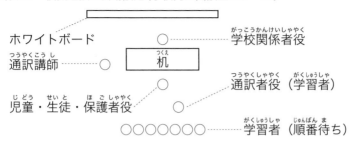

　トレーニングはシナリオに沿って行う。学校関係者役と児童・生徒・保護者役はシナリオを見ながら会話を進めていく。シナリオを暗記する必要はないが、事前の会話練習は不可欠である。また、シナリオを学習者に見せてはいけない。内容を事前予告して予習を促す場合でも、たとえば「来週の模擬通訳トレーニングは、高校入試と奨学金、特別指導について行います」といった、テーマを知らせる程度のものでよいだろう。

　進行は、1つのシナリオを2〜4つくらいに会話を区切り、その区切り毎に通訳講師はアドバイスを行い、アドバイスの後、通訳者役の学習者を入れ替える。それによって各学習者の待ち時間を短くでき、通訳者役の順番が来ていない学習者にも緊張感と集中力の維持が可能になるはずである。

　通訳していない学習者には、通訳者役を行っている学習者の通訳と通訳講師のアドバイスを注意深く聞くように促す。通訳講師は、場合によって通訳者役ではない学習者に対して「今の箇所で別の言い回しは考えられないか」など意見を求めたり、質問を行ったりしてもよいだろう。

　また、同じシナリオを複数回使って、くり返しトレーニングしたい。学習者が慣れてきて、1回目ではできなかったことが2回目ではできるようになり、学びが定着するためである。

　学校関係者役は、学習者の習熟度に応じて、わざと早口で長いセンテンスを一気にしゃべってしまうことも試みたい。通訳者役の学習者が会話を途中で止める、あるいは、「もう少しゆっくり話していただけると助かります」と依頼するなど、会話をコントロールする術を身につけられるようにする。

　このトレーニングに臨む学習者は、メモ取り用の筆記用具と辞書（電子辞書やスマートフォン・アプリなども可）を必ず持参する必要がある。こうした実践を想定したトレーニングの中で本書の第9章「学校関係用語の訳例」を単語帳代わりに使用することは避けた方がよい。実際の通訳現場では、本書は手際よく活用できるものではないからである。

## (2) トレーニング・シナリオ

　以下に、高校における主な通訳場面のうち、全体説明の中でのウイスパリング通訳2本と個別面談の場面での逐次通訳のシナリオ4本の計6本を掲載する。また、特別支援学校における主な通訳場面のうち、個別面談形式のシナリオを3本掲載する。いずれも実話ではないが、それに近い想定で作成している。ただし、トレーニングの意味合いから、わざと話を誇張してあったり、トレーニング時間の関係から話の展開が実際より早かったりと、現実の通訳場面で起こることとは異なるものになっていることに留意していただきたい。

　また、登場人物を「A」や「B」と記載したが、実際のトレーニングに当たっては、言語ごとに相当の名前（たとえば英語であれば「ジョン」など）にかえて行うと、臨場感が増すと思われる。

　各シナリオの最後にシナリオ中に登場する用語や言い回しについて、通訳上のポイントを記載してあるので参考にしてほしい。そのほか、聞き慣れない用語については、辞書引きのトレーニングとして、その場であわてずに辞書を引いてほしい。

　シナリオはすべて日本語で記載してある。そのため、模擬通訳トレーニングにあたって、通訳講師は事前に対象言語に翻訳しておく必要がある。翻訳後は児童・生徒・保護者役に渡し、熟読しておくよう依頼する。

## シナリオ1──入学志願者向けの高校説明会──校長の挨拶

　高校の講堂の中で、校長が説明会参加者（大多数が日本人）全員に向けて、高校の特色などを盛り込んだ挨拶をする場面。外国につながる生徒の保護者の横で、校長の日本語を聞きながら小声で通訳をする。

........................................................................................

司会：本日は、あいにくの天候でして、足元の悪い中、本校の説明会にご参加くださいまして、誠にありがとうございます。それでは、さっそく、説明会を始めさせていただきます。まず、校長からご挨拶申し上げます。校長、よろしくお願いいたします。

→　通訳者：「天気が悪い中、説明会に出席していただき、ありがとうございます。これより説明会を始めます。まず、校長から挨拶します」と、意味を変えず、この程度に短くして通訳する。

校長：本校の校長の○○です。皆様、本日はお忙しい中、この県立ももくり高校の学校説明会においでくださいまして、ありがとうございます。本校は、平成20年に桃の木高校と、栗の木高校が再編統合してできた、総合学科高校です。

→　通訳者：「校長の○○です。ご出席ありがとうございます。本校は、平成20年に桃の木高校と栗の木高校が再編統合してできた、総合学科高校です」と、本筋と関係ない部分を若干要約または省略して通訳する。以下、同様に行う。

....................................＜通訳者役学習者交替＞....................................

　本校は、将来にわたり、より良い社会の形成に貢献できるための豊かな人間性と確かな教養や国際性を身につけた人材を育成するために、次の3点を教育目標として掲げています。

　1つ目は、「個性、適性に応じ、確かな学力の向上を図る」ことです。

　2つ目は「多文化共生の体験を通じ、互いに個性を尊重し、相互理解を育むこと」、

　3つ目は「自己選択、自己決定の経験を通じ、社会の規律を守り、

責任ある行動ができる態度を育む」こと、これら3点を掲げています。

・・・・・・・・・・・・＜通訳者役学習者交替＞・・・・・・・・・・・・

　そのために、本校では、体験活動を重視した、国際教養、環境福祉、情報ビジネス、芸術スポーツという4つの系列科目を設置しています。生徒たちは、ここでの3年間の高校生活を通じ、基礎学力の向上を図るとともに、自分で科目選択することの自主性や学ぶことの楽しさを発見し、将来の自己実現につなげていける力を育むことが期待されています。

　皆様、本校に入学し、有意義で充実した3年間を送っていただければ幸いに存じます。保護者の皆様は、本校の教育目標をご理解いただくとともに、お子さまの人生における新たなステージに向け、できる限りの応援をよろしくお願いいたします。

　改めて、本校の説明会に参加していただいたことに感謝いたしまして、私からのご挨拶とさせていただきます。

司会：校長、ありがとうございました。

・・・・・・・・・・・・・・・・・・・・・・・・・・・・・・・・・・・・・・・・・・・・・・・・・・・・・・・・・・

## ［通訳のポイント］

・ウイスパリングの通訳スタイルで通訳できたか。

・話の本筋に関係ない「足元の悪い中」などのコメントを省いて通訳できたか。

・「再編統合」の意味を理解して通訳できたか。→　2校以上の学校を1校に合併すること。

・「総合学科」の意味を理解して通訳できたか。→　普通科の科目と専門学科の科目を多様に選択して学べる学科である。総合学科（4-28）：54ページ、223ページ参照。

・「教育目標」は、多くの場合、こうした抽象的な表現になっている。「確かな学力」や「生きる力」などの言葉がよく登場する。その概念をとらえるため、文部科学省のHPをチェックしておくとよい。

・「系列科目」の意味を理解して通訳できたか。→　総合学科高校の場合、

多くの選択科目が用意されていることがある。生徒が科目を選択すると
きにわかりやすいように、それらの科目をいくつかのグループに分類し
ている。そうしたグループ化をしたものを系列科目という。

## シナリオ2　入学志願者向けの高校説明会──外国人特別枠の説明

　一般募集で志願する生徒とは別の部屋で、外国人特別枠（それぞれの都道府県で使用されている名称に入れ替えて使用）で入学を希望している外国人生徒とその保護者に対して学校の紹介と日本語が十分でない生徒へのサポートの取組、学力検査、面接、選考資料、選考方法などを説明する場面。ゆっくりめのウイスパリングで行う。

教員：では、学校紹介をしたいと思います。スライドと一緒にお手元の配布資料をご覧ください。最初に本校の特色を紹介します。

　　1つ目は、自分で選択できる授業がたくさんあることです。全部で約100科目あり、そこから自分の興味や将来の進路に必要な科目を選択することができます。

　　2つ目は、英検や日本語検定などの検定資格やボランティア活動なども、卒業に必要な単位として数えることができることです。

　　3つ目は、本校のキャリア教育を推進するために、4つの分野を設置していることです。国際教養、環境福祉、情報ビジネス、芸術スポーツから特色ある科目を選択することができます。将来、自分は何をしたいかをよく考えて、自分の夢を実現できるような科目選択をし、自分だけの時間割を作成することができます。もちろん、まだ将来何がしたいか、わからないという生徒たちもいます。その場合は、教員が相談にのったり助言したりしますので、ご安心ください。

#### ＜通訳者役学習者交替＞

　　また、外国人特別枠で入学した生徒へのサポートも充実しています。まず、日本語を学ぶための授業があります。1年生では、外国人特別枠で入学した生徒を対象に、国語総合、現代社会、化学基礎、生物基礎、保健、家庭科などにおいて取り出し授業を行います。通常の授業を理解するのに十分な日本語を習得できたと思われる生徒については、年度途中でも通常授業に戻り、日本人の生徒たちと一緒に授業を受け

ることも可能です。

　三者面談などでは通訳をつけることができます。重要な配布物にはすべてルビ付きのものを作成しています。また、定期テストの前や検定試験の準備のために、補習と言って、授業以外の学習支援も行っています。

·········<通訳者役学習者交替>·········

　次に、入学者選抜において実施する検査について説明します。

　学力検査で実施する教科は、英語、国語、数学の 3 教科です。検査時間は各教科 50 分、100 点満点です。検査問題は、一般募集、外国人特別枠とも、いずれも同じですが、外国人特別枠の検査問題にはルビが付きます。一般募集の場合は、試験教科に理科と社会が加わり、中学校の調査書も評価の対象となります。学力検査では、教科ごとの学習の成果を見ます。

　面接は、生徒 1 人に対して、面接官の先生は 2 人です。面接時間は約 10 分で、日本語で行います。面接で確認することは、1 つは入学希望の理由です。2 つ目は、中学校生活における学習面や学習以外の活動の努力、成果、3 つ目は、本校の特色に対する理解と高校での学習意欲、学習以外の活動意欲、4 つ目は、面接の態度です。

　面接シートに書いてあることを中心に質問します。面接シートは、自分で日本語で書いてください。

·········<通訳者役学習者交替>·········

　次に、選考資料と選考方法について説明いたします。

　外国人特別枠では、中学校から提出いただく調査書の評定は用いずに、学力検査の得点、面接の結果の 2 つを選考資料として総合的に選考します。

　学力検査では、実施したすべての教科の合計得点、面接では観点ごとに評価した点数の合計得点を出します。学力検査と面接の比重は、7：3 です。

　合格発表は、一般募集と同じ 2 月 28 日です。本校で合否結果通知

書を渡します。合格した場合は、合格通知書と入学書類の封筒をお受け取りください。

　今日、説明したことは、中学校から配布されている募集案内に詳しく書かれています。募集案内は、こちらのスライドに URL が書いてありますが、教育委員会のホームページでも見ることができます。また、質問がある方は、この説明会の後に、個別相談の時間を設けていますので、あちらの個別相談ブースにおいでください。説明は以上です。ご清聴ありがとうございました。

......................................................................................................

## [通訳のポイント]

・ゆっくりめのウイスパリングで通訳できたか。
・「外国人特別枠」の意味を理解して通訳できたか。→　<u>外国人等特別募集（4-51）：61 ページ、227 ページ</u>参照。
・「検定資格やボランティア活動なども、卒業に必要な単位として数える」とは、どういう意味か理解して通訳できたか。→　基本的には、単位は科目の授業に出席し、一定の成績をおさめることで単位が修得できる。これに対して、特例として、検定資格の取得など授業以外のことが単位として認められることがある。図表 15：<u>98 ページ</u>参照。
・「取り出し授業」の意味を理解して通訳できたか。→　取り出し指導（6-23）：<u>90 ページ、237 ページ</u>を参照。
・「中学校の調査書」の意味を理解して通訳できたか。→　入学者選抜で生徒の合否判断に使用する書類。内申書といわれるもので中学校が作成する。調査書・内申書（4-42）：<u>59 ページ、225 ページ</u>参照。
・「調査書の評定」の意味を理解して通訳できたか。→　内申点といわれるものである。評点・内申点（4-43）：<u>59 ページ、225 ページ</u>参照。
・「面接では観点ごとに評価」の意味を理解して通訳できたか。→　前段で説明のあった「面接で確認すること」4 点のことである。

## シナリオ3　特別指導の申し渡し

　学校側が、問題行動を起こした生徒Aに対する特別指導の結果を、保護者に申し渡す個別面談の場面。生徒Aの保護者が学校に呼ばれ、保護者と生徒Aは別室に通される。

　このシナリオでは、模擬通訳研修の主催者側の人員確保を最小限とするため、学校側の登場人物は校長1人だけとしている。ただし、実際の現場では、担任をはじめ複数の教員が同席することが多い。

校長：今日はお忙しい中、わざわざ学校にお越しいただき申し訳ありません。今日は、5月1日に行ったお子さんの問題行動に対する指導について、お話があります。

　→　通訳者：「今日はお忙しい中、わざわざ学校にお越しいただき申し訳ありません。今日は、5月1日に行ったお子さんの問題行動に対する指導について、お話があります。」と、発話に忠実に通訳する。

保護者：はい、わかりました。でも、うちの子が何をやったのですか？

　→　通訳者：「はい、わかりました。でも、うちの子が何をやったのですか？」と忠実に通訳する。以下、同様に行う。

校長：では、今回のお子さんの問題行動について説明します。

　　　5月1日の17:30頃、トイレでタバコを吸い、さらにタバコの吸殻を消さずに窓から捨てたため、落ち葉に引火し火事になってしまいました。幸い火はすぐに消したため、大事には至りませんでしたが、もし発見が遅れていたら、たいへんなことになっているところでした。

　　　なぜA君がやったということがわかったかというと、授業を抜け出しトイレでタバコを吸っているところを目撃している生徒が数名いたのです。それを本人に事実確認をしたところ、自分がやったと認めました。A君、今の説明でまちがいないですか？

　→　こうした長い発話は、的確に記憶できる長さで話を一旦止めて、そ

こまでの話を通訳するとよい。その部分の通訳が終わったら、話の先を始めるよう合図する。

·············＜通訳者役学習者交替＞·············

生徒A：はい。まちがいありません。

校長：それでは、具体的な指導方針をご説明いたします。

今回の事案に対する学校の指導は、まことに申し訳ありませんが、A君に進路変更を勧めます。理由は、まず学校の校則として喫煙行為は禁止していますが、もうこれで5回目の指導になるということと、今回は故意ではありませんが、落ち葉に火をつけてしまったことです。

A君には再三、指導をしてきましたが、残念ながら改善が見られませんでした。学校としては、もうこれ以上、指導しても改善は無理だと判断し、非常に厳しいですが、学校を辞め、進路変更してください。

保護者：確かに、火をつけてしまったことは悪いことですし、素直に謝ります。でも、学校を辞めさせるというのは、厳し過ぎませんか。この子はもう19歳ですよ。私の国では18歳以上は喫煙が認められています。なぜタバコを吸ってはいけないのですか。

·············＜通訳者役学習者交替＞·············

校長：確かに国によって法律がちがいますから、お母さんの言い分にも理解できない訳ではありません。でも、今、A君は日本で生活しています。ということは、当然、日本の法律に従う必要があると思います。日本では、喫煙は20歳になって初めて認められるのです。

それに、火をつけてしまったことは非常に重いことだと感じています。我々は、何よりも優先して生徒の安全を確保しなければいけません。そのために、学校の規則があります。学校の規則が守れないということは、他の生徒に危害を及ぼす可能性があるということになります。なので、辞めていただくしかありません。

保護者：＜かなり感情的になって……＞辞めてどこの学校に行けばいいので

すか?!　せっかくあと 1 年で卒業できるのに‼　どうしろって言う

んですかっ‼

·············································＜通訳者役学習者交替＞·············································

校長：お母さん、少し落ち着いてください。今から説明します。

　　　今、A君は 60 単位修得しています。卒業に必要なのは74 単位

以上ですから、あと 14 単位取れれば卒業できます。他校の編入試

験を受けて合格すれば、再入学することができます。また、今まで

修得した 60 単位は、そのまま活用できますので、卒業が 1 年遅れ

てしまいますが、卒業することは可能です。

保護者：よく言っている意味がわかりませんが、次の学校を紹介してくれる

　　　のですか？

校長：はい。できる限り協力します。あとは、県教育委員会のホームペー

ジの「公立高校への転入学・編入学」を見ていただければ、詳しく

出ています。

保護者：その編入学の試験というのは、いつあるのですか？

校長：来年の 3 月にあります。その試験を受けて合格すると、4 月から学

校に通うことができます。そこで、A君が学校の規則を守り、順調

に単位を修得できれば、再来年の 3 月には卒業することができます。

　　　よくお考えになっていただき、担任までご連絡ください。以上で

指導方針説明を終わります。

**［通訳のポイント］**

・冒頭の「わざわざ学校にお越しいただき申し訳ありません」は、そのま

ま訳すと文化のちがいによって誤解を生む場合がある。すなわち、教員

が謝罪の言葉を発している一方で退学を勧告していると受けとめられて

混乱を招く場合がある。そのため、「お時間をとっていただいてありが

とうございます」などと、文脈を崩さない中で文化のちがいに配慮した

訳にするとよい。

・「進路変更」の意味を理解して通訳できたか。→　学校を辞め、他の学

校や他の道（就職など）に進むこと。<u>101 ページ</u>参照。

・「単位」の意味を理解して通訳できたか。→　授業 35 時間（週 1 時間）で 1 単位と数える。<u>86 ページ</u>参照。

・「74 単位」の根拠を知っていたか。→文部科学省が定める高校卒業に必要な最低単位数。<u>86 ページ</u>参照。

・「編入学」の意味を理解して通訳できたか。→　海外帰国生徒や高校の中途退学者が中途で入学できる制度。編入学（4-55）：<u>227 ページ</u>参照。

・保護者が感情的に言葉を発したとき、通訳者としては、どう通訳すべきか。→　通訳者まで感情的にならないよう注意し、落ち着いて保護者の気持ちが伝わるように訳す。ただし、勝手に語感が柔らかい言葉に変えたりしてはいけない。きついことを言っていても、落ち着いた態度でそのまま訳す。きついことの例としては次のような発言が見受けられる。

　　（例）「もう学校は信頼できません」「日本に来てから差別ばかりで、こんな国はうんざりです」「先生方も外国人差別ですか？　それでも教師ですか？」

## シナリオ4　原級留置の説明

　単位の修得ができず、原級留置になったことを担任の教員が保護者に説明する個別面談の場面。学校に呼ばれた保護者と生徒 B は別室に通される。

　このシナリオでは、模擬通訳研修の主催者側の人員確保を最小限とするため、学校側の登場人物は担任の教員 1 人だけとしている。ただし、実際の現場では、学年主任の教員などが同席することが多い。

担任教員：担任の田中です。今日はお忙しい中、わざわざ学校にお越しいただき申し訳ありません。B 君の進級のことでお話ししたいことがあります。

保護者：はい、それで何でしょうか。

担任教員：それでは、ご説明します。お子さんの出席状況と成績ですが、1 学期はしっかり出席し、テストも平均的な点数を取っていたのですが、2 学期になると、急に欠席が多くなって、期末テストの成績も悪くて、追試をする科目がありました。

　3 学期になっても改善が見られず、化学基礎、地理 A、保健、音楽 I の授業は、欠時数が法定時数の 1/3 を超えてしまいました。これでは履修条件を満たすことができません。

<通訳者役学習者交替>

　また、他の科目も学年末テストの成績が悪くて、国語総合、数学 I、生物基礎、コミュニケーション英語 I の成績は「1」で、単位の修得が認められませんでした。

　したがって、本校の進級要件を満たすことができないので、1 年生に原級留置となってしまいました。

保護者：原級留置だと、息子はどうなるのですか？

担任教員：進級できないということですから、もう 1 回、1 年生をやり直すということです。

保護者：えっ、そんなに欠席が多かったのは知りませんでした。何でもっ

と早く教えてくれなかったのですか？

担任教員：お子さんには何度も警告をしていました。また、教科担当の教員も、同様に「あと何時間休んだら単位履修ができなくなるよ」と本人に伝えていたと聞いています。それと、保護者宛にも、お子さまを通じて書面でお知らせしていました。

・・・・・・・・・・・・・・・・・・・・・・・・・＜通訳役学習者交替＞・・・・・・・・・・・・・・・・・・・・

保護者：そうですか。でも、私は受け取っていません。電話をしてくれれば良かったのではないですか？

担任教員：電話だと言葉がうまく伝わらないので書面にしました。

保護者：それで、うちの子は、どうすればいいのですか？

担任教員：もう1度、1年生をやるというのが、最も一般的な方法だと思います。ただ、その場合、本校は学年制ですので、単位が修得できている教科についても、もう1回学習していただくことになります。

　そうでなければ、通信制の学校等への転学も、一つの方法だと考えられます。その場合は、修得した単位を活用することができます。

保護者：通信制の学校って何ですか？

担任教員：一般的には、学校に行かずにレポートやスクーリング、テストを通じて単位を修得していく学校です。

・・・・・・・・・・・・・・・・・・・・・・＜通訳者役学習者交替＞・・・・・・・・・・・・・・・・・・・・

保護者：卒業することができるのですか？

担任教員：もちろんです。単位を修得すれば、卒業することができますし、大学受験も可能です。

　ただ、レポートの量が結構ありますので、根気よく取り組まないと、単位修得は難しいと思います。なので、通信制に通う生徒の中には、サポート校を利用する生徒もいます。

保護者：サポート校って何ですか？

担任教員：サポート校は、各科目のレポート作成や期末試験の指導などを行

う、民間の教育機関です。

保護者：わかりました。これから帰って、子どもとよく話し合って、どうするか決めたいと思います。

担任教員：ご意思が固まりましたら、私の方までご連絡ください。今日はありがとうございました。

----

## ［通訳のポイント］

・「欠時数」の意味を理解して通訳できたか。→　1日のうち、1つの授業、あるいは複数の授業を欠席すること。欠時・欠課（6-42）：95ページ、241ページ参照。

・「学年制」の意味を理解して通訳できたか。→　学年（1年・2年・3年…）によって、勉強する内容（カリキュラム）の多くが決まっているシステム。学年制（4-29）：55ページ、223ページ参照。

・「追試」の意味を理解して通訳できたか。→　特別に定期テストとは別の問題で試験を受けることができるようにするもの。追試・追試験（6-55）：100ページ、243ページ参照。

・「修得」の意味を理解して通訳できたか。→　その教科・科目の授業を受けて一定の成果（学習成績）を得ることを意味する。修得条件の例は、たとえば、学習の成果が10段階評価の3〜10に入っている場合などである。95ページ参照。

・卒業や進級の要件の意味を理解できたか。→　一定の基準を満たさないと卒業や進級ができない。その条件のことを卒業要件、進級要件という。各学校によって要件の規定を設けている。欠課・欠時数やテストの点数などが判断基準となる。97ページ参照。

・「必履修科目」の意味を理解して通訳できたか。→　1つの教科は複数の科目で構成されている。その複数の科目の中で、進級や卒業のために必ず単位を修得しなければいけない科目が必履修科目である。必履修科目（6-19）：89ページ、237ページ参照。

# シナリオ5　高校入学時の必要経費

定時制高校に合格し、入学前に諸費用について、学校の担当者より保護者が個別に説明を受ける場面である。

担当者：私は、諸経費の担当の鈴木と申します。これから学校でかかる諸費用について説明します。

保護者：はい。よろしくお願いします。

担当者：まず、授業料についてですが、ある一定の条件を満たしていれば「就学支援金」が支給されますので、授業料のご負担がなくなります。

保護者：就学支援金というのは何ですか？　一定条件とはどんな条件ですか？

担当者：就学支援金は、高等学校の授業料の全部または一部を国が負担する制度です。条件とは、「区市町村民税所得割額」が30万4,200円未満の世帯が対象です。年収にすると、910万円程度未満の世帯に支給されるものです。これを受け取るには、課税証明書と申請書を提出していただきます。

──────────＜通訳者役学習者交替＞──────────

保護者：うちの家庭は、生活保護を受けていますので、対象になりますよね？

担当者：もちろん対象になります。ご安心ください。

保護者：他にかかるものは何ですか？

担当者：まず、入学金がかかります。定時制の場合2,100円です。入学手続きの時にお支払いいただきます。

保護者：現金でも大丈夫ですか？

担当者：一般的には、銀行か郵便局に振り込んでいただきますが、現金でも構いません。ただ、今後必要な、さまざまな費用は、銀行からの引き落としになるので、もし銀行口座がなければ、これを機会に作られることをおすすめします。

保護者：わかりました。

……………………………………＜通訳者役学習者交替＞………………………………

担当者：それから、学年費を集金させていただいています。本校の場合は、3年ないし4年分を一括して集金させていただいていますので、金額は6万円になります。主な使いみちは、上ばき代、体操着代、体育館ばき代、教科書代、実習費、行事費、環境整備費などですが、卒業時には、余ったお金は返金いたします。

保護者：＜かなりびっくりした様子で＞え～……!!　6万円も払わなければいけないのですか？　そんな、1度に払えない場合は、分けて払うことができますか？

担当者：先ほども申し上げましたが、6万円というのは、3年ないし4年間でかかる費用です。通常は1年に1度、集金するものですが、本校の場合は、入学前にまとめて集金させていただいているので、2年次、3年次に納入する必要はありません。

　　　　もし、一括での納入が厳しければ、合格者説明会の時にご相談ください。分割払いも可能です。通常分割払いを希望する方は、3万円ずつを2回に分けて支払うか、2万円を3回に分けて納入するパターンが多いと思います。

……………………………………＜通訳者役学習者交替＞………………………………

保護者：それなら支払いができると思います。

担当者：この他に、振興会費が年間3,000円、生徒会費が年間3,600円かかります。

保護者：振興会費とか生徒会費って、何に使う経費ですか？

担当者：振興会費とは、一般的にいうPTA会費のことで、学校によって使いみちはさまざまですが、本校では、主に卒業生の記念品やPTA主催の行事費用、教育振興のための物品の購入、PTA会員の慶弔などに使われます。

　　　　また、生徒会費は、部活動に必要な物品の購入や、文化祭などの生徒会主催行事の費用などに使われます。また生活保護を受けている場合は、減額になりますので、別途申請してください。

保護者：わかりました。ありがとうございました。銀行に行って口座を作って来ます。

---

## ［通訳のポイント］

- ・「就学支援金制度」の意味を理解して通訳できたか。→　高等学校等就学支援金（5-20）：79 ページ、232 ページ参照。
- ・「区市町村民税所得割額」の意味を理解して通訳できたか。→　前年の所得に応じて区市町村から課税される住民税の 1 つ。区市町村民税所得割（5-21）：79 ページ、233 ページ参照。
- ・「実習費」の意味を理解して通訳できたか。→　家庭科の調理実習や理科の実験等の材料費など授業の際かかる費用。
- ・「生活保護」の意味を理解して通訳できたか。→　収入や貯金などが、国が決めた基準額以下の場合に、生活保護が受けられ、保護費が支給される。ただし在留資格によっては、受けられない場合があるので注意する。
- ・「PTA」の意味を理解して通訳できたか。→　116 ページ参照。
- ・「教育振興のための物品」の意味を理解して通訳できたか。→　77 ページ参照。
- ・「慶弔」の意味を理解して通訳できたか。→　85 ページ注 3 参照。
- ・「部活動に必要な物品」の意味を理解して通訳できたか。→　78 ページ参照。

# シナリオ6　高校卒業後の進路指導

専門学校への進学を考えている生徒への三者面談の場面。学校のホームルーム教室で担任と保護者、生徒Cとの面談が始まる。

担任教員：私は担任の加藤と申します。今日はお忙しい中、わざわざ学校にお越しいただき申し訳ありません。今日は、お子さんの進路について情報交換したいと思いますので、よろしくお願いします。

保護者：はい。よろしくお願いします。

担任教員：さっそくですが、卒業後の進路について、どのように考えていますか？

保護者：この子の考えと私たち親の考えに食いちがいがあって、まだ、結論が出ていません。

担任教員：C君は、今どのように考えているのですか？

生徒C：将来は、通訳の仕事をやりたいと思いますが、その前に日本語はもちろん、日本の文化や習慣などについて、大学で学びたいと考えています。

担任教員：それは、素晴らしいですね。では、ご家族の方は、どのように考えているのでしょうか？

···············＜通訳者役学習者交替＞···············

保護者：はい。子どもの考えは尊重してあげたいのですが、うちは中華料理店を経営していて、今、主人が一人でやっています。なので、息子に将来、店を継いでほしいと思っているので、調理の専門学校に行って、専門的な知識や技術を学んでほしいと思っています。

担任教員：そうですかぁ……。ひとつお伺いしますが、C君の在留カードの種類は何でしょうか？

保護者：「家族滞在」です。

担任教員：「家族滞在」だと、そのままでは就労ができません。進学する場合であっても、日本学生支援機構の奨学金制度を利用できないの

です。でも、「定住者」などの在留資格に変更できる道がありますので、入国管理局に相談して、変更の条件などを、よく確認した方がよいと思います。

保護者：そうなんですかぁ。それは知りませんでした。

　　　　ところで、この子の言うとおり、大学進学を目指した場合、入れる大学はあるのでしょうか？

................................＜通訳者役学習者交替＞................................

担任教員：はい。Ｃ君は、学年の中でも成績優秀で、評定平均は4.6あります。もし、大学進学を希望されるのであれば、指定校推薦を取れるチャンスもあると思います。

　　　　ちょうど、本校の指定校推薦枠の中に、Ｃ君のニーズにぴったり合った学部があります。それをねらってみるのも、1つの手かもしれません。

保護者：指定校推薦って何ですか？

　　　　それから、その指定校推薦というのは、受験しなくても良いということですか？　うちの子は学校の成績は良くても受験勉強をやっている訳ではないので、日本の大学を受験しても受からないと思います。

担任教員：指定校推薦は推薦入学の1つです。大学が指定した高校の生徒だけ、出願を認めるという制度です。受験は、簡単な試験や論文を書かせる大学もありますが、大半は面接だけです。しかも、11月くらいには合否が決定してしまうので、受験勉強をしなくても良いことになります。

保護者：日本の大学の学費は、どのくらいかかりますか？

　　　　うちは、経済的に苦しいわけではないけど、それほど裕福ではないので、費用によっては合格しても学費が払えないこともあるかもしれません。

................................＜通訳者役学習者交替＞................................

担任教員：大学や学部によって差がありますが、たとえば、私立文系に進学

した場合、入学金が 20 〜 30 万円、年間にかかる授業料などの経費が 70 〜 80 万円ほどでしょうか。

保護者：ということは、最初の年は、年間 100 万円もかかるんですね。結構厳しいですね。

担任教員：そうですねぇ。理系に進むと、さらに高くなり、授業料などの年間経費だけで 100 万円くらいになると思います。

　　　　ただ、日本学生支援機構の奨学金制度があります。ご家族の給与所得額など、一定の基準がありますが、利用すれば、お金を貸してくれるので、かなり助かると思います。

保護者：お金を貸してくれるのはいいですが、返さなきゃいけないですよね。返さなくていいものはないのですか？

担任教員：大学進学に関しては、経済的に厳しいご家庭への支援制度や民間の奨学金はありますが、おそらく条件が合わないと思われます。日本学生支援機構の奨学金が最も一般的なんです。この奨学金制度には「無利子型」と「有利子型」があります。「無利子型」の場合は、返済に利子がかからないので、有利子型より返済額が少なくてすみます。成績要件も 3.5 以上なので、C 君の場合はクリアできます。また、高校に在学中に申し込むことが可能です。

保護者：そうですか。いろいろと教えていただき、ありがとうございました。もう一度、家族で話し合って結論を出したいと思います。もし大学に進学する意思が固まりましたら、連絡しますので、そのときに、また、詳しく奨学金制度について教えてください。

## ［通訳のポイント］

・「在留カード」の意味を理解して通訳できたか。→　出入国管理および難民認定法に基づき、90 日を超えて日本に在留する外国人に法務省が交付する身分証明書。29 ページ参照。

・「家族滞在」の意味を理解して通訳できたか。→　在留資格を持って日本に在留する外国人の扶養家族を受け入れる場合の在留資格である。原

則、就労不可。在留資格の変更が認められる条件は、122 ページ参照。

・「評定平均」の意味を理解して通訳できたか。→　高校に入学してから3年の1学期（2期制の場合は前期）までで、学習したすべての教科・科目の評定（5段階評価）の平均値。

・「指定校推薦」の意味を理解して通訳できたか。→　推薦入学の方法の1つで、学校間（高校と大学）同士の信頼関係で成り立っているのが特徴。大学側から評定平均値や出席日数等の推薦基準が示される。それに基づき9月半ば頃に校内選考が行われる。推薦された生徒は書類審査や面接などによって合否が判定される。

・「奨学金制度」の内容を理解して通訳できたか。→　133 ページ参照。

## シナリオ7　特別支援学校の個別の教育支援計画

特別支援学校小学部3年生のDさんについて、これまでの取組を振り返り、保護者と学校側が成果や課題について確認する場面。あらかじめ指定された時間に保護者が来校し、教室内で面談する。

担任教員：こんにちは。今日は、お忙しい中、学校にお越しいただきありがとうございます。最近のDさんのご家庭での様子はいかがですか？

保護者：そうですね。特に、変わりはないですが……。

担任教員：今日は、Dさんの「個別の教育支援計画」を作成しながら、この3年間のDさんの様子について、お母さんとお話をさせていただきます。

　　　　まず、学校の様子です。学習については、個別教育計画を毎年作成して、それにしたがって、勉強をしてきましたが、お母さんとして、Dさんの様子について、気づかれたことなどありますか？

保護者：そうですねぇ……。学校のことは、先生方に任せているし、できるようになったことがあるとは聞いていますが、家ではあまり変わりないし、どうなんでしょう。何か成長しているところはあるんですかね。

＜通訳者役学習者交替＞

担任教員：いろいろなことができるようになりましたよ。たとえば、図工の時間に、線にそって、ハサミで切るときに、直線だけでなく、円もきれいに切ることができるようになりました。線をよく見ていますし、道具を使うことが上手になりました。給食の時間も、スプーンを使って、こぼさないように食べられるようになりましたね。

保護者：そういえば、家でもこぼさずにひとりで食べられるようになりました。

208

担任教員：学校では、私たちの手伝いをよくしてくれます。「ありがとう」というと、とてもうれしそうに笑います。ご家庭では、どうですか？

保護者：手伝いですか？　自分から何かをすることはないです。せめて、食事のあとは、自分で使ったお皿なんかは、台所まで持っていってくれるといいのですが……。

担任教員：両手に物を持って歩くのは、体のバランスをうまく取れないせいなのか、まだ難しいかもしれません。片手で持てそうなものや、落としても壊れたり、こぼれたりしないようなものから、やってみるといいかもしれませんね。それから、手順を絵カードで見せてあげると、自分から取り組むことが増えてきました。ご家庭でも試してみてはいかがでしょう。学校では、このような絵カードを使っています。同じものを使うと、Ｄさんにもわかりやすいのではないかと思います。

<通訳者役学習者交替>

保護者：家でもできるかしら……。でも、やってみます。

担任教員：ほかには、読んだり書いたりできる文字も増えてきましたよ。朝の予定の確認のときにも、毎日、自分で黒板の予定を見ながら、自分の予定表に書き込めるようになってきました。朝、登校して、着替えなどが終わると、好きな絵本を出してきて、自分で声を出して読んでいます。余暇の時間の使い方につながるといいですね。家で本を読むことはありますか？

保護者：兄弟の教科書など、すぐに破いてしまっていたので、家にある本は、全部、Ｄの見えないところにかたづけていました。学校で絵本を見ているのでしたら、家でも少し本を出してみます。

担任教員：いろいろできることが増えたなと思います。お母さんはどうですか？

保護者：私も家では、いつも忙しくしているので、なかなかＤにかまってやれないところもあって、気づいていないこともありました。

学校でできるようになったことは、家でも試してみたいと思います。

································<通訳者役学習者交替>································

担任教員：ぜひ、そうしてください。ところで、「個別の教育支援計画」なのですが、今日、お話ししたことを、このシートに記入しなければならないのですが、私たちのほうで書いてよろしいでしょうか。

保護者：はい、よろしくお願いします。

担任教員：それでは、できあがったら、コピーを学校で 1 部、保存させていただきます。原本は、お母さんの保管となりますので、よろしくお願いします。今日は、お母さんと、D さんのできるようになったことが確認できてよかったです。

## ［通訳のポイント］

・「個別の教育支援計画」の意味を理解して通訳できたか。→　3 年に 1 度、保護者と教員、可能であれば、本人を交えて、これまでの取組の成果や今後の課題などを振り返り、まとめるもの。原本は、保護者、本人が保管する。学校は、保護者、本人の了解を得て、コピーを保存。保存の方法や期間については、学校ごとに取り決めがある。個別の教育支援計画（7-46）：<u>154 ページ、266 ページ</u>参照。

・「個別の教育計画」の意味を理解して通訳できたか。→　<u>154 ページ</u>参照。

・「図工」の意味を理解して通訳できたか。→　図画工作の略。絵を描いたり物を作ったりする授業。

・「絵カード」の使い方を理解して通訳できたか。→　絵カード（7-42）：<u>152 ページ、265 ページ</u>参照。

## シナリオ8 特別支援学校の諸経費

特別支援学校において、給食費や教材費が未納の保護者に対し、納入を促す場面。実際の現場では、保護者とは面談などで来校した機会をとらえて話をすることが多い。また、状況によっては、管理職等が担任教員にかわって話をすることもある。

担任教員：今日は、お忙しい中、わざわざ学校にお越しいただき、ありがとうございます。今日は、学校の給食費や教材費についてお話をします。

保護者：はい、なんでしょうか？

担任教員：まず、最初に給食費ですが、この明細書のように4月から6月まで50回分の給食費をご負担いただくことになっています。

　　　　また、教材費もご家庭でご負担いただく必要があります。教材費は、家庭科や美術の授業で使う教材にかかる経費です。これらの経費に関しまして、あらかじめ登録していただいた口座から引き落としで集金させていただいていますが、残高不足のため引き落としできませんでした。

　　　　そのあと、現金で持ってきていただくようご連絡しましたが、それもまだ、お支払いいただいていません。

──────────＜通訳者役学習者交替＞──────────

保護者：払いたいとは思いますが、お金がないんですよ。

担任教員：給食費は、お子さまがすでに食べた給食の代金です。教材費も授業で使ったものです。お支払いいただかないと困ります。

保護者：そう言われても、ないものはないです。

担任教員：次の就学奨励費の支給が7月です。今回の支給額で、今日お示しした金額はお支払いいただける額なので、振り込まれたら、お持ちいただきたいのですが。

保護者：うちは、父親がどこかへ行ってしまって、シングルマザーなんで

す。給料も、とっても安くて、日々の生活を送るだけで精一杯なんですよ。だから、そのお金が入ると少し楽になるので、つい、ほかに使ってしまうんです。

────────────────＜通訳者役学習者交替＞────────────────

担任教員：経済的な事情はお察しします。ただ、そこは、Eさんのためお支払いをお願いしたいと思います。もし、ほかにお支払いの方法があるようでしたら、具体的に、お支払いの時期などを、本日お知らせいただきたいのですが。

保護者：しょうがないわね。わかったわ。次に支給されたら持ってきます。

担任教員：お母さん、Eさんは、毎日、いろいろなことを積極的に取り組んで、がんばっています。学校を卒業したら、「就労移行」で働く勉強を、もう少ししてから就職したいとがんばっています。安心して勉強できるよう、なんとかEさんのためにお金を工面してください。

保護者：わかりました。Eのため、これからは、きちんと引き落としができるように口座にお金を入れておきます。

────────────────────────────────────────────────

## ［通訳のポイント］

・「教材費」の意味を理解して通訳できたか。→　76ページ参照。
・「就学奨励費」の意味を理解して通訳できたか。→　特別支援教育就学奨励費（7-36）：150ページ、264ページ参照。
・「シングルマザー」（母子家庭）の現状や問題を理解して通訳できたか。→　安定した収入を得ることが難しい場合が多く、経済的に困窮する家庭が少なくない。
・「就労移行」の意味を理解して通訳できたか。→　就労移行支援事業のこと。就労移行支援（7-68）：165ページ、270ページ参照。
・「工面」の意味を理解して通訳できたか。→　なんとか工夫して金銭を用意すること。

## シナリオ9 特別支援学校の生徒のいじめ事案

特別支援学校の高等部1年生Fさんの問題行動（いじめ事案）について、学校側が保護者に説明し、保護者に事態の解決に向けた協力を求める場面。保護者が学校に呼ばれ、別室に通される。

このシナリオでは、模擬通訳研修の主催者側の人員確保を最小限とするため、学校側の登場人物は担任の教員1人だけ、保護者も母親1人を想定している。ただし、実際の現場では、管理職や学部長など他の教員も同席することが多い。保護者も両親そろって出席するケースもある。

---

担任教員：今日は、お忙しいところを来校いただき、ありがとうございます。実は、Fさんの行為が、いじめではないかということで、お母さんにもお話を聞いていただきたいと思い、お越しいただきました。

保護者：いじめとは、どういうことですか。Fは、小学校や中学校で、まわりの子どもたちにからかわれたりして、F自身が辛い思いをしてきたことはあっても、まわりの友達に嫌な思いをさせたことはありません。

担任教員：おっしゃりたいことはよくわかります。学校でも、十分に指導しきれていないところもありますので、今日は、今の状況について、よくお話させていただいて、Fさんにとって、どうすることが良いのか考えたいのです。

保護者：学校が指導しきれていないと思われるなら、わざわざ学校に呼ばないで、学校でやってくだされ ばいいではないですか。学校のことを親にどうしろというのですか。

---
＜通訳者役学習者交替＞
---

担任教員：はい、もちろん、学校でやっていきたいと思っています。ただ、学校で、Fさんにどのように関わっているかも、保護者の方には知っていただきたいと思います。まずは、クラスで何があったのかを、お話させていただきます。

保護者：わかりました。とりあえず、話は聞きましょう。

担任教員：FさんとGさんは、入学当初は、気が合ったのか、とても仲がよかったのです。私たち担任も2人が助け合いながら、学習や行事に参加していて、とてもいいなと思って見ていました。ところが、そのうち、同じクラスのT子さんが、2人と一緒に行動するようになり、特にGさんと、休み時間も2人でいることが増えました。それを見ていたFさんが、Gさんの失敗をきつい口調で指摘したり、GさんとT子さんが一緒にいると、はやし立てたりするようになったのです。

　私たちが気づいた時は、Fさんと話をしたり、3人の仲を取り持つようにしたりしたのですが、いっこうに状況は変わらいばかりか、ますますひどくなりました。実は、最近、その状況が辛くて、Gさんは学校を休むことが増え、Gさんのお母さんから学校に相談があったところです。

　最近、Fさんのご家庭での様子は、どうでしょうか？　何か、今までと様子がちがうなど、気になることはありませんでしたか？

·········································＜通訳者役学習者交替＞·········································

保護者：そんなことを急に言われても、Fはとても気持ちの優しい子なんです。Fがそういうことをするというのは、きっと、GさんやT子さんにも原因があるはずです。Fにばかり責任を求めるのは親として納得できません。

担任教員：Fさんだけが悪いとは、私たちも思っていません。せっかく仲良くなったGさんを取られたような気持ちだったり、高校生くらいの年齢になると異性に好意を持ったりすることもあります。そういう思いが、今回の行動の要因としてあると考えていますので、学校だけでなく、ご家庭のお力も借りて、3人が仲良くできるようにしたいのです。

保護者：だったら、どうして、GさんやT子さんの保護者の方は呼ばれ

ていないのですか？　息子にだけ責任があると、学校は思っているということでしょう。

担任教員：生徒間のことで、保護者の方にお話を伝える場合は、初めから、みなさんに集まっていただくと、お互いに話しづらいこともありますので、まずは、それぞれの保護者の方とお話しさせていただいています。

　　　　状況をご理解いただいて、「みんなでやっていきましょう」となったら、みなさんにお集まりいただいて、これからのことを打ち合わせたりさせていただいています。決して、Ｆさんだけに責任があると思っているわけではありません。

················································ ＜通訳者役学習者交替＞ ················································

保護者：そうですか。実は……入学した時は、とても楽しそうに学校のことを話していたのに、最近は、帰宅してから、ふさぎ込んでいることが多くなって……、何を聞いても何も答えないので、心配していたのです。

　　　　学校でそういうことがあったなんて……。最初にも言いましたが、小学校、中学校と、なかなかお友だちもできず、さびしい思いもしてきました。この学校に来て、Ｇさんとお友だちになって、とてもうれしかったのだと思います。それだけに、今回のことは、Ｆなりに辛い経験だったかもしれません。家でも少し、Ｆの気持ちなどを聞いてみたいと思います。

担任教員：もしかしたら、おうちの方には話したがらないかもしれません。その時は、「何か話したくなったら、いつでも話を聞くから」とだけ、Ｆさんには伝えてください。私たち担任も、3人だけのことという捉えではなく、クラス全体、また、学年全体の仲間づくりという視点で、Ｆさんが楽しい気持ちで学校生活を送れるよう工夫していきたいと思います。

　　　　学校の様子など、できるだけお伝えしていきますので、気になることなどありましたら、私たちにもご連絡いただけると助かり

ます。

保護者：わかりました。家庭でも気をつけてみます。

担任教員：それでは、今日は、お忙しいところをお越しいただいて本当にありがとうございました。今後ともどうぞよろしくお願いします。

........................................................................................................

## ［通訳のポイント］

・「からかわれ」の状況を理解して通訳できたか。

・「いじめ」の重大性を認識できているか。→　学校におけるいじめは、不登校や精神疾患を引き起こし、最悪の場合は自死（自殺）に至ることもある。いじめ（6-59）：244 ページ参照。

・「はやし立てたり」の状況を理解して通訳できたか。

・「仲を取り持つ」の意味を理解して通訳できたか。→　2 人の間に入って仲良くなるように関係づくりを手助けすること。

・「ふさぎ込んでいる」の意味を理解して通訳できたか。→　ゆううつな気分で気が晴れないこと、気が滅入っていること。

・「(3 人だけのことという) 捉え」の意味を理解して通訳できたか。→「捉え」は、物事のとらえ方、見方、観点という意味。

## 注

1　文書を目で追いながら口頭で翻訳する方法。

2　ベルジュロ伊藤宏美・鶴田知佳子・内藤稔 [2010]『よくわかる逐次通訳』東京外国語大学出版会、水野真木子 [2008]『コミュニティ通訳入門』大阪教育図書

3　外国人等特別募集の枠を有する高校では、全体説明会とは別に説明会を設ける場合がある。そうした説明会では通訳の時間が設定される。

# 第9章　学校関係用語の訳例

　本章では、本書の第1章および第4章から第7章に登場した学校関係用語のうち、外国人にとって意味がわかりにくいものや通訳者として覚えておきたい約300の用語を選び、その訳の一例を6言語で掲載した。6言語以外の言語の関係者は、ここの訳例（特に英語）を参考にして自ら訳出を試みることをおすすめする。

　訳語表の下に記載した「意味」は、第4章から第7章の文中から抜粋している（一部要約して記載しているものあり）。意味の詳細は、第4章から第7章の各文中を参照していただきたい。

## 1　訳出の方法と略語・記号の説明

　訳出の方法や訳語の表中に使用した略語や記号の説明は、下記のとおりである。

### (1) 訳語の説明
#### ア．用語番号
掲載用語の番号は章の番号とその枝番号である。
（例）「4-1　義務教育」→　第4章の1番目

#### イ．言語名の略語
訳語表中の「英」は英語、「中」は中国語、「ス」はスペイン語、「ポ」は

ポルトガル語、「タ」はタガログ語、「ネ」はネパール語を意味する。


### ウ．掲載用語の表記方法

　各用語は単数形での表記に統一した。女性名詞、男性名詞などによって語尾が変化する用語は、男性名詞を想定して表記した。


### エ．訳出上の留意点

　用語によっては、掲載した訳語以外の表現も可能なものもあり、唯一のものではなく一例に過ぎない場合がある。掲載した用語の日本語の意味は、文脈によって異なることがあることから、注意を要する。


### オ．訳語に使用している記号の意味

　a．セミコロン「〇；△」

　〇でも△でも、どちらの訳でも可という意味である。

（例）教科書／中国語「教科书；课本」→「教科书」でも「课本」でも可。

　b．丸かっこ「(〇×) △△」

　〇×の部分は省略可能という意味である。日本語でたとえれば「コロナ(ウイルス)」は「コロナ」でも「コロナウイルス」でも可、という意味である。


## 2　覚えたい学校関係用語の訳例

### (1) 第 1 章「本書の目的と学校通訳の概要」掲載用語

#### ■　1-1　生活言語能力

| 英 | basic language communication skills | 中 | 生活语言能力 |
|---|---|---|---|
| ス | habilidad de comunicación verbal | ポ | habilidade de comunicação verbal no cotidiano |
| タ | kakayahan ng wika sa pamumuhay | ネ | दैनिक जिवनका भाषा प्रयोग क्षमता |

**[意味]** 特定の人（親兄弟や友人など）との日常会話など、普段の生活の中で使う言語をあやつる能力。抽象的な事柄よりも具体的な事柄に関する話し言葉が中心となる。

## ■ 1-2　学習言語能力

| 英 | cognitive academic language proficiency | 中 | 教学语言能力 |
|---|---|---|---|
| ス | habilidad de lenguaje académico | ポ | competência linguística |
| タ | kakayahan ng wika sa pag-aaral | ネ | शैक्षिक भाषा प्रयोग क्षमता |

**[意味]** 抽象的な概念などを含め、物事を論理的に考え、それを正しい文法で書くことができる言語能力。教科・科目の学習に欠かせない言語能力である。

# (2) 第4章「公立高校の入学までのプロセス」掲載用語

## ■ 4-1　義務教育

| 英 | compulsory education | 中 | 义务教育 |
|---|---|---|---|
| ス | educación obligatoria | ポ | ensino obrigatório |
| タ | kompulsaryong edukasyon | ネ | अनिवार्य शिक्षा |

**[意味]** 国が国民に対して、その子どもに就学の義務を課している教育。

## ■ 4-2　教育委員会

| 英 | board of education | 中 | 教育委员会 |
|---|---|---|---|
| ス | consejo educacional | ポ | secretaria de educação；conselho educativo |
| タ | lupon ng edukasyon | ネ | शिक्षा कार्यसमिति |

**[意味]** 次の3とおりの使われ方をする。①教育委員による協議体、②教育長・教育委員と教育委員会事務局、③教育長、教育委員、教育委員会事務局、学校、図書館、博物館などを含めた教育委員会に所属する組織の全体。

## ■ 4-3　留年・原級留置

| 英 | remaining in the same school grade | 中 | 留级 |
|---|---|---|---|
| ス | repetir de grado | ポ | reprovação；repetir o ano；perder o ano |
| タ | pananatili sa kaparehong grado | ネ | कक्षा दोहरायाउनु या अनुर्तिण |

**[意味]** 欠席が多い場合や成績が悪くて必要な単位が取れなかったなどの理由により、進級できないこと。

## ■ 4-4　入学者選抜

| 英 | entrant selection | 中 | 入学选拔考试 |
|---|---|---|---|
| ス | examen de admisión | ポ | exame de seleção |
| タ | nakapasang estudyante；napili sa pagpapatala | ネ | भर्ना का लागि छनौट |

**[意味]** 学校が、願書を提出した入学希望者の中から入学させる者を選ぶこと。「入学試験」や「入試」と呼ばれているものである。

## ■ 4-5　単位、卒業単位

| 英 | credit、credits required for graduation | 中 | 学分、毕业所需的学分 |
|---|---|---|---|
| ス | crédito por materia；créditos necesarios para la graduación | ポ | crédito；créditos para se formar |
| タ | yunit；kailangang yunit para grumadweyt | ネ | क्रेडिट वा दिक्ष्यान्तका लागि आवश्यक अंक |

**【意味】**文部科学省によって定められたものであり、授業 35 時間（週 1 時間）で 1 単位と数える。卒業単位は、卒業するために必要とされる単位数を定めたもの。

## ■ 4-6　中等教育学校

| 英 | six-year secondary school | 中 | 中等教育学校；中学 |
|---|---|---|---|
| ス | escuela secundaria | ポ | escola com ensinos fundamental 2 e médio |
| タ | paaralang sekundarya | ネ | निम्न माध्यमिक र माध्यमिक शिक्षा गरि ६ वर्ष अध्ययन गर्न सकिने विद्यालय |

**【意味】**中学に相当する前期課程と高校に相当する後期課程を持つ 6 年制の学校。

## ■ 4-7　進級

| 英 | moving to the next grade；going to the next grade | 中 | 升班 |
|---|---|---|---|
| ス | pasar de año | ポ | passar de ano |
| タ | promosyon；pasado | ネ | कक्षा चढनु |

**【意味】**1 年間授業に出席し、必要な単位を修得した結果などによって、学年が 1 つ上がること。

## ■ 4-8　全日制

| 英 | full time school | 中 | 全日制 |
|---|---|---|---|
| ス | escuela de tiempo completo | ポ | curso de tempo integral |
| タ | full time na sistema | ネ | विहान ९ वजे देखि दिउसो ४ वजे सम्म पढाइने शिक्षा प्रणाली |

**【意味】**朝 9 時前から、昼休みをはさんで、16 時前まで、平日に毎日授業を受ける課程。

## ■ 4-9　定時制

| 英 | part time school | 中 | 分部制；夜校 |
|---|---|---|---|
| ス | escuela por turnos | ポ | curso por turnos |
| タ | part-time na sistema | ネ | विहान वा दिउसो वा राती मात्र पढाइने विद्यालय |

**【意味】**特定の区切られた時間帯（午前、午後、夜間）で授業を受ける課程。

## ■ 4-10　通信制

| 英 | correspondence high school | 中 | 函授制 |
|---|---|---|---|
| ス | escuela por correspondencia | ポ | curso por correspondência |
| タ | komunikasyong sistema | ネ | दूर शिक्षा प्रणाली |

**【意味】**主に自宅において、教科書や学習書をもとに自主学習によってレポートを作成、高校に提出し、試験に合格して単位を修得する課程。

## ■ 4-11 部活動・部活

| 英 | club activity | 中 | 课后文体小组活动；课余活动 |
|---|---|---|---|
| ス | actividad de club | ポ | atividades em clubes escolares |
| タ | ekstrakurikular na aktibidad | ネ | क्लव तथा अतिरिक्त कियाकलाप |

**[意味]** 授業以外で、学校の教育活動の一環として、児童・生徒の自主性、主体性を養うために設定された活動とその活動を行うための組織のこと。

## ■ 4-12 三修制

| 英 | part time course enables the students to graduate in 3 years | 中 | 选择性 3 年毕业制度 |
|---|---|---|---|
| ス | sistema para terminar los estudios en 3 años | ポ | sistema de graduação em 3 anos do curso por turnos |
| タ | sistema na maaaring makapagtapos ng 3 taon ang nasa part-time na sistema | ネ | विहान वा दिउसो वा राती मात्र पढाइने विद्यालय तर ३ वर्षमा दिक्षान्त हुन सकिने शिक्षा प्रणाली |

**[意味]** 定時制高校は通常 4 年で卒業するように教育課程が組まれているが、追加の授業を受けたり、校外の単位を修得することによって一定の条件（3 年終了時に 74 単位以上を修得）を満たせば 3 年で卒業できる制度。

## ■ 4-13 入学料・入学金

| 英 | school entrance fee | 中 | 入学金 |
|---|---|---|---|
| ス | costo de la matrícula | ポ | taxa de matrícula |
| タ | bayad sa pagpasok；bayad sa pag-enroll | ネ | विद्यालय भर्ना या प्रवेश शुल्क |

**[意味]** 入学することに対して高校が入学者に課す料金。

## ■ 4-14 授業料

| 英 | tuition（fee） | 中 | 学费 |
|---|---|---|---|
| ス | costo por materias | ポ | mensalidade （anuidade）escolar |
| タ | matrikula | ネ | शैक्षिक शुल्क |

**[意味]** 高校に籍を置き、授業を受けるためにかかる料金。

## ■ 4-15 昼間定時制

| 英 | day part time school | 中 | 上下午分部制 |
|---|---|---|---|
| ス | escuela con turnos de la mañana y de la tarde | ポ | curso por turnos diurnos |
| タ | pang-araw na part- time na sistema | ネ | दिउसो मात्र पढाइने विद्यालय तर ४ पिरियड मात्र पढाइ हुने शिक्षा प्रणाली |

**[意味]** 定時制のうち昼間の時間帯に授業が設定されている学校のことをいう。

## ■ 4-16 多部制定時制

| 英 | multi-course system part time school | 中 | 昼夜分部制 |
|---|---|---|---|
| ス | escuela con tres turnos | ポ | escola com cursos em três turnos |

| タ | maraming bahagi na part- time na sistema | ネ | वह शिक्षा प्रणाली |
|---|---|---|---|

**[意味]** 1 つの学校で、午前、午後、夜間の 3 つの時間帯の定時制を設定している高校のことをいう。

## ■ 4-17　スクーリング

| 英 | schooling；face-to-face class | 中 | 函授制的课堂辅导课 |
|---|---|---|---|
| ス | clase de asistencia | ポ | aula presencial na escola |
| タ | pagpapatnubay na panayam | ネ | स्कूलिङ्ग |

**[意味]** 通信制の課程において、主に学校で行われる面接指導のことをいう。基礎的な学習知識について生徒が指導を受けたり、レポート提出に向けて指導を受けたりするもの。

## ■ 4-18　学力検査

| 英 | academic achievement test | 中 | 学习能力考察；笔试 |
|---|---|---|---|
| ス | examen académico | ポ | exame de conhecimentos（matérias disciplinares） |
| タ | pagsubok ng kakayahan sa akademiko | ネ | शैक्षिक क्षमता परिक्षण |

**[意味]** 入学者選抜において合否判断に使用するため、学校を試験会場として入学志願者に課す学力試験。

## ■ 4-19　普通科

| 英 | comprehensive course；general education program | 中 | 普通学科 |
|---|---|---|---|
| ス | curso normal | ポ | curso regular |
| タ | pangkalahatang kursong departamento | ネ | अनिवार्य तथा नियमित विषय विभाग |

**[意味]** 国語、社会、数学、理科、英語などの共通教科を中心に授業を設定している、最も一般的な学科。

## ■ 4-20　専門学科

| 英 | special subject program | 中 | 专业学科 |
|---|---|---|---|
| ス | curso especializado | ポ | curso de especialização |
| タ | may espesyalisasyon na departamento | ネ | विशेष तथा विज्ञ विषय विभाग |

**[意味]** 多くの教科をまんべんなく学ぶのではなく、1 つの分野に重きを置いて学ぶ学科。

## ■ 4-21　工業科

| 英 | technical program | 中 | 工业学科 |
|---|---|---|---|
| ス | curso técnico | ポ | curso industrial |
| タ | departamento sa industriya | ネ | निर्माण तथा शिप विषय विभाग |

**[意味]** 専門学科のうち、工業に関する専門知識や技術、技能の基礎を学習できるよう授業が設定されている学科。

## ■ 4-22 農業科

| 英 | agricultural program | 中 | 农业学科 |
|---|---|---|---|
| ス | curso de agricultura | ポ | curso de agricultura |
| タ | departamento sa agrikultura | ネ | कृषि विषय विभाग |

**[意味]** 専門学科のうち、主に農業に関する専門知識や技術、技能の基礎を学習できるよう授業が設定されている学科。

## ■ 4-23 商業科

| 英 | commerce program | 中 | 商业学科 |
|---|---|---|---|
| ス | curso de comercio | ポ | curso de comércio |
| タ | departamento sa komersyal | ネ | औद्योगिक विषय विभाग |

**[意味]** 専門学科のうち、商業に関する専門知識や実践的な知識の基礎を学習できるよう授業が設定されている学科。

## ■ 4-24 体育科

| 英 | physical education program | 中 | 运动学科 |
|---|---|---|---|
| ス | curso de educación física | ポ | curso de educação física |
| タ | departamento sa pisikal na edukasyon | ネ | शारीरिक शिक्षा विभाग |

**[意味]** 専門学科のうち、体育・スポーツに関する専門知識や実技の基礎を学習できるよう授業が設定されている学科。

## ■ 4-25 美術科

| 英 | art program | 中 | 美术学科 |
|---|---|---|---|
| ス | curso de arte | ポ | curso de artes |
| タ | departamento sa sining | ネ | कला विभाग |

**[意味]** 専門学科のうち、美術に関する専門知識や技術の基礎を学習し、美術作品の創作活動ができるよう授業が設定されている学科。

## ■ 4-26 水産科

| 英 | fishery course | 中 | 水产学科 |
|---|---|---|---|
| ス | curso de industria pesquera | ポ | curso de indústria pesqueira |
| タ | departamento sa mga produktong pandagat | ネ | माछा व्यवसाय विषय विभाग |

**[意味]** 専門学科のうち、水産業に関する専門知識や技術、技能の基礎を学習し、漁業実習ができるよう授業が設定されている学科。

## ■ 4-27 国際科

| 英 | international course | 中 | 外语学科 |
|---|---|---|---|
| ス | curso de estudios internacionales | ポ | curso de estudos internacionais |
| タ | departamentong pang-internasyunal | ネ | अन्तर्राष्ट्रीय विषय विभाग |

【意味】専門学科のうち、普通科の授業構成を基本にしながら、外国語の習得や国際知識などの学習に重点を置く学科。

## ■ 4-28　総合学科

| 英 | integrated studies program | 中 | 综合学科 |
|---|---|---|---|
| ス | curso de estudios integrales | ポ | curso integrado |
| タ | halu-halong pag-aaral | ネ | समग्र विषय विभाग |

【意味】普通科の科目と専門学科の科目を多様に選択して学べる学科。

## ■ 4-29　学年制

| 英 | academic year system | 中 | 学年制 |
|---|---|---|---|
| ス | sistema por grado | ポ | sistema de divisão por ano letivo |
| タ | gradong sistema | ネ | कक्षागत शैक्षिक प्रणाली |

【意味】学年（1 年・2 年・3 年…）によって、勉強する内容（カリキュラム）の多くが決まっているシステム。

## ■ 4-30　単位制

| 英 | credit system | 中 | 学分制 |
|---|---|---|---|
| ス | sistema de créditos por materia | ポ | sistema de créditos |
| タ | unit na sistema | ネ | विषयगत (क्रेडिट) शैक्षिक प्रणाली |

【意味】卒業までに必要な単位を履修・修得すれば卒業できるシステム。

## ■ 4-31　履修

| 英 | taking a course | 中 | 履修 |
|---|---|---|---|
| ス | tomar el curso ; obtener los créditos | ポ | cursar ; obtenção de créditos |
| タ | kurso | ネ | कोर्समा सामेल हुनु |

【意味】学校において、ある教科・科目の授業を取り、単位修得を目指すこと。あるいは単位を修得すること。

## ■ 4-32　進学

| 英 | entering a higher-level school | 中 | 升学 |
|---|---|---|---|
| ス | ingresar en la escuela superior | ポ | ingressar na escola superior |
| タ | pagpasok sa mas mataas na paaralan | ネ | उच्च शिक्षामा प्रवेश |

【意味】高校卒業後に大学や専門学校へ進むこと。

## ■ 4-33　進路

| 英 | (career) path ; future course | 中 | 毕业后去向 |
|---|---|---|---|
| ス | futuro ; camino a seguir después de la graduación | ポ | caminho a seguir após a formatura |
| タ | pipiliing daan pagkatapos ng pagtatapos | ネ | दिक्षान्त पछिको योजना |

224

**[意味]** 生徒が卒業後に進む道。通常、進学と就職の 2 つをいう。

## ■ 4-34 専門学校

| 英 | vocational school | 中 | 中专；专业学校 |
|---|---|---|---|
| ス | instituto para carreras técnicas y especializadas | ポ | escola profissional |
| タ | bokasyunal na paaralan | ネ | व्यवसायिक विद्यालय |

**[意味]** 専修学校の専門課程（主に高校卒業者を対象にしたもの）をいう。1 年以上の期間で職業に結びつくような実践的な教育を行う。

## ■ 4-35 職業訓練校

| 英 | vocational training school | 中 | 职业培训学校 |
|---|---|---|---|
| ス | escuela vocacional | ポ | escola de treinamento profissional |
| タ | paaralang nagsasanay nang mga bokasyunal | ネ | व्यवसायिक शिक्षा विद्यालय |

**[意味]** 原則として職を求める人を対象に、機械や機器、器具などを備え、それらに関する各種技能を身につけ、就職に結びつける学校。

## ■ 4-36 入学願書

| 英 | entrance application | 中 | 报名表 |
|---|---|---|---|
| ス | solicitud para el ingreso | ポ | solicitação de matrícula |
| タ | aplikasyon para sa pagpasok | ネ | प्रवेश परीक्षा आवेदन फाराम |

**[意味]** 入学希望者が志望校に対し、受験と合格後の入学手続きに必要な情報を記載して入学許可を求める書類。

## ■ 4-37 受検

| 英 | entrance examination | 中 | 参加考试；报考 |
|---|---|---|---|
| ス | examen de admisión | ポ | prestar exame de seleção |
| タ | pagsusulit sa pasukan sa paaralan | ネ | प्रवेश परीक्षा |

**[意味]** 入学者選抜の試験を受けること。一般には「受験」と記すことが多い。

## ■ 4-38 学校見学

| 英 | school tour | 中 | 参观学校 |
|---|---|---|---|
| ス | visita a la escuela | ポ | visita à escola |
| タ | pagbisita sa paaralan | ネ | विद्यालय अवलोकन |

**[意味]** 入学をめざす学校を実際に訪問して、通学可能か、学校の施設はどうか、学校の雰囲気は自分に合っているかなどを確認するもの。

## ■ 4-39 学校説明会

| 英 | school information meeting | 中 | 招生说明会 |
|---|---|---|---|
| ス | información y orientación sobre la escuela | ポ | informação e orientação sobre a escola |

| タ | pabatid ng paaralan | ネ | विद्यालय जानकारी मेला |
|---|---|---|---|

**[意味]** 高校の講堂や体育館などで開催され、高校側から、その学校の方針や授業の特徴、学校生活のアウトライン、かかる経費、受検の方法などが説明されるもの。

## ■ 4-40　体験入学

| 英 | orientation | 中 | 体験校园生活 |
|---|---|---|---|
| ス | un día de prueba escolar | ポ | experimentar a vida escolar por 1 dia ou menos |
| タ | maranasan ang pagpasok sa paaralan | ネ | अनुभवका लागि एक वा आधा दिन विद्यालय भर्ना |

**[意味]** 短期間（1日とか半日程度）、学校生活を体験するもの。

## ■ 4-41　偏差値

| 英 | deviation value | 中 | 偏差值 |
|---|---|---|---|
| ス | valor de desviación [nivel de la escuela o del estudiante] | ポ | valor do desvio padrão |
| タ | pangkalahatang katampatang grado | ネ | विद्यार्थीको शैक्षिक क्षमता |

**[意味]** 学力テストにおける生徒の成績を、受けた全員の点数のばらつきから比較する数値。50を真ん中にして、50以下ならば他の人より相対的に成績が低く、50以上ならば相対的に高いと見る。

## ■ 4-42　調査書・内申書

| 英 | student transcript；school report | 中 | 成绩品行鉴定书 |
|---|---|---|---|
| ス | informe privado sobre el estudiante | ポ | relatório sobre o aluno |
| タ | pribadong ulat ukol sa estudyante | ネ | भर्नाका लागि आवश्यक शैक्षिक प्रमाण पत्र |

**[意味]** 高校の入学者選抜で受検した生徒の合否判断に使用する書類。俗称で「内申書」といわれるもの。その生徒の中学校における各教科の学習評定、中学校での活動や行動の状況などが記載されている。

## ■ 4-43　評点・内申点

| 英 | student transcript score；one's school evaluation | 中 | 学习成绩总评 |
|---|---|---|---|
| ス | calificación；suma de los puntos de la calificación cuantitativa | ポ | soma da avaliação das matérias |
| タ | grado；kabuuang grado | ネ | शैक्षिक प्रमाण पत्रको मूल्याङ्कन प्रक्रिया तथा प्राप्ताङ्क |

**[意味]** 調査書に記載されている各教科における学習評定の点数（通信簿の点数）の合計点。

## ■ 4-44　過去問

| 英 | past exam questions | 中 | 以前的试题 |
|---|---|---|---|
| ス | ejemplos de pruebas anteriores；exámenes pasados | ポ | questionários das provas anteriores |
| タ | mga nakaraang tanong sa pagsusulit | ネ | विगतका प्रश्नहरू |

**[意味]** 過去に出題された入試の試験問題のことをいう。

## ■ 4-45　進学校

| 英 | high-ranked school | 中 | 升学率高的学校；尖子校 |
|---|---|---|---|
| ス | escuela de nivel alto | ポ | colégio de alta qualidade de ensino |
| タ | papasukang senior high school o kolehiyo | ネ | उच्च स्तरीय विद्यालय |

**[意味]** 難易度の高い大学に多くの卒業生が入学している学力レベルの高い高校のことをいう。

## ■ 4-46　中堅校

| 英 | middle-ranked school | 中 | 教学质量较好的学校 |
|---|---|---|---|
| ス | escuela de nivel medio | ポ | colégio de qualidade média de ensino |
| タ | pang-gitnaang antas na paaralan | ネ | मध्यम स्तरीय विद्यालय |

**[意味]** 学力レベルが進学校ほど高くないが、低くもない、中間的な高校のことをいう。

## ■ 4-47　三者面談

| 英 | parent, student and teacher meeting | 中 | 三方面谈 |
|---|---|---|---|
| ス | reunión entre profesor, tutor y estudiante | ポ | entrevista com aluno, pais e professor |
| タ | pakikipag-usap sa guro kasama ang estudyante | ネ | अभिभावक, विद्यार्थि र शिक्षकको मिटिङ |

**[意味]** 三者とは、生徒、保護者、教員のこと。この三者で学校生活や進学、就職などに関し、生徒・保護者の意向（希望）、課題などを確認し、今後の方針などを相談するもの。

## ■ 4-48　生徒募集

| 英 | student recruitment | 中 | 招生 |
|---|---|---|---|
| ス | convocatoria de alumnos | ポ | abertura de vagas aos estudantes |
| タ | nangangalap nang mga bagong estudyante | ネ | विद्यार्थि भर्ना सवन्धि सुचना |

**[意味]** 学校に入学する生徒を募集すること。

## ■ 4-49　面接試験

| 英 | interview test | 中 | 面试 |
|---|---|---|---|
| ス | entrevista；examen oral | ポ | (exame por) entrevista |
| タ | panayam na pagsubok | ネ | अन्तरवार्ता |

**[意味]** 入学者選抜において合否判断に使用するため、入学志願者を対象に、一人ずつ学校の教員が短時間、対面で質問し、その対応状況を見るもの。

## ■ 4-50　作文

| 英 | composition | 中 | 作文（课） |
|---|---|---|---|
| ス | composición；redacción | ポ | redação；composição |
| タ | komposisyon | ネ | निवन्ध लेखाइ |

**[意味]** 自分の意見や感想を一定の長さの文章で表現したもの。

## ■ 4-51　外国人等特別募集

| 英 | special admission for foreign students | 中 | 外籍特別名額招生；特招名額 |
| --- | --- | --- | --- |
| ス | convocatoria especial para alumnos extranjeros | ポ | vagas especiais destinadas aos estudantes estrangeiros（residentes na província） |
| タ | espesyal na admisyon sa mga dayuhang estudyante | ネ | विदेशि विद्यार्थि भर्ना संबन्धि विशेष सुचना |

**[意味]** 生徒募集の形態の 1 つ。一般募集より少ない教科での学力検査や問題文の漢字ルビふりなどの措置が講じられているものである。名称が各都道府県によって異なる。

## ■ 4-52　二次募集

| 英 | second round of admission；second phase of application period | 中 | 空額補招 |
| --- | --- | --- | --- |
| ス | segunda convocatoria | ポ | segunda abertura de vagas |
| タ | pangalawang admisyon | ネ | दोस्रो पटक विद्यार्थि भर्ना संबन्धि सुचना |

**[意味]** 生徒募集を締め切り、入学者選抜を行った後に、入学予定者が募集定員に満たなかった場合、その学校が再度、生徒募集を行うこと。

## ■ 4-53　学区

| 英 | school district | 中 | 学区 |
| --- | --- | --- | --- |
| ス | zona escolar según el distrito | ポ | distrito escolar |
| タ | distrito ng paaralan | ネ | विद्यालय क्षेत्र |

**[意味]** 入学希望者の居住地（住所）によって志願できる高校が決められている通学区域の指定制度。

## ■ 4-54　都道府県外居住者からの入学志願資格承認申請

| 英 | application for entrance qualification approval from outside the prefecture | 中 | 都道府县（学区）外居民的报名资格确认申请 |
| --- | --- | --- | --- |
| ス | solicitud de admisión y certificación de los estudiantes que vendrán de otras prefecturas | ポ | solicitação de reconhecimento da qualificação para prestar o exame, das pessoas que moram fora da província |
| タ | katunayan mula sa tinirhang lugar sa labas ng prepektura para makapag-apply ng papasukang paaralan | ネ | आफ्नो प्रिफेक्चर बाहिर भर्नाको लागि स्विकृत संबन्धि आवेदन |

**[意味]** 保護者の転勤などで他の都道府県の中学校を卒業して、その都道府県に転居してくる家庭の生徒に、その都道府県の高校が入学を認める手続き。

## ■ 4-55　編入学

| 英 | transferring school | 中 | 插班 |
| --- | --- | --- | --- |
| ス | transferencia de escuela | ポ | transferência escolar |
| タ | pagpalit nang mga pag-aaralan | ネ | विद्यालय सरुवा या परिवर्तन |

**[意味]** 海外の学校に通学している者が帰国し、都道府県内に住む場合や、中途退学者で再度入

学して学業を継続したいと願う者の入学をいう。

### ■ 4-56 志願変更

| 英 | change of applying high school | 中 | 変更志願 |
|---|---|---|---|
| ス | cambio de aplicación de la escuela postulada | ポ | alteração do colégio escolhido（para fazer o exame de seleção) |
| タ | baguhin ang nais pasukang paaralan | ネ | इच्छित विद्यालय परिवर्तन का लागि आवेदन |

**[意味]** ある学校に、いったん入学願書を提出した後、志望校を変更し願書を異なる学校に提出すること。

### ■ 4-57 併願

| 英 | applying to two high schools | 中 | 并列报考；同时报考 |
|---|---|---|---|
| ス | postular para dos escuelas | ポ | inscrição para dois colégios |
| タ | pinagsamang aplikasyon para sa dalawang paaralan | ネ | २ वटा विद्यालयमा भर्ना का लागि आवेदन |

**[意味]** 入学志願者が2つの学校に願書を出すこと。通常、第1志望の公立高校とそれより難易度の低い私立高校の2つに願書を出す。

### ■ 4-58 受検方法の特例

| 英 | method of entrance test for students in special case | 中 | 特例照顾考试方法 |
|---|---|---|---|
| ス | método de examen en casos particulares | ポ | as medidas especiais no exame |
| タ | espesyal na pamamaraan sa pagkuha ng pagsusulit | ネ | भर्ना का लागि विशेष व्यवस्था |

**[意味]** 学習に関する能力と意欲は有するが、日本語が不自由であったり、障害があったりするなどで通常の受検方法では合格が難しい入学志願者を対象に、受検方法に何らかの配慮を加えるもの。

### ■ 4-59 追検査

| 英 | additional examination | 中 | 补考 |
|---|---|---|---|
| ス | examen adicional de admisión complementario | ポ | exame suplementar |
| タ | karagdagang pagsusulit | ネ | थप परीक्षा (विशेष कारणले परीक्षा छुटेका लागि) |

**[意味]** インフルエンザにかかるなど、やむをえない事情により学力検査を受検できなかった志願者の中で、希望する者を対象に行う検査。

### ■ 4-60 入学式

| 英 | entrance ceremony | 中 | 入学典礼 |
|---|---|---|---|
| ス | ceremonia de entrada | ポ | cerimônia de abertura das aulas. |
| タ | seremonya sa pagpasok sa paaralan | ネ | नयाँ विद्यार्थीको स्वागत समारोह |

**[意味]** 入学時に校長が新入生に対して入学を許可し、そのお祝いをする式典。校長からの式辞（お話）や、新入生代表の言葉、校歌斉唱などが行われる。

### ■ 4-61　口座振替

| 英 | account transfer；direct debit | 中 | 账户转账 |
|---|---|---|---|
| ス | pago por transferencia bancaria | ポ | débito da conta bancária |
| タ | direktang pagkaltas sa account | ネ | खाता बाट अटोमेटिक द्रान्सफर |

**[意味]** 保護者の金融機関口座から学校に関する費用が自動的に学校の口座に支払われるもの。

### ■ 4-62　誓約書

| 英 | written pledge | 中 | 承诺誓约书 |
|---|---|---|---|
| ス | compromiso por escrito | ポ | promessa escrita；compromisso escrito |
| タ | isusulat ang pangakong hindi na uulit | ネ | वाचा तथा वचन पत्र या तमशुक |

**[意味]** 誓い、約束したことを文書にしたもの。

### ■ 4-63　保証人

| 英 | guarantor | 中 | 入学保人 |
|---|---|---|---|
| ス | garante | ポ | fiador |
| タ | tagapaggarantiya | ネ | ग्यारेन्टर |

**[意味]** 保護者以外で、生徒の行為や学校に支払うべき経費に対して責任をとることを保証する者。

## (3) 第 5 章「高校の経費と支援制度」掲載用語

### ■ 5-1　受検料

| 英 | entrance examination fee | 中 | 报名费 |
|---|---|---|---|
| ス | costo por derechos de examen | ポ | taxa de exame |
| タ | bayad sa pagsusulit | ネ | प्रवेश परीक्षा शुल्क |

**[意味]** 公立高校の入学者選抜を受検するためにかかる料金。

### ■ 5-2　制服代

| 英 | school uniform fee | 中 | 学生制服费 |
|---|---|---|---|
| ス | costo del uniforme escolar | ポ | despesa com uniforme escolar |
| タ | bayad sa uniporme | ネ | विद्यालय पोशाक शुल्क |

**[意味]** 高校で指定された制服や標準服を購入する代金。

### ■ 5-3　体育着代

| 英 | physical education wear fee | 中 | 运动服费 |
|---|---|---|---|
| ス | costo del uniforme de educación física | ポ | despesa com uniforme de educação física |
| タ | bayad sa uniporme ng pisikal na edukasyon | ネ | शारीरिक शिक्षा पोशाक शुल्क |

**[意味]** 各学校で指定した、運動など体育の授業に使用する服の代金。

### ■ 5-4 教科書

| 英 | text book | 中 | 教科书；课本 |
|---|---|---|---|
| ス | libro de texto | ポ | livro didático |
| タ | aklat sa pag-aaral | ネ | पाठ्यपुस्तक शुल्क |

**[意味]** 各教科の授業で使用するために編集出版された学習書で、文部科学省の検定を経たもの。

### ■ 5-5 副読本

| 英 | sub textbook | 中 | 参考书 |
|---|---|---|---|
| ス | lectura complementaria | ポ | livro suplementar |
| タ | karagdagang aklat | ネ | अन्य पाठ्यपुस्तक शुल्क |

**[意味]** 教科書に関連した内容が記載された冊子や書籍のうち、授業で補助的に活用するもの。

### ■ 5-6 補助教材

| 英 | teaching aid material | 中 | 辅助学习材料练习册 |
|---|---|---|---|
| ス | material auxiliar escolar | ポ | material didático suplementar |
| タ | pantulong na mga materyales sa pag-aaral | ネ | सहयोगी शैक्षिक सामाग्री |

**[意味]** 授業では、副読本のほか、地図帳や練習用ワークシートといった冊子やペーパー類を使って行うことがある。副読本を含めて、これらの総称を補助教材という。

### ■ 5-7 学年費

| 英 | miscellaneous fee | 中 | 学杂费 |
|---|---|---|---|
| ス | cuota por grado escolar | ポ | despesa escolar por série（ano） |
| タ | bayad bawat taon para sa mga gamit sa pag-aaral | ネ | कक्षागत अन्य शुल्क |

**[意味]** 実習費、校外活動経費、災害備蓄品費、運動会や文化祭などの学校行事にかかる諸費など1年分の経費を、学年の開始時点でまとめて集めるもの。

### ■ 5-8 PTA 会費

| 英 | PTA membership fee | 中 | PTA（家长协会）会费 |
|---|---|---|---|
| ス | cuota para la asociación de tutores apoderados y maestros | ポ | Cota（taxa）de PTA PTA= Associação de Pais e Mestres |
| タ | bayad sa PTA | ネ | PTAसदस्य शुल्क |

**[意味]** PTA は学校における保護者と教員とで構成する組織。PTA 会費は、生徒の活動のサポートや保護者の PTA 活動のために構成員の保護者から集めるもの。

### ■ 5-9 修学旅行

| 英 | school excursion；school trip | 中 | 修学旅行 |
|---|---|---|---|
| ス | viaje escolar | ポ | escursão escolar |
| タ | paglalakbay | ネ | शैक्षिक भ्रमण |

**[意味]** その学年の生徒全員が参加する、宿泊を伴うような遠方に出かける研修旅行のこと。

## ■ 5-10　積立金 (つみたてきん)

| 英 | reserved fund | 中 | 专款积金 |
|---|---|---|---|
| ス | depósito de reserva（para viaje escolar） | ポ | poupança（para viagem escolar） |
| タ | magdedeposito ng paunti-unti hanggang mabuo kung magkano ang kailangang bayarang pera. | ネ | किस्तावन्दीमा जम्मा गरिएको रकम |

**[意味]** 修学旅行の費用など、多額のお金がいっぺんに必要となる場合に備え、保護者の負担を分散するため、あらかじめ分割してお金を集め、貯めておくもの。

## ■ 5-11　上靴代 (うわぐつだい)

| 英 | indoor shoes fee | 中 | 室内鞋费 |
|---|---|---|---|
| ス | costo de las zapatillas escolares | ポ | despesa com calçado para usar dentro da escola |
| タ | bayad sa sapatos para sa loob ng paaralan | ネ | विद्यालय भित्र लगाउने जुत्ता शुल्क |

**[意味]** 校舎内専用靴の購入代金。

## ■ 5-12　体育館シューズ代 (たいいくかん　だい)

| 英 | gymnasium shoes fee | 中 | 体育馆内运动鞋费 |
|---|---|---|---|
| ス | costo de las zapatillas de gimnasia | ポ | despesa com tênis para ginásio |
| タ | bayad sa sapatos para sa gymnasium | ネ | व्यायामशालामा लगाउने जुत्ता शुल्क |

**[意味]** 体育館で運動をする場合などに使用する靴の代金。

## ■ 5-13　運動会・体育祭 (うんどうかい・たいいくさい)

| 英 | sports festival；sports day | 中 | 运动会 |
|---|---|---|---|
| ス | festival deportivo；evento deportivo | ポ | festival esportivo na escola；gincana esportiva |
| タ | pagdiriwang sa isport；araw ng isport | ネ | खेलकूद दिवस तथा शारिरिक शिक्षा समारोह |

**[意味]** 保護者などに対して、日頃の体育、運動の成果を披露することを目的に、全校生徒が参加して、年1回、行う学校行事。

## ■ 5-14　文化祭 (ぶんかさい)

| 英 | culture festival；school festival | 中 | 文化节活动 |
|---|---|---|---|
| ス | festival cultural | ポ | festival cultural na escola |
| タ | pang-kulturang pagdiriwang | ネ | सांस्कृतिक समारोह |

**[意味]** 外部の人たちに向けて、美術や音楽、演劇、研究活動などの成果を披露することを目的に、全校生徒が参加して、年1回行う学校行事。

## ■ 5-15　生徒会 (せいとかい)

| 英 | student council fee | 中 | 学生会 |
|---|---|---|---|
| ス | asociación de alumnos | ポ | associação de alunos |
| タ | konseho ng estudyante | ネ | विद्यार्थी समिति |

**[意味]** 学校生活の中で問題点や改善すべき点を、全校生徒が教員の力を借りずに自ら話し合い、

232

解決・改善する組織。

## ■ 5-16 委員会活動

| 英 | school committee activity | 中 | 委员会活动；班委会活动 |
|---|---|---|---|
| ス | actividad de comité escolar | ポ | atividades de comissões escolares |
| タ | komite nang mga aktibidad | ネ | कार्य समिति कियाकलाप |

**[意味]** 学校運営に関して、生徒が自主的に担当できる分野において、委員会というグループ組織をつくり、生徒主体の活動を展開するもの。

## ■ 5-17 引き落とし

| 英 | automatic withdrawal | 中 | 转账提款 |
|---|---|---|---|
| ス | pago por retiro de la transferencia bancaria | ポ | débito da conta bancária |
| タ | pagkaltas sa account | ネ | खाता वाट अटोमेटिक निकाल्ने |

**[意味]** 口座振替（4-61）と同じ意味。保護者の金融機関口座から学校に関する費用が自動的に学校の口座に支払われるもの。

## ■ 5-18 督促状

| 英 | reminder | 中 | 催款通知 |
|---|---|---|---|
| ス | carta de advertencia | ポ | carta de advertência |
| タ | liham para maningil | ネ | रकम दाखिला गर्नका लागि ताकेता पत्र |

**[意味]** 授業料など学校に関する費用を払う義務のある者が、その支払いをしない場合や滞った場合に、支払いを催促するために支払い義務者に出す文書。

## ■ 5-19 受検料及び入学料の減免制度

| 英 | deduction or exemption of entrance exam fee and entrance fee | 中 | 报名费及入学金的减免制度 |
|---|---|---|---|
| ス | sistema de reducción o exención de los derechos de examen y de la matrícula | ポ | sistema de redução ou isenção da taxa do exame seleção e de matrícula |
| タ | sistema ng pagbawas o pagkalibre sa matrikula at entrance fee. | ネ | प्रवेश परीक्षा या प्रवेश शुल्क केहि अंश छुट सम्बन्धि व्यवस्था |

**[意味]** 経済的な理由で受検料や入学料の支払いが困難な者に対して、その一部または全部を減額する制度。

## ■ 5-20 高等学校等就学支援金

| 英 | high school tuition support fund | 中 | 高中等就学援助金 |
|---|---|---|---|
| ス | subsidio escolar para el pago de materias para la secundaria superior | ポ | subsídio escolar para mensalidade do colégio |
| タ | tulong pinansiyal sa matrikula sa senior high school at iba pa | ネ | माध्यमिक विद्यालय शैक्षिक शुल्क सहयोग रकम |

**[意味]** 高校授業料の支払いにあてるため、年収が約910万円以下の家庭に支給されるお金。

## ■ 5-21　区市町村民税所得割

| | | | |
|---|---|---|---|
| 英 | income basis tax of municipal residence tax；income-based levy of municipal inhabitant tax | 中 | 区市町村民税所得比 |
| ス | impuesto municipal a la renta | ポ | imposto residencial proporcional à renda cobrado pelo governo local |
| タ | porsiyento ng sahod sa buwis ng residente ng munisipalidad | ネ | स्थानिय आय कर |

**[意味]** 前年の所得に応じて区市町村から課税される住民税の 1 つ。所得が多くなれば所得割の税額も多くなる。

## ■ 5-22　高校生等奨学給付金

| | | | |
|---|---|---|---|
| 英 | high school supplemental scholarship fund | 中 | 高中生等助学补贴 |
| ス | subsidio escolar para los gastos diversos de los alumnos de la secundaria superior | ポ | subsídio escolar para despesas escolares |
| タ | benepisyo ng scholarship sa senior high school | ネ | माध्यमिक विद्यार्थीका लागि छात्रवृत्ति |

**[意味]** 高校生がいる生活保護世帯と非課税世帯を対象に、授業料以外の教育費にあてるためにお金が支給される制度。

## ■ 5-23　生活保護

| | | | |
|---|---|---|---|
| 英 | social welfare | 中 | 生活保护；低保 |
| ス | asistencia pública de bienestar | ポ | subsídio para sustento；auxílio do governo |
| タ | tinutulungan ng gobyerno sa pamumuhay | ネ | समाज कल्याण सहयोग प्राप्त परिवार |

**[意味]** 世帯の所得（全員合計）や財産が少なく、親族などの援助も見込めない場合、生活費や家賃、学用品費、医療費などにあてる費用が支給されることによって最低限度の生活を保障する制度。

## ■ 5-24　非課税証明書

| | | | |
|---|---|---|---|
| 英 | tax exemption certificate | 中 | 非课税证明 |
| ス | certificado de exención de impuesto | ポ | certificado de isenção de imposto |
| タ | sertipiko na hindi saklaw magbayad ng buwis | ネ | कर नलाग्ने प्रमाण पत्र |

**[意味]** 都道府県民税・区市町村民税が非課税であることを証明する書類。

## ■ 5-25　奨学金

| | | | |
|---|---|---|---|
| 英 | scholarship | 中 | 助学贷款 |
| ス | beca ; bolsa de estudios | ポ | bolsa de estudo；empréstimo para estudo |
| タ | scholarship | ネ | छात्रवृत्ति |

**[意味]** 経済的な理由や家庭の事情から進学や在学が厳しい生徒・学生を対象に、学業に必要なお金を毎月給付あるいは貸与するもの。

## (4) 第6章「公立高校の教育内容と学校生活」掲載用語

### ■ 6-1 教育課程

| 英 | school curriculum | 中 | 教学课程 |
|---|---|---|---|
| ス | plan de estudios ; currículo escolar | ポ | programa de estudos ; currículo escolar |
| タ | kurikulum | ネ | पाठ्यक्रम |

**[意味]** 各高校が、教育目標を達成するため、生徒の実態や発達段階に応じ、有効な方策を盛り込んだ学校教育計画を作成している。その中で学習指導に当たる部分を構成するのが教育課程。

### ■ 6-2 教科

| 英 | school subject | 中 | 课程门类 ; 科目 |
|---|---|---|---|
| ス | asignatura | ポ | matéria |
| タ | asignatura | ネ | विषय |

**[意味]** 学校教育において、学ぶべき知識のひとまとまりのもの。国語、数学、物理、歴史などをいう。

### ■ 6-3 ホームルーム

| 英 | class activity ; homeroom activity | 中 | 班会 |
|---|---|---|---|
| ス | reunión de la clase con el tutor ; actividad de la clase | ポ | reunião, atividades de uma classe |
| タ | homeroom | ネ | होम रुम(कक्षागत निर्देशन भेला) |

**[意味]** 児童・生徒が所属するクラスの教室の意味だが、その教室でクラス全員に対して担任の教員が行う指導や児童・生徒が行う活動のことを指す場合が多い。

### ■ 6-4 3学期制

| 英 | trimester system | 中 | 一年分三个学期 |
|---|---|---|---|
| ス | sistema trimestral | ポ | sistema de estudo em 3 trimestres |
| タ | 3 semestre na sistema | ネ | ३ सेमेष्टर प्रणाली |

**[意味]** 1年間を3つの学期に分けて授業を行い、その間の成績評価を行っていくもの。

### ■ 6-5 2学期制・2期制

| 英 | semester system | 中 | 一年分两个学期 |
|---|---|---|---|
| ス | sistema bimestral | ポ | sistema de estudo em 2 semestres |
| タ | 2 semestre na sistema ; 2 terminong sistema | ネ | २ सेमेष्टर प्रणाली |

**[意味]** 1年間を2つの学期（4月～9月と10月～3月）に分けて授業を行い、その間の成績評価を行っていくもの。

### ■ 6-6 半期単位認定制・セメスター制

| 英 | semester completed with credit system | 中 | 以半年为单位定学分 |
|---|---|---|---|
| ス | sistema de crédito semestral | ポ | sistema semestral |
| タ | semester na sistema ; semestreng sistema | ネ | आधा सेमेष्टर क्रेडिट तथा सेमेष्टर प्रणाली |

【意味】1 年の半分の期間で科目（単位）が終わり、単位が取れる制度。

## ■ 6-7 現代文

| 英 | modern literature | 中 | 现代语文 |
|---|---|---|---|
| ス | literatura moderna | ポ | literatura japonesa contemporânea |
| タ | mga modernong panitikan；mga modernong literatura | ネ | आधुनिक साहित्य |

【意味】国語の科目のうちの 1 つ。現在の文体で書かれた書物を材料に、論理の展開や文章の解釈能力、日本語の表現力などを磨くもの。

## ■ 6-8 公民

| 英 | civics | 中 | 公民 |
|---|---|---|---|
| ス | educación cívica | ポ | educação cívica |
| タ | sibiko | ネ | नागरिक शिक्षा |

【意味】高校の教科のうちの 1 つ。政治や経済のしくみ、現代の社会制度、倫理（宗教や哲学の歴史や基本的な考え方、生命・環境・家族をめぐる課題など）を学ぶもの。

## ■ 6-9 保健体育

| 英 | health and physical education | 中 | 生理保健［保健の授業］；体育运动［体育の授業］ |
|---|---|---|---|
| ス | educación de la salud y educación física | ポ | educação física e sobre saúde |
| タ | kalusugan at pisikal na edukasyon | ネ | स्वास्थ्य तथा शारीरिक शिक्षा |

【意味】高校の教科のうちの 1 つ。保健に関する授業と、各種の運動・スポーツを行う授業の 2 科目に分かれる。

## ■ 6-10 情報

| 英 | computer science | 中 | 信息处理 |
|---|---|---|---|
| ス | estudios informáticos | ポ | IT；tecnologia da informação |
| タ | agham ng impormasyon；IT | ネ | सूचना प्रविधि शिक्षा |

【意味】高校の教科のうちの 1 つ。文章作成や表計算ソフトの基本操作、インターネットなどの情報に関する知識や考え方、それらの活用方法などについて学ぶもの。

## ■ 6-11 総合的な学習の時間・総合

| 英 | class of integrated studies | 中 | 综合学习 |
|---|---|---|---|
| ス | clase de estudios integrales | ポ | estudo integrado；aprendizado ativo sobre diversos temas |
| タ | oras para sa pangkalahatang pag-aaral | ネ | समग्र तथा समन्वयात्मक शिक्षाको समय |

【意味】高校の教科のうちの 1 つ。将来の進路に関係した学習をしたり、生徒に何らかの課題を設定させ、自ら調べ、体験し、行動して、それを発表させたりするもの。

■ 6-12 古文（こぶん）

| 英 | Japanese classical literature | 中 | 日本古文 |
|---|---|---|---|
| ス | literatura clásica japonesa | ポ | literatura clássica japonesa |
| タ | sinaunang panitikan；sinaunang literatura | ネ | पौराणिक साहित्य |

**[意味]** 主に平安時代から江戸時代の間に書かれた書物。その当時の文章の意味や展開、作者の意図を読み取ることを学ぶため、古典の授業で使用されている。

■ 6-13 漢文（かんぶん）

| 英 | Chinese classical literature | 中 | 古汉语 |
|---|---|---|---|
| ス | literatura clásica china | ポ | composição literária escrita em chinês |
| タ | literaturang Intsik；panitikang Intsik | ネ | चाइनिज साहित्य |

**[意味]** 主に中国の古典書など。その当時の文章の意味や展開、作者の意図を読み取ることを学ぶため、古典の授業で使用されている。

■ 6-14 道徳（どうとく）

| 英 | moral | 中 | 道德 |
|---|---|---|---|
| ス | educación moral | ポ | educação moral |
| タ | asal；ugali；kabutihang asal | ネ | नैतिक शिक्षा |

**[意味]** 生命を大切にする心や他人を思いやる心を養うことを目的とした授業。

■ 6-15 長文読解（ちょうぶんどっかい）

| 英 | long passage reading | 中 | 长篇文章解读 |
|---|---|---|---|
| ス | comprensión de lectura larga | ポ | leitura e compreensão de texto longo |
| タ | pagbabasa ng mahabang pangungusap | ネ | लामो वाक्य तथा लेख पढ्ने र बुझ्ने |

**[意味]** 長い文章を読んで、その論理展開や文章の意味、作者の主張を読み取るもの。

■ 6-16 実験（じっけん）

| 英 | experiment | 中 | 实验 |
|---|---|---|---|
| ス | experimento | ポ | experimento |
| タ | eksperimento | ネ | अनुभव |

**[意味]** 授業の中で、道具を使い、実際に科学現象などを発生させ、それを観察して科学的な原理などの知識を身につけるもの。

■ 6-17 校外学習（こうがいがくしゅう）

| 英 | extra-curricular study | 中 | 校外学习 |
|---|---|---|---|
| ス | clase extraescolar | ポ | estudo（aula）fora da escola |
| タ | pag-aaral sa labas ng paaralan | ネ | अतिरिक्त क्रियाकलाप |

**[意味]** 授業の一環として、学校の外に出かけ、実際のものを見聞きして、学ぶもの。

## ■ 6-18　プログラミング教育

| 英 | programming education | 中 | 电脑程序基础教育 |
|---|---|---|---|
| ス | educación de programación | ポ | estudo de programação |
| タ | edukasyon sa programming | ネ | प्रोग्रामिङ शिक्षा |

**[意味]** コンピュータを動かすプログラムのしくみや作り方を学ぶ教育。

## ■ 6-19　必履修科目

| 英 | compulsory subject | 中 | 必须履修的科目；必修课 |
|---|---|---|---|
| ス | materia obligatoria | ポ | matéria obrigatória da escola |
| タ | kinakailangang asignatura sa kurso；kompulsaryong asignatura | ネ | अनिवार्य विषय |

**[意味]** 進級や卒業のために必ず単位を取らなくてはいけない科目。

## ■ 6-20　選択科目

| 英 | elective subject | 中 | 选修科目；选修课 |
|---|---|---|---|
| ス | materia opcional | ポ | matéria facultativa；matéria opcional |
| タ | opsyonal na asignatura；karagdagang asignatura | ネ | ऐच्छिक विषय |

**[意味]** 必履修科目以外で生徒の関心や進路選択上の必要性によって選べる科目。

## ■ 6-21　履修ガイダンス

| 英 | course selection orientation；course selection guidance | 中 | 课程选修指南 |
|---|---|---|---|
| ス | orientación sobre la inscripción de materias | ポ | orientação sobre a escolha das matérias |
| タ | gabay ng kurso | ネ | विषय छनौट सम्बन्धि गाइड |

**[意味]** 通常、学年が始まる前に、必履修科目や選択科目、進級や卒業に必要な単位数などについて、学校側が設ける説明の場をいう。

## ■ 6-22　時間割

| 英 | class schedule | 中 | 课表 |
|---|---|---|---|
| ス | horario escolar | ポ | horário escolar |
| タ | talakdaan；iskedyul | ネ | कक्षागत कार्यतालिका (रुटिङ्ग) |

**[意味]** 1週間の授業のスケジュール、またはそれが書かれた表のこと。

## ■ 6-23　取り出し指導

| 英 | intensive language instruction outside a classroom | 中 | 上小课 |
|---|---|---|---|
| ス | clase particular | ポ | sair da classe para estudar em outra sala |
| タ | tuturuan sa ibang silid；ihihiwalay sa klase | ネ | अलग कक्षा कोठामा सिकाइ |

**[意味]** ある特定の授業の時間にクラスの授業から離れ、別の教室で個別に指導を受けること。

## ■ 6-24　入り込み指導

| 英 | language assist in a classroom | 中 | 课堂内个别辅导 |
|---|---|---|---|
| ス | asistencia personal en la clase normal | ポ | orientação individual ao aluno durante uma aula |
| タ | patnubay na pagtuturo | ネ | विशेष सहयोगी वाट सिकाइ |

**[意味]** 授業を受け持つ教員以外の者（母語を話せる支援者など）が、対象生徒の横で小声でヒントを与えるなど授業の補助をするもの。

## ■ 6-25　補習

| 英 | supplementary class | 中 | 补习 |
|---|---|---|---|
| ス | clase suplementaria | ポ | aulas suplementares |
| タ | pandagdag na klase ; karagdagang klase | ネ | अतिरिक्त सिकाइ |

**[意味]** 授業時間外に授業を補完するために学校内において、教員の指導のもとで行う学習。

## ■ 6-26　学級担任

| 英 | homeroom teacher | 中 | 班主任 |
|---|---|---|---|
| ス | profesor encargado de la clase ; tutor | ポ | professor responsável por uma classe |
| タ | guro sa silid-aralan ; guro ng klase | ネ | कक्षा शिक्षक |

**[意味]** あるクラス（学級）の担当教員のこと。

## ■ 6-27　学年主任

| 英 | teacher in charge of the grade | 中 | 年级主任 |
|---|---|---|---|
| ス | profesor encargado del grado | ポ | professor responsável por uma série |
| タ | pinuno ng antas ; pinunong guro ng antas | ネ | कक्षागत शिक्षक |

**[意味]** 各学年に1人配置されている。その学年の指導方針を考えたり、各クラス担任教員のとりまとめを行ったり、ほかの学年との調整などを行う教員。

## ■ 6-28　生徒指導担当教員

| 英 | teacher in charge of the student guidance | 中 | 纪律指导教师 |
|---|---|---|---|
| ス | profesor encargado de la orientación de los alumnos | ポ | professor responsável pela (encarregado da) orientação do aluno |
| タ | kawani ng paaralan na nagbibigay gabay sa mga mag-aaral | ネ | विद्यार्थि निर्देशन शिक्षक |

**[意味]** 学校の中で、全教員に生徒指導を働きかけ、学校全体の生徒指導の状況や課題を把握し、校長などの管理職に報告、相談する担当教員。

## ■ 6-29　教育相談コーディネーター

| 英 | educational consultation coordinator | 中 | 教育咨询协调员 |
|---|---|---|---|
| ス | coordinador de consultas educacionales | ポ | coordenador da consulta educacional |
| タ | tagapag-ugnay ng konsultasyon ukol sa edukasyon | ネ | शैक्षिक परामर्श कोर्डिनेटर |

**[意味]** 学校の中で、問題や悩み、困り事をかかえている児童・生徒とその保護者を支援する役目を担う教員。

### ■ 6-30　養護教諭・養教

| 英 | school nurse | 中 | 学校卫生教员 |
|---|---|---|---|
| ス | profesor de la enfermería | ポ | funcionário de enfermaria na escola |
| タ | guro sa pangangalaga ; nars ng paaralan | ネ | विद्यालय नर्स |

**[意味]** 保健室に常駐して、生徒の健康診断計画や施設の衛生面の検査計画を立てたり、児童・生徒のけがや病気の際の応急手当に関わったりする。略して「養教」ということもある。

### ■ 6-31　スクール・ソーシャルワーカー

| 英 | school social worker | 中 | 学校社工 |
|---|---|---|---|
| ス | asistente social escolar | ポ | assistente social na escola |
| タ | social worker ng paaralan | ネ | विद्यालय सामाजिक कार्यकर्ता |

**[意味]** 学校で教員と協力し、何らかの理由で困っている児童・生徒とその保護者を対象に、ソーシャルワークの専門家としてケースワークを行う職員。

### ■ 6-32　児童相談所・児相

| 英 | child consultation center | 中 | 儿童相谈所 ; 儿童保护中心 |
|---|---|---|---|
| ス | centro de ayuda social a menores | ポ | centro de consulta sobre crianças |
| タ | sentro para sa konsultasyon ukol sa bata | ネ | बालबालिका परामर्श केन्द्र |

**[意味]** 問題をかかえた子どもの支援を担当する行政機関。

### ■ 6-33　スクール・カウンセラー

| 英 | school counselor | 中 | 校园心理咨询师 |
|---|---|---|---|
| ス | psicólogo escolar | ポ | conselheiro escolar ; psicólogo na escola |
| タ | tagapagbigay payo | ネ | विद्यालय परामर्शदाता |

**[意味]** 臨床心理士の資格を有する職員。主に心理面で支援が必要な児童・生徒に対し、学校でカウンセリングを行う。

### ■ 6-34　日本語指導支援員

| 英 | Japanese teaching instructor | 中 | 日语辅导员 |
|---|---|---|---|
| ス | profesor del idioma japonés ; instructor del idioma japonés | ポ | instructor de língua japonesa |
| タ | tagapagturo sa wikang hapon | ネ | जापानिज भाषा सहयोग शिक्षक |

**[意味]** 日本語が十分でない外国につながる児童・生徒に対して、授業中に教室などで日本語を教えたり、教科の学習を支援したりする職員またはボランティア。

### ■ 6-35　母語支援員

| 英 | native language assisting instructor | 中 | 母语辅导员 |
|---|---|---|---|

| ス | asistente del idioma materno | ポ | instructor que assiste em uma língua materna |
|---|---|---|---|
| タ | tagapagturo ng sariling wika | ネ | मातृभाषा सहयोग शिक्षक |

**[意味]** 日本語が十分でない外国につながる児童・生徒に対して、授業中に教室の中で、母語を交えて教科の学習を支援したりする職員またはボランティア。

## ■ 6-36 教育センター教育相談窓口

| 英 | education center division of educational consultation | 中 | 教育中心教育咨询窗口 |
|---|---|---|---|
| ス | sección de consulta educacional del centro educativo | ポ | seção de consulta educacional no centro de educação |
| タ | sentro sa edukasyon, konsultasyon ukol sa edukasyon | ネ | शिक्षा केन्द्र तथा शैक्षिक परामर्श केन्द्र |

**[意味]** 不登校や引きこもりなど、学校や家庭における教育に関するさまざまな悩み事や、障害に関することなどを、来所で、あるいは電話で相談できる教育委員会の組織の1つ。

## ■ 6-37 不登校

| 英 | school avoidance；truancy | 中 | 厌学逃学 |
|---|---|---|---|
| ス | ausentismo escolar | ポ | não ir a escola (por algum tempo longo) |
| タ | ayaw pumasok sa paaralan | ネ | विद्यालय जाने चाहना नहनु |

**[意味]** 何らかの要因・背景により児童・生徒が登校しない、あるいはしたくてもできない状況にあること。

## ■ 6-38 引きこもり

| 英 | shut-in；recluse | 中 | 幽闭；宅在家里 |
|---|---|---|---|
| ス | aislamiento social | ポ | isolamento em casa；ficar enclausurado em casa |
| タ | nagmumukmok at ayaw lumabas ng bahay | ネ | घरबाट बाहिर निस्कने चाहना नहनु |

**[意味]** 社会的参加（就学、就労、交遊など）を回避し、原則的には6か月以上にわたり、おおむね家庭にとどまり続けている状態。

## ■ 6-39 同窓会

| 英 | alumni association | 中 | 同窗会；同学会 |
|---|---|---|---|
| ス | asociación de graduados | ポ | associação de ex-alunos |
| タ | asosasyon nang mga alumni | ネ | पूर्व विद्यार्थी समूह |

**[意味]** 学校の卒業生で自主的に組織した団体。

## ■ 6-40 成績

| 英 | academic achievement | 中 | 成绩 |
|---|---|---|---|
| ス | calificación | ポ | nota escolar |
| タ | grado；mga marka | ネ | परिणाम (रिजल्ट) |

[意味]各教科は、学習目標に対してどの程度、学びが身についたかを測る。その測った結果のこと。

## ■ 6-41　定期テスト

| 英 | regular test | 中 | 期中期末考試 |
|---|---|---|---|
| ス | examen periódico | ポ | exame periódico |
| タ | panaka-nakang pagsubok | ネ | नियमित परीक्षा |

[意味] 生徒の学習の進み具合を確認し、苦手な部分の把握など、今後の学習指導に生かすため、学期末などに学校で一斉に行うテスト。

## ■ 6-42　欠時・欠課

| 英 | absent class | 中 | 缺席课时 |
|---|---|---|---|
| ス | ausencia en la clase | ポ | falta nas aulas |
| タ | nawalang oras；nawalang panahon；pagliban sa klase | ネ | गयल |

[意味] 1日のうち、1つの授業、あるいは複数の授業を欠席すること。

## ■ 6-43　観点別評価

| 英 | evaluation by viewpoints | 中 | 各视角评分 |
|---|---|---|---|
| ス | evaluación de la perspectiva；evaluación cualitativa | ポ | avaliação qualitativa do estudo |
| タ | pagsusuri ng pananaw | ネ | विभिन्न दृष्टिकोणवाट मूल्यांकन |

[意味] 4つの観点（①基礎的・基本的な知識・理解、②技能、③課題解決に必要な思考力、判断力、表現力、④主体的に学習に取り組む態度・関心・意欲）を踏まえて、生徒の成績を決定すること。

## ■ 6-44　評定

| 英 | evaluation | 中 | 总评分数 |
|---|---|---|---|
| ス | calificación cuantitativa | ポ | avaliação |
| タ | marka；rating | ネ | मूल्यांकन |

[意味] 学校における成績の表し方の1つ。高校では通常、各教科・科目ごとに5段階、あるいは10段階などで表示する。

## ■ 6-45　高校卒業程度認定試験

| 英 | certificate for students achieving the proficiency level of upper secondary school graduates | 中 | 高中同等学力认证考试 |
|---|---|---|---|
| ス | examen para la certificación de graduación de la secundaria superior | ポ | exame para obter certificado de competência em conhecimentos do ensino médio |
| タ | pagsusulit para makakuha ng diploma sa senior high school | ネ | माध्यमिक शिक्षा सरहको परीक्षा |

[意味] さまざまな理由によって高校を卒業できなかった者などを対象に、高校卒業と同じ程度の学力があることを認定する試験。

## ■ 6-46　実務代替

| 英 | accreditation by practical working | 中 | 实践换算课时 |
|---|---|---|---|
| ス | obtener los créditos por trabajo | ポ | crédito ganho por seu trabalho relacionado com as matérias |
| タ | praktikal na kapalit；praktikal na kahalili | ネ | व्यवहारीक क्षमतावाट परिपूर्ति |

**[意味]** 正社員、アルバイト等を問わず、就労時間が週 30 時間程度、期間は年間 10 か月程度勤務した場合、単位が認定されるもの。

## ■ 6-47　遅刻

| 英 | be late for class（school）；be tardy to class | 中 | 迟到 |
|---|---|---|---|
| ス | llegar tarde；tardanza | ポ | atraso |
| タ | naantala；nahuli | ネ | ढिला |

**[意味]** 決められた始業時間に遅れて登校すること。

## ■ 6-48　早退・早引け

| 英 | leave school early；go home early | 中 | 早退 |
|---|---|---|---|
| ス | salida adelantada | ポ | sair cedo antes da hora |
| タ | maagang umuwi | ネ | छिटो फर्कनु |

**[意味]** 通常の終業時間より早く下校すること。

## ■ 6-49　忌引き

| 英 | absence from school due to mourning；absence from school due to loss of family | 中 | 丧假 |
|---|---|---|---|
| ス | permiso por fallecimiento | ポ | falta em sinal de luto |
| タ | pagliban sa klase dahil namatayan | ネ | शोक विदा |

**[意味]** 家族や親族の逝去に伴って休暇を取ること。

## ■ 6-50　公欠

| 英 | official absence；authorized absence | 中 | 因公事假 |
|---|---|---|---|
| ス | inasistencia justificada | ポ | falta por causa oficial |
| タ | pagliban na hindi ilalagay na lumiban | ネ | सामाजिक विदा |

**[意味]** 学校を休んでも欠席扱いにならないもの。

## ■ 6-51　別室指導

| 英 | individual orientation；studying separately from other students | 中 | 个别教育 |
|---|---|---|---|
| ス | orientación individual；instrucción especial en una aula separada | ポ | sala para advertências individuais；sala para alunos que não conseguem ir à sua classe |
| タ | pangaral sa ibang silid | ネ | अलग कक्षमा विशेष निर्देशन तथा चेतावनी |

**[意味]** 特別指導の 1 つの形態として、個別に個室で保護者同席のもとに「厳重注意」などの指

導を行うこと。不安により教室に入れない生徒に対して別の部屋を用意して教室への復帰を図ることを意味する場合もある。

## ■ 6-52　自宅謹慎

| 英 | being ordered stay at home ; behaving oneself at home | 中 | 居家禁闭 |
|---|---|---|---|
| ス | reflexionar sobre sus acciones en casa | ポ | castigo de suspensão tendo que ficar em casa |
| タ | suspendido sa bahay | ネ | घरमा नै रहने आदेश |

**[意味]** 生徒への特別指導の 1 つ。一定期間、登校することなく家庭で自分が行った問題行動を反省すること。

## ■ 6-53　特別指導

| 英 | special guidance | 中 | 批评教育处分 |
|---|---|---|---|
| ス | orientación especial para alumnos con conducta problemática | ポ | orientação especial |
| タ | espesyal na pangaral | ネ | विशेष शिक्षा |

**[意味]** 問題行動があった生徒に対して、特別な指導として、多くが保護者同席のもと、反省を促すもの。

## ■ 6-54　赤点・欠点

| 英 | failing score | 中 | 不及格 |
|---|---|---|---|
| ス | desaprobado | ポ | nota vermelha |
| タ | may pula ; may depekto | ネ | अनुत्तीर्ण अंक |

**[意味]** 定期テストにける落第点のことをいう場合が多い。単位修得に必要な一定の成績に達しない点数のこと。

## ■ 6-55　追試・追試験

| 英 | follow up test | 中 | 补考 |
|---|---|---|---|
| ス | examen de recuperación | ポ | exame de recuperação |
| タ | karagdagang pagsusulit | ネ | अतिरिक्त परीक्षा |

**[意味]** 何らかの理由で定期テストなどを受けられなかった生徒や、定期テストで赤点（欠点）を取った者に対して、特別に定期テストとは別の問題で試験を受けることができるようにするもの。

## ■ 6-56　追走

| 英 | follow up running | 中 | 补跑 |
|---|---|---|---|
| ス | examen adicional de carrera de resistencia | ポ | exame suplementar através de uma corrida de longa distância |
| タ | pagbigay ng pagkakataon na tumakbo uli | ネ | अतिरिक्त दौड़ |

**[意味]** 体育の授業で、持久走などのタイムが悪いなど成績が良くない場合や、病気などの理由で体育のテストを休んだ場合などに、追試の意味で、再度、持久走などを行うもの。

### ■ 6-57 転学
<ruby>転学<rt>てんがく</rt></ruby>

| 英 | school transfer | 中 | 转学 |
|---|---|---|---|
| ス | cambio de escuela | ポ | mudar de escola |
| タ | lilipat ng paaralan | ネ | विद्यालय परिवर्तन |

[意味]在籍していた学校から、他の学校の同じ学年に(進級する場合は1学年進級して)移ること。

### ■ 6-58 退学

| 英 | leaving school | 中 | 退学 |
|---|---|---|---|
| ス | dejar la escuela | ポ | deixar de ir à escola; ser expulso da escola |
| タ | dropout；pagtigil sa pag-aaral | ネ | विद्यालय छोड्नु |

[意味]学校を辞めること。

### ■ 6-59 いじめ

| 英 | bullying | 中 | 欺凌；欺负 |
|---|---|---|---|
| ス | acoso；maltrato | ポ | mau trato |
| タ | pang-aapi；pang-aabuso；panunukso | ネ | बदमाशी या अरुलाई चोट पुर्याउनु |

[意味]児童・生徒に対して、学校で一定の人的関係にある他の児童・生徒等が行う心理的又は物理的な影響を与える行為であって、その児童・生徒が心身の苦痛を感じているもの。

### ■ 6-60 公共物損壊

| 英 | damage of public property | 中 | 损坏公物 |
|---|---|---|---|
| ス | daño a las propiedades públicas | ポ | dano nas instalações públicas |
| タ | pagsira sa pag-aari ng gobyerno | ネ | सार्वजनिक सम्पतिको क्षति |

[意味]窓ガラスやドアなど学校の施設や、机やいす、機器類などを壊すこと。

### ■ 6-61 生徒指導・生活指導

| 英 | student daily life orientation | 中 | 对错误行为的批评教育 |
|---|---|---|---|
| ス | orientación estudiantil；orientación sobre la vida | ポ | orientação sobre a vida escolar |
| タ | pag-aangkop sa pamumuhay | ネ | विद्यार्थीको क्रियाकलाप या स्वभाव बारे निर्देशन |

[意味]生徒に対する教育のうち、生徒の心構えや生活態度などを教えるもの。

### ■ 6-62 校則

| 英 | school regulation | 中 | 校规 |
|---|---|---|---|
| ス | reglamento escolar | ポ | regulamento escolar |
| タ | regulasyon ng paaralan | ネ | विद्यालय नियम |

[意味]学校が定めた生徒が守るべきルール。

### ■ 6-63　生徒手帳

| 英 | student's handbook | 中 | 学生手册 |
|---|---|---|---|
| ス | libreta de estudiante | ポ | carteira de alunos |
| タ | manwal ng mag-aaral | ネ | विद्यालय जानकारी तथा विद्यार्थी रेकर्ड पुस्तिका |

**[意味]** 学校の教育目標や校則、生徒心得、荒天時の対応、相談室・保健室の利用方法などが記載され、生徒の在籍を証明する手帳。

### ■ 6-64　反省文

| 英 | apology letter；letter of regret | 中 | 自我批评稿 |
|---|---|---|---|
| ス | carta de reflexión | ポ | carta de arrependimento |
| タ | nagsisising pangungusap | ネ | आत्म आलोचना पत्र |

**[意味]** 問題行動を起こした生徒に対して、自分が行った問題行動を振り返り、文章で反省の言葉を述べさせること。

### ■ 6-65　弁償

| 英 | compensation | 中 | 赔偿 |
|---|---|---|---|
| ス | compensación de los daños | ポ | indenização |
| タ | kumpensasyon；bayad-pinsala | ネ | क्षतिपूर्ति |

**[意味]** 公共物損壊などを行った生徒に対して、その修理に要する経費を負担させるもの。

### ■ 6-66　説諭

| 英 | admonition | 中 | 说服教育 |
|---|---|---|---|
| ス | llamado de atención | ポ | admoestação |
| タ | pagbibigay babala | ネ | निर्देशन तथा चेतावनी |

**[意味]** 学校が生徒や保護者に対して、生徒の問題行動に対する学校の姿勢を明確に示し、その行動について深い反省と改善を促すもの。

### ■ 6-67　懲戒処分

| 英 | disciplinary punishment | 中 | 行政惩戒处分 |
|---|---|---|---|
| ス | medida disciplinaria | ポ | medida disciplinar |
| タ | parusa bilang disiplina | ネ | अनुशासन हिनताका लागि कारवाहि |

**[意味]** 生徒の問題行動の中でも、学校の指導の枠を超えたものがあった場合に、校長が学校教育法施行規則に基づき行うもの。

### ■ 6-68　訓告

| 英 | reprimand | 中 | 训诫；警告 |
|---|---|---|---|
| ス | llamado de atención por el director | ポ | advertência |
| タ | mahigpit na pangaral；paunawa | ネ | चेतावनी |

**[意味]** 懲戒処分の1つ。校長が懲戒としての訓告であることを明確にして行う叱責ないし処罰。

### ■ 6-69 停学

| 英 | suspension from school | 中 | 停课处分 |
|---|---|---|---|
| ス | suspensión escolar | ポ | suspensão da escola |
| タ | pagsuspinde mula sa paaralan | ネ | विद्यालयवाट निलम्वन |

【意味】懲戒処分の1つ。原則として特別指導をくり返し行った上でも問題行動がある生徒に、一定の期間、通学を停止する処分を課すもの。

### ■ 6-70 自己肯定感

| 英 | self-affirmation | 中 | 自我认可；自我好感 |
|---|---|---|---|
| ス | autoestima | ポ | auto-estima |
| タ | sariling paninindigan | ネ | सकारात्मक सोच |

【意味】自分は大切な存在であると自分を肯定的にとらえている感覚、気持ちのことをいう。

### ■ 6-71 正義感

| 英 | sense of justice | 中 | 正义感 |
|---|---|---|---|
| ス | sentido de la justicia | ポ | senso de justiça |
| タ | katarungan；hustisya；diwa ng hustisya | ネ | अन्याय नसहने |

【意味】不正なことを嫌う感情をいう。

### ■ 6-72 ひとり親家庭、母子家庭

| 英 | single parent family；mother and child family | 中 | 单亲家庭 |
|---|---|---|---|
| ス | familia monoparental；familia sin padre | ポ | família monoparental；família com a mãe e os filhos |
| タ | mag-isa lang ang magulang；ina lang ang magulang | ネ | एक मात्र अभिभावक(पिता वा माता) भएको परिवार |

【意味】離婚や死別などのために父母のうち片方の親がいない子どもの家庭。父親がいない家庭を母子家庭という。

### ■ 6-73 児童福祉課（課の名前は自治体によって異なることがある）

| 英 | child welfare division | 中 | 儿童福祉科 |
|---|---|---|---|
| ス | departamento de bienestar infantil | ポ | seção de assistência infantil |
| タ | seksyon sa kapakanan ng bata | ネ | वालवालिका कल्याण शाखा |

【意味】18歳未満の子どもの福祉を担当する行政セクション。ひとり親家庭の支援や児童養護施設の入所管理、里親支援、児童扶養手当支給などの業務を行っている。

### ■ 6-74 児童扶養手当

| 英 | child rearing allowance | 中 | 单亲育儿补贴 |
|---|---|---|---|
| ス | subsidio de manutención de niños | ポ | subsídio para sustento da criança |
| タ | suportang pera para sa bata | ネ | वालवालिका भत्ता |

【意味】役所から一人親家庭に、子どもと家庭の生活安定と福祉の向上のために支給されるお金。

## ■ 6-75　始業式

| 英 | start of term ceremony ; opening ceremony ; first-day assembly | 中 | 学期开学 |
|---|---|---|---|
| ス | ceremonia de apertura del año escolar | ポ | cerimônia de início do período |
| タ | panimulang seremonya ng paaralan | ネ | सेमेस्टर शुभारम्भ समारोह |

**[意味]** 各学期の初日に学校が、児童・生徒全員を講堂や体育館に集めて行う式のこと。

## ■ 6-76　終業式

| 英 | end of term ceremony ; closing ceremony ; closing assembly | 中 | 学期结业 |
|---|---|---|---|
| ス | ceremonia de clausura del año escolar | ポ | cerimônia de encerramento do período |
| タ | pagtatapos na seremonya | ネ | सेमेस्टर समापन समारोह |

**[意味]** 各学期の最終日に学校が、児童・生徒全員を講堂や体育館に集めて行う式のこと。

## ■ 6-77　オリエンテーション

| 英 | orientation | 中 | 新生介绍说明会 |
|---|---|---|---|
| ス | orientación | ポ | orientação |
| タ | pag-aangkop ; oryentasyon | ネ | ओरिएन्टेशन |

**[意味]** 生徒が新たな学校生活を始めるにあたって、その学校の教育方針やルール、必要な書類手続き、各自が持ってこないといけない用具などの案内などをするもの。

## ■ 6-78　登校

| 英 | going to school | 中 | 上学 |
|---|---|---|---|
| ス | acudir a la escuela | ポ | ida para a escola |
| タ | pagpasok sa paaralan | ネ | विद्यालयमा आउनु |

**[意味]** 授業等を受けるために、決められた時間までに学校に行くこと。

## ■ 6-79　下校

| 英 | returning home | 中 | 放学 |
|---|---|---|---|
| ス | salir de la escuela | ポ | volta para casa da escola |
| タ | uwi galing paaralan | ネ | विद्यालयबाट फर्कनु |

**[意味]** 学校から自宅等に帰ること。

## ■ 6-80　音楽室

| 英 | music room | 中 | 音乐教室 |
|---|---|---|---|
| ス | salón de música | ポ | sala para aula de música |
| タ | silid musika | ネ | संगीत कक्ष |

**[意味]** 音楽の授業を行う教室。通常、ピアノなどの楽器が用意されている。

248

## ■ 6-81 美術室

| 英 | art room | 中 | 美术教室 |
|---|---|---|---|
| ス | salón de arte | ポ | sala para aula de educação artistica |
| タ | silid ng sining | ネ | कला कक्ष |

**[意味]** 美術の授業を行う教室。絵をかいたり、彫刻などをつくったりするのに便利な作業用の机や台などが備え付けられていることが多い。

## ■ 6-82 実験室

| 英 | experiment room | 中 | 实验室 |
|---|---|---|---|
| ス | laboratorio | ポ | laboratório |
| タ | silid para sa eksperimento | ネ | प्रयोगशाला |

**[意味]** 理科の実験を伴う授業を行うときに使用する教室。実験器材が用意され、水道、流し台などの設備が整っている場合が多い。

## ■ 6-83 運動部

| 英 | sports club | 中 | 体育运动小组 |
|---|---|---|---|
| ス | club deportivo | ポ | clubes escolares esportivos |
| タ | klab ng isport | ネ | खेलकुद क्लव |

**[意味]** 部活動のうち、スポーツを行うものをいう。

## ■ 6-84 文化部

| 英 | culture club | 中 | 文化活动小组 |
|---|---|---|---|
| ス | club cultural | ポ | clubes escolares não esportivos |
| タ | kategoriya sa kultura | ネ | सांस्कृतिक क्लव |

**[意味]** 部活動のうち、スポーツ以外のことを行うものをいう。

## ■ 6-85 放課後

| 英 | after school | 中 | 放学后；课余时间 |
|---|---|---|---|
| ス | después de clases | ポ | depois das aulas |
| タ | pagkatapos sa paaralan | ネ | विद्यालय समय पछि |

**[意味]** 1日の授業が終わったあとの時間帯のことをいう。

## ■ 6-86 部費

| 英 | club attendance fee | 中 | 小组活动会费 |
|---|---|---|---|
| ス | costo para gastos del club | ポ | despesas de clube escolar |
| タ | gastusin ng bawat klab | ネ | क्लव शुल्क |

**[意味]** 部活動にかかる経費をまかなうため、部に所属する生徒から参加費として徴収しているもの。

## ■ 6-87　雑巾

| 英 | floor cloth | 中 | 抹布 |
|---|---|---|---|
| ス | trapo para limpieza；paño de limpieza | ポ | pano de limpeza |
| タ | pampunas；basahan | ネ | पुछ्ने कपडा |

**[意味]** 机や床、窓ガラスのよごれなどをふくときに使う、タオル地などの布きれを合わせて、20 センチ× 15 センチ程度にしたもの。

## ■ 6-88　モップ

| 英 | mop | 中 | 墩布；拖把 |
|---|---|---|---|
| ス | trapeador de piso；fregona | ポ | esfregão |
| タ | panlampaso ng sahig | ネ | भुइ पुछ्ने मोप |

**[意味]** 柄がついた床掃除の道具。

## ■ 6-89　研修旅行

| 英 | study tour | 中 | 培训营 |
|---|---|---|---|
| ス | viaje de estudio | ポ | viagem de estudo |
| タ | lakbay aral | ネ | अध्ययन भ्रमण |

**[意味]** 修学旅行とは別に、英語教育の充実、集団活動の中でのルールやマナーの習得など、その学校独自の教育に応じてプログラムされた、宿泊を伴う研修。

## ■ 6-90　3 泊 4 日

| 英 | 3 nights and 4 days | 中 | 三宿四天 |
|---|---|---|---|
| ス | 3 noches y 4 días | ポ | 4 dias com 3 pernoites |
| タ | 3 gabi at 4 na araw | ネ | ३ रात ४ दिन |

**[意味]** 出発から帰宅まで 4 日間で、その間、ホテルなどに 3 晩泊まる日程のことをいう。

## ■ 6-91　姉妹校

| 英 | sister schools | 中 | 姉妹学校 |
|---|---|---|---|
| ス | escuela hermana | ポ | escolas-irmãs |
| タ | sister school；may espesyal na ugnayang mga paaralan | ネ | भगिनि सम्बन्ध भएको विद्यालय |

**[意味]** 海外の学校などと定期的な交流を目的に協定などを締結して特別な関係を結んだ学校同士をいう。

## ■ 6-92　健康診断

| 英 | physical checkup | 中 | 体检；健康检查 |
|---|---|---|---|
| ス | examen médico | ポ | exame medico |
| タ | pagsusuri sa kalusugan | ネ | नियमित स्वास्थ्य परिक्षण |

**[意味]** 生徒が授業や学校生活に適する健康状態かどうかを確認するために、検査や医師の診察を行うもの。

250

## ■ 6-93　X線検査・レントゲン検査

| 英 | X-ray examination | 中 | X光检查 |
|---|---|---|---|
| ス | examen de rayos X；radiografía | ポ | raio-X；radiografia |
| タ | pagsusuri ng X-ray | ネ | एक्स रे तथा एक्स रे परिक्षण |

**[意味]** 放射線の一種であるエックス線を身体に当てて得られた画像により、身体の内部の状況を見るもの。

## ■ 6-94　視力検査

| 英 | vision test；optical examination | 中 | 查视力；视力检查 |
|---|---|---|---|
| ス | examen de vista | ポ | exame de vista (oftalmológico) |
| タ | pagsuri sa paningin | ネ | आँखा परिक्षण |

**[意味]** 目で物を識別できる能力を調べる検査。

## ■ 6-95　聴力検査

| 英 | hearing test | 中 | 听力检查 |
|---|---|---|---|
| ス | audiometría；examen de audición | ポ | audiometria；teste de audição |
| タ | pagsuri sa pandinig | ネ | श्रवण परिक्षण |

**[意味]** 音を感知する能力を調べる検査。

## ■ 6-96　心電図検査

| 英 | electrocardiography；ECG；EKG | 中 | 心电图检查 |
|---|---|---|---|
| ス | electrocardiograma | ポ | eletrocardiograma |
| タ | elektrokardyograpiya；ECG | ネ | ECG परिक्षण |

**[意味]** 心臓の動きを電気的な波形にあらわして心臓の状況を把握する検査。

## ■ 6-97　尿検査

| 英 | urine test | 中 | 验尿 |
|---|---|---|---|
| ス | examen de orina | ポ | exame de urina |
| タ | pagsuri sa ihi | ネ | पिसाव परिक्षण |

**[意味]** 尿を採取して、中に含まれる物質などを検知することによって、腎臓疾患などの有無を確認する検査。

## ■ 6-98　パッチテスト

| 英 | patch test | 中 | 过敏原皮试贴 |
|---|---|---|---|
| ス | prueba del parche | ポ | teste de contato；teste patch |
| タ | patch test；pagsusuri ng balat | ネ | एलर्जिको छालामा परिक्षण |

**[意味]** 皮膚アレルギーの試験で、薬剤や化粧品を皮膚に試しにぬって反応を見るもの。

### ■ 6-99 血液型

| 英 | blood type | 中 | 血型 |
|---|---|---|---|
| ス | grupo sanguíneo；tipo de sangre | ポ | tipos de sangue |
| タ | uri ng dugo | ネ | रक्त समूह |

【意味】ABO 式や Rh 式など、いくつかの方法により血液のタイプを分類するもの。

### ■ 6-100 感染症

| 英 | infectious disease | 中 | 传染病 |
|---|---|---|---|
| ス | enfermedad contagiosa | ポ | doença infecciosa |
| タ | nakakahawang sakit | ネ | संक्रामक रोग |

【意味】病原体である細菌やウイルスが人から人へうつることで、うつされた人も発症する病気の総称。

### ■ 6-101　学級閉鎖

| 英 | temporary closing of class | 中 | 整班停课 |
|---|---|---|---|
| ス | suspensión de la clase；cierre de la clase | ポ | suspensão temporária de aula |
| タ | pagsasara ng klase | ネ | कक्षागत बन्द |

【意味】インフルエンザなどの感染症の感染拡大を防ぐため、学級の中の児童・生徒の一定基準以上が感染した場合に、その学級が一定期間、授業を中止し閉鎖するもの。

### ■ 6-102 熱中症

| 英 | heat stroke | 中 | 中暑 |
|---|---|---|---|
| ス | golpe de calor；hipertermia | ポ | hipertermia |
| タ | heat stroke；atake dahil sa init | ネ | हिट स्ट्रोक |

【意味】過度に暑い環境に置かれたために身体の中に熱がたまり、脳の神経の体温調節機能がダメージを受けるもの。

### ■ 6-103　自転車通学

| 英 | commute by bicycle | 中 | 骑自行车上学 |
|---|---|---|---|
| ス | ir a la escuela en bicicleta | ポ | ir para a escola de bicicleta |
| タ | maaaring pumasok ng paaralan ng naka-bisekleta | ネ | साइकल वाट विद्यालय आउनु |

【意味】学校に自転車で通学すること。

### ■ 6-104　オートバイ通学

| 英 | commute by motorbike | 中 | 骑摩托车上学 |
|---|---|---|---|
| ス | ir a la escuela en motocicleta | ポ | ir para a escola de motocicleta |
| タ | maaaring pumasok ng paaralan ng naka-motorsiklo | ネ | मोटर साइकल वाट विद्यालय आउनु |

【意味】学校にオートバイで通学すること。

■ 6-105　書道室 (しょどうしつ)

| 英 | calligraphy room | 中 | 书法教室 |
|---|---|---|---|
| ス | salón de caligrafía | ポ | sala para aula de caligrafia |
| タ | silid para sa kaligrapiya | ネ | क्यालिग्राफि कक्ष |

[意味] 書写などの毛筆を使う授業で使用する教室。専用の作業机が用意されている場合が多い。

■ 6-106　ICT 環境 (かんきょう) ／ ICT：information and communication technology

| 英 | ICT environment | 中 | 电脑机房 |
|---|---|---|---|
| ス | instalación de la tecnología de información y comunicación | ポ | meio preparado para o uso de tecnologias da informação e comunicação（meio TICs） |
| タ | ICT na kapaligiran | ネ | सूचना प्रविधि वातावरण |

[意味] パソコン、サーバなどの機器や、それを動かすソフトウエアが整備されていること。

■ 6-107　武道場 (ぶどうじょう)

| 英 | martial art gym | 中 | 武道训练室 |
|---|---|---|---|
| ス | gimnacio de artes marciales | ポ | ginásio de artes marciais |
| タ | lugar ng sining sa pagtatanggol | ネ | मार्शल आर्ट स्थल |

[意味] 体育の授業で柔道や剣道の授業を行うときに使用する建物。

■ 6-108　実習棟 (じっしゅうとう)

| 英 | training building | 中 | 实习楼 |
|---|---|---|---|
| ス | edificio de práctica | ポ | edifício de laboratórios |
| タ | gusali sa pagsasanay | ネ | टेनिङ्ग भवन |

[意味] 授業の中で作業などを行う教室が集まった校舎のこと。

■ 6-109　正門 (せいもん)

| 英 | main entrance | 中 | 正门 |
|---|---|---|---|
| ス | entrada principal | ポ | portão da entrada principal |
| タ | harap na tarangkahan | ネ | मुख्य प्रवेश द्वार |

[意味] 学校の門のうち、正式な入り口として使用する門のこと。

■ 6-110　昇降口 (しょうこうぐち)

| 英 | school building entrance | 中 | 楼梯口 |
|---|---|---|---|
| ス | entrada de alumnos | ポ | entrada da escola com sapateiras |
| タ | bahaging pasukan sa paaralan | ネ | विद्यालय भवन प्रवेश द्वार |

[意味] 外で着用している靴で校舎内を歩行することを禁じている学校の場合、玄関口などにある、校舎内専用の靴にはきかえる場所。

## ■ 6-111　下足箱・下駄箱

| 英 | shoe box | 中 | 室内鞋柜 |
|---|---|---|---|
| ス | zapatero | ポ | armário para calçados;sapateira |
| タ | lalagyan ng sapatos | ネ | जुत्ता राख्ने र्याक |

**[意味]** 外からはいてきた靴を入れておく靴入れのこと。

## ■ 6-112　保健室

| 英 | school infirmary | 中 | 保健医务室 |
|---|---|---|---|
| ス | enfermería | ポ | enfermaria da escola |
| タ | silid pangkalusugan | ネ | स्वास्थ्य उपचार कक्ष |

**[意味]** 養護教員が常駐している部屋。ベッドがあり、薬品が常備されている。

## ■ 6-113　放送室

| 英 | broadcasting room | 中 | 广播室 |
|---|---|---|---|
| ス | salón de transmisión | ポ | sala de transmissão |
| タ | silid sa pagbo-brodkast；silid sa pagsasahimpapawid | ネ | प्रसारण कक्ष |

**[意味]** 校内放送を行う部屋。防音機能があり、マイクや音量調節のための放送機材が備えつけられている。

## ■ 6-114　インターンシップ

| 英 | internship | 中 | 实习 |
|---|---|---|---|
| ス | práctica laboral | ポ | estágio |
| タ | pagsasanay | ネ | इन्टर्नशिप |

**[意味]** 企業や団体の職場において、そこの仕事の一部を短期間、実際に体験すること。

## ■ 6-115　ニート

| 英 | NEET；Not in Education, Employment or Training | 中 | 啃老族 |
|---|---|---|---|
| ス | nini [ni estudia ni trabaja] | ポ | nem-nem |
| タ | walang balak magtrabahong kabataan | ネ | शिक्षा, रोजगार र शिप नभएको |

**[意味]** 15歳から34歳までの者のうち、無職で職業訓練も行っておらず、かつ家事や勉学に従事していない者のことをいう。

## ■ 6-116　内定

| 英 | job offer；informal job offer | 中 | 内定 |
|---|---|---|---|
| ス | precontrato de trabajo | ポ | aprovação informal |
| タ | inaalok ng trabaho | ネ | रोजगारका लागि अफर |

**[意味]** 正式な雇用契約を結ぶ段階ではないが、企業や団体が事前に採用を約束する行為。

## ■ 6-117　求人票
（きゅうじんひょう）

| 英 | job-opening information | 中 | 招聘启事 |
|---|---|---|---|
| ス | ficha de vacantes de trabajo | ポ | ficha de emprego |
| タ | alok na mga trabaho | ネ | आवश्यकता सूचना |

**[意味]** 企業や団体などが社員や職員を雇用したいときに、ハローワークや就職紹介機関などに提出する書類。

## ■ 6-118　会社訪問
（かいしゃほうもん）

| 英 | visit a company to collect information about employment | 中 | 走访公司 |
|---|---|---|---|
| ス | visita a la compañía | ポ | visita à empresa |
| タ | pagbisita sa kumpanya | ネ | कम्पनी अवलोकन भ्रमण |

**[意味]** 会社や団体を訪問し、そこの事業内容や勤務条件の説明を受けたり、仕事の状況を見たりして、その会社や団体が自分に適するかどうか判断するもの。

## ■ 6-119　就職試験
（しゅうしょくしけん）

| 英 | employment exam | 中 | 就职考试 |
|---|---|---|---|
| ス | examen para el trabajo | ポ | teste para seleção de funcionário |
| タ | pagsubok sa trabaho | ネ | रोजगार परीक्षा |

**[意味]** 会社や団体が社員や職員を採用しようとするときに、求職者に対して課す試験。

## ■ 6-120　就職面接
（しゅうしょくめんせつ）

| 英 | job interview | 中 | 就职面试 |
|---|---|---|---|
| ス | entrevista para el trabajo | ポ | entrevista de trabalho |
| タ | panayam sa trabaho | ネ | रोजगार अन्तरवार्ता |

**[意味]** 会社や団体が社員や職員を採用しようとするときに、求職者に対して採用担当者や幹部が短時間、面談するもの。

## ■ 6-121　短期大学・短大
（たんきだいがく・たんだい）

| 英 | two-year collage ; junior collage | 中 | 大专 |
|---|---|---|---|
| ス | universidad para carreras a corto plazo | ポ | faculdade de curta duração |
| タ | mababang antas ng kolehiyo ; junior college | ネ | जुनियर कलेज |

**[意味]** 2年あるいは3年で学位（短期大学士）が取れ、卒業できるようにカリキュラムが組まれている大学。通称「短大」という。

## ■ 6-122　学部
（がくぶ）

| 英 | department ; faculty | 中 | 专业；系 |
|---|---|---|---|
| ス | facultad | ポ | faculdade |
| タ | departamento | ネ | संकाय |

**[意味]** 大学の中の研究と教育のための組織。通常、学問分野ごとに設置されている。

## ■ 6-123　学校推薦型選抜

| 英 | selection for candidates recommended by high school principal | 中 | 推荐入学考试 |
|---|---|---|---|
| ス | admisión por recomendación de la escuela | ポ | seleção por recomendação do colégio |
| タ | pagpasok sa unibersidad sa pamamagitan ng uri na napili na irekomenda ng punong-guro ng pinsukang paaralan | ネ | विद्यालयको रिकमेन्डेशन (सिफारिस) मा आधारित भर्नाको लागि छनौट |

**[意味]** 一般入試を受験し合格して入学するルートではなく、出身校の学校長からの推薦により入学をめざす制度。

## ■ 6-124　総合型選抜

| 英 | selection for candidates based on a comprehensive evaluation | 中 | 综合评价考试 |
|---|---|---|---|
| ス | admisión integrada | ポ | seleção por avaliação geral |
| タ | pagpasok sa unibersidad sa pamamagitan ng komprehensibong pagpili | ネ | समग्र विधा (आवेदनका साथै अन्तरवार्ता, प्रबन्ध लेखाइ, प्रिजेन्टेशन आदि) को मूल्यांकणमा आधारित भर्नाको लागि छनौट |

**[意味]** 旧 AO 入試、入学志願者の能力・適性や学習に対する意欲、目的意識等を調査書や本人記載の資料、プレゼンテーション、面接、小論文などで総合的に評価・判定する入試方式。

## ■ 6-125　模擬試験・模試

| 英 | trial examination；mock examination | 中 | 摸底考试；模拟考试 |
|---|---|---|---|
| ス | examen de práctica | ポ | exame simulado |
| タ | pagsasanay na pagsusulit；pagsasanay na pagsubok | ネ | परिक्षण परीक्षा |

**[意味]** 受験生向けに民間会社が実施する入学試験を模した試験。

## ■ 6-126　浪人生

| 英 | ro-nin；student who failed entrance exam and is studying to try again | 中 | 复读生 |
|---|---|---|---|
| ス | estudiante en preparación para examen de ingreso del próximo año | ポ | estudante que não passou no vestibular e fica a estudar para tentar de novo. |
| タ | hindi nakapasa sa unibersidad；hindi rin magtatrabaho subalit mag-aaral ulit ng isang taon para sa preparasyon sa susunod na taong eksaminasyon. | ネ | इच्छित विद्यालयको प्रवेश परीक्षामा अनुर्तिण भई अर्को वर्षको परीक्षाका लागि तयारी गरिरहेका विद्यार्थी |

**[意味]** 高校 3 年生のときに志望校の受験に失敗するなどして希望の大学へ入学できなかった者で、高校卒業後、翌年の入学試験に再挑戦する受験生。

## ■ 6-127　予備校

| 英 | preparatory school | 中 | 补习学校 |
|---|---|---|---|
| ス | academia preuniversitaria | ポ | escola preparatória |
| タ | preparasyong eskuwelahan para sa pagsusulit sa pagpasok sa unibersidad | ネ | परीक्षा तयारी विद्यालय |

**[意味]** 主に浪人生を対象にした入学試験対応のための学校。

### ■ 6-128 入学時一括納入金

| 英 | lump sum payment at the time of enrollment | 中 | 入学手续一次性缴费 |
|---|---|---|---|
| ス | pago inmediato que se realiza al momento de la inscripción | ポ | pagamento à vista da matrícula |
| タ | kabuuhang bayad sa pagpasok sa unibersidad | ネ | विश्वविद्यालय भर्नाका लागि आवश्यक शुल्क |

**[意味]** 入学のために大学に支払う経費のうち、入学試験合格後、すぐに必要となるもの。

### ■ 6-129 専門学校実習経費

| 英 | practice expences of vocational school | 中 | 中专实习经费 |
|---|---|---|---|
| ス | gastos para prácticas y materiales de la escuela especializada | ポ | despesa de treinamento na escola profissional |
| タ | gastusin sa praktikal na pagsasanay sa bokasyunal na paaralan | ネ | व्यवशायिक विद्यालय प्रयोगात्मक शुल्क |

**[意味]** 専門学校の各分野の実技や実習にかかる経費。

### ■ 6-130 子会社

| 英 | subsidiary company | 中 | 子公司 |
|---|---|---|---|
| ス | compañía filial | ポ | empresa subsidiária |
| タ | sangay na kumpanya | ネ | सहायक कम्पनी |

**[意味]** 親会社によって出資、設立された会社。

### ■ 6-131 系列会社、グループ企業

| 英 | affiliated company、roup company | 中 | 集团企业 |
|---|---|---|---|
| ス | compañía afiliada | ポ | empresas afiliadas、empresas associadas |
| タ | kaakibat na kumpanya、grupo nang mga kumpanya | ネ | संवन्धन या सोहि समूह अन्तर्गतको कम्पनी |

**[意味]** 主として大企業が関連する企業とグループをつくり、株式を持ち合ったり、取引を密接に行ったりしている会社群のこと。

### ■ 6-132 親会社

| 英 | parent company | 中 | 母公司 |
|---|---|---|---|
| ス | compañía principal | ポ | empresa-mãe |
| タ | pinagmulang kumpanya；prinsipal na kumpanya | ネ | प्रमुख कम्पनी |

**[意味]** 出資して子会社を設立した会社。

### ■ 6-133 技能検定

| 英 | national technical skill test | 中 | 技能考核 |
|---|---|---|---|
| ス | examen de habilidad técnica | ポ | certificado de capacitação técnica |
| タ | pagsubok ng kasanayan | ネ | राष्ट्रीय सिप तथा कला क्षमता परीक्षा |

[意味]　厚生労働省の基準に基づき、働く上で必要とされる各種の技能のレベルを評価し、それを国として認定する制度。

### ■ 6-134　雇用保険

| 英 | employment insurance | 中 | 失业保险 |
|---|---|---|---|
| ス | seguro de desempleo | ポ | seguro desemprego |
| タ | seguro sa trabaho | ネ | रोजगार बीमा |

[意味]　労働者が失業したときに、次の就職先を見つけるまでの間の生活費や就職活動費にあてるため、一定期間、給付金が支給されるもの。

### ■ 6-135　健康保険

| 英 | public medical insurance | 中 | 公共医疗保险 |
|---|---|---|---|
| ス | seguro de salud pública | ポ | seguro de saúde público |
| タ | pam-publikong segurong pangkalusugan | ネ | स्वास्थ्य बीमा |

[意味]　病気やけがで医療機関にかかったときに、治療費や薬代が保険から支払われるもの。

### ■ 6-136　厚生年金保険

| 英 | employees' pension | 中 | 职工养老保险 |
|---|---|---|---|
| ス | pensión de empleado | ポ | previdência social |
| タ | pensiyon ng empleyado | ネ | रोजगार पेन्सन |

[意味]　主として従業員が加入する公的年金。年金保険料（雇用主が半額負担）は所得に応じて支払う。

### ■ 6-137　労働者災害補償保険・労災保険

| 英 | industrial accident compensation insurance | 中 | (工伤) 劳保医疗制度 |
|---|---|---|---|
| ス | seguro para accidentes laborales | ポ | seguro contra acidente de trabalho |
| タ | kumpensasyon ng seguro sa pagka-aksidente sa trabaho | ネ | दुर्घटना बीमा |

[意味]　労働者が業務または通勤で負傷したり、病気にかかったり、死亡したりした場合に、その労働者や遺族に対して保険給付を行う制度。

## (5) 第7章「公立特別支援学校の概要」掲載用語

### ■ 7-1　特別支援教育

| 英 | special needs education | 中 | 特殊教育 |
|---|---|---|---|
| ス | educación con apoyo especial (para los niños con necesidades especiales) | ポ | educação para crianças com necessidades especiais |
| タ | natatanging suporta sa edukasyon | ネ | विशेष शिक्षा |

[意味]　障害のある幼児・児童・生徒の持てる力を高め、生活や学習上の困難を改善、克服するため、適切な指導と必要な支援を行う教育。

258

■ 7-2 　特別支援学級

| 英 | special needs class；special support curricula | 中 | 特殊教育班級 |
| ス | clase para niños con necesidades especiales | ポ | classe para crianças com necessidades especiais |
| タ | natatanging suporta sa klase | ネ | विशेष शिक्षा कक्षा |

**[意味]** 学校教育法に基づき、小学校、中学校等に、知的障害、肢体不自由、病弱、身体虚弱、弱視、難聴、言語障害、自閉症・情緒障害のいずれかに該当する児童・生徒のために置くことができる学級。

■ 7-3 　知的障害

| 英 | intellectual impairment；intellectual disability | 中 | 智力障碍；智障 |
| ス | deficiencia intelectual | ポ | deficiência intelectual |
| タ | kapansanan sa utak | ネ | वौदिक अपाङ्ग |

**[意味]** 知的機能に支障があること。発達期に現れるものをいい、認知症や事故の後遺症は含まない。

■ 7-4 　肢体不自由

| 英 | physical disability；orthopedic impairment | 中 | 肢体残疾 |
| ス | discapacidad física | ポ | deficiência motora |
| タ | kapansanang pisikal | ネ | शारिरिक अपाङ्ग |

**[意味]** 身体の動きに関する器官が損なわれ、日常生活動作に支障が生じている状態。

■ 7-5 　病弱、身体虚弱

| 英 | sickly；physically weak constitution | 中 | 体弱多病 |
| ス | debilidad corporal；fragilidad corporal | ポ | enfermiço；saúde fragilizada |
| タ | may sakit；mahina ang pangangatawan | ネ | कमजोर शरिर या रोगी |

**[意味]** 病弱とは、慢性疾患のため継続して医療や生活規制を必要とする状態。身体虚弱とは、病気にかかりやすいため継続して生活規制を必要とする状態。

■ 7-6 　言語障害

| 英 | speech impediment；speech difficulty；disturbance of speech | 中 | 语言障碍 |
| ス | trastorno del lenguaje | ポ | dificuldade de falar |
| タ | diperensiya sa pananalita | ネ | भाषागत अपाङ्ग |

**[意味]** 発音が不明瞭（構音障害）、話すときに言葉が詰まったり、くり返したりする様子（吃音）が見られること、言葉の理解が十分でないことの総称。

■ 7-7 　情緒障害

| 英 | emotional disturbance | 中 | 情绪失调 |
| ス | trastorno emocional | ポ | transtorno emocional |
| タ | nababalisa | ネ | मानसिक या भावात्मक अपाङ्ग |

[意味] 情緒の現れ方が偏っていたり、その現れ方が激しかったりする状態を、自分の意思でコントロールできないことが継続し、学校生活や社会生活に支障となる状態。

## ■ 7-8　院内学級

| 英 | in-hospital class | 中 | 住院部内设学校 |
|---|---|---|---|
| ス | aula dentro del hospital | ポ | classe para crianças internadas（em hospitais） |
| タ | klase sa loob ng hospital | ネ | अस्पतालमा शिक्षा |

[意味] 疾病により療養中の児童・生徒に対して、教育の機会が得られるように、病院内に設置されている特別支援学級のことをいう。

## ■ 7-9　注意欠如多動性障害

| 英 | ADHD；attention deficit hyperactivity disorder | 中 | 注意欠缺多动症 |
|---|---|---|---|
| ス | TDAH；trastorno por déficit de atención con hiperactividad | ポ | transtorno do déficit de atenção e hiperatividade |
| タ | ADHD；ang mga kilos ay hindi normal | ネ | ADHD अपाङ्ग |

[意味] 集中力のなさ、多動性（落ち着きのなさ）、衝動性（順番待ちができないなど）の3つの特性を中心とした発達障害のことをいう。

## ■ 7-10　特別支援学校

| 英 | special education school | 中 | 特殊教育学校 |
|---|---|---|---|
| ス | escuela de niños con necesidades especiales | ポ | escola especial para crianças com necessidades especiais |
| タ | natatanging paaralan para sa mga batang may kapansanang pisikal | ネ | विशेष शिक्षा विद्यालय |

[意味] 視覚障害者、聴覚障害者、知的障害者、肢体不自由者、病弱者（身体虚弱者を含む）に対して、幼稚園、小学校、中学校、高校に準ずる教育を行う学校。

## ■ 7-11　視覚障害

| 英 | visual impairment | 中 | 视觉缺陷 |
|---|---|---|---|
| ス | deficiencia visual | ポ | deficiência visual |
| タ | kapansanan sa paningin | ネ | आँखा संबन्धि अपाङ्ग |

[意味] 視力や視野などの視覚機能が十分でないために、まったく見えなかったり、見えにくかったりする状態。

## ■ 7-12　聴覚障害

| 英 | auditory impairment | 中 | 听觉缺陷 |
|---|---|---|---|
| ス | deficiencia auditiva | ポ | deficiência auditiva |
| タ | kapansanan sa pandinig | ネ | श्रवण अपाङ्ग |

[意味] 身の回りの音や話し言葉が聞こえにくかったり、ほとんど聞こえなかったりする状態。

## ■ 7-13　分教室

| 英 | branch classroom | 中 | 设在一般学校内的特殊教育班 |
|---|---|---|---|
| ス | aula para niños con necesidades especiales | ポ | escola anexa |
| タ | panandaliang silid-aralan | ネ | विभाजित विशेष शिक्षा कक्ष |

**[意味]** 特別支援学校高等部知的障害教育部門を希望する生徒の増加に対応するために、高校内の教室を使用して教育活動を展開しているもの。

## ■ 7-14　インクルーシブ教育

| 英 | inclusive education | 中 | 无障碍教育 |
|---|---|---|---|
| ス | educación inclusiva | ポ | educação inclusiva |
| タ | kasama sa mga ituturo | ネ | समायोजित शिक्षा |

**[意味]** 障害の有無に関わらず、同じ場で共に学び共に育つ共生社会の実現をめざす教育。

## ■ 7-15　発達障害

| 英 | developmental disorder | 中 | 发育障碍；发育失衡 |
|---|---|---|---|
| ス | discapacidad del desarrollo | ポ | transtorno do desenvolvimento |
| タ | diperensya sa paglaki | ネ | वृद्धि विकास अपाङ्ग |

**[意味]** 自閉症、アスペルガー症候群、その他の広汎性発達障害、学習障害、注意欠如多動性障害、その他これに類する脳機能の障害であって、その症状が通常低年齢において発現するものとして法令で定めるもの。

## ■ 7-16　自閉症スペクトラム障害・自閉スペクトラム症

| 英 | autism spectrum；autistic spectrum | 中 | 自闭谱系综合征；自闭症 |
|---|---|---|---|
| ス | trastorno del espectro autista | ポ | transtornos do espectro autista |
| タ | may diperensiya ang mentalidad；awtismo | ネ | अष्टिजम अपाङ्ग |

**[意味]** コミュニケーションに困難さがあり、限定された行動、興味、反復行為などが起こるもの。先天的な脳機能障害と考えられている。

## ■ 7-17　身体障害者手帳

| 英 | physically disabled person handbook；physically disabled certificate | 中 | 残疾人手册 |
|---|---|---|---|
| ス | libreta de discapacidad física | ポ | carteira para pessoas com deficiência motora |
| タ | librito nang mga taong may kapansanan sa katawan | ネ | शारिरिक अपाङ्ग पुस्तिका |

**[意味]** 視覚障害、聴覚障害、平衡機能障害、音声機能障害、肢体不自由、内部障害（内臓などの障害）が、一定以上で永続する者に対して交付される手帳。

## ■ 7-18　療育手帳・愛の手帳

| 英 | certificate of the intellectually disabled | 中 | 残疾儿手册 |
|---|---|---|---|

| ス | libreta de discapacidad intelectual | ポ | carteira para pessoa com deficiência intelectual |
|---|---|---|---|
| タ | librito nang mga may kapansanan | ネ | वैद्धिक अपाङ्ग पुस्तिका |

**[意味]** 児童相談所または知的障害者更生相談所において、知的障害であると判定された者に対して交付される手帳。

## ■ 7-19　知的障害者更生相談所

| 英 | recovery consultation office for persons with intellectual disabilities | 中 | 智障人士更生咨询处 |
|---|---|---|---|
| ス | consultorio para personas con discapacidad intelectual | ポ | posto de consulta para as pessoas com deficências intelecutuais a partir de 18 anos |
| タ | konsultahang lugar para sa rehabilitasyon nang mga may kapansanan sa pag-iisip | ネ | वैद्धिक अपाङ्ग परामर्श केन्द्र |

**[意味]** 知的障害者を対象として、専門的な相談業務や障害認定、障害程度の判定、療育手帳の交付などを行う機関。

## ■ 7-20　重複障害

| 英 | multiple disabilities | 中 | 多重残疾 |
|---|---|---|---|
| ス | discapacidades múltiples | ポ | múltiplas deficiências |
| タ | maraming kapansanan | ネ | वह अपाङ्ग |

**[意味]** 複数の種類の障害を併せ有すること。

## ■ 7-21　重度障害

| 英 | severe disabilities | 中 | 重度残疾 |
|---|---|---|---|
| ス | discapacidad severa | ポ | deficiência grave |
| タ | malubhang kapansanan | ネ | अति गंभीर अपाङ्ग |

**[意味]** 身体障害の「重度」は、1級、2級の障害、または3級の重複障害等のことをいう。知的障害の「重度」は、AあるいはAに相当する程度とする判定書が出されている場合などである。

## ■ 7-22　障害者職業センター

| 英 | vocational support center for persons with disabilities | 中 | 残障人士职业中心 |
|---|---|---|---|
| ス | centro de empleo para personas con discapacidad | ポ | centro de apoio ao emprego de pessoas com deficiências |
| タ | sentro ng bokasyunal na suporta para sa mga may kapansanan | ネ | अपाङ्ग व्यवसायिक तालिम केन्द्र |

**[意味]** 障害者の就職相談、職業能力の評価、職場適応への援助、雇用主に対する障害者雇用管理に関する相談などを行う国の関係機関。

## ■ 7-23　クレーン現象、クレーン行動

| 英 | crane behavior；instrumental gesture ※ | 中 | 引领现象；引领行为 |
|---|---|---|---|
| ス | conducta de uso instrumental del adulto [un comportamiento del niño autismo] | ポ | comportamento em que se pede para outra pessoa fazer-lhe algo, pegando-a pela mão |

| タ | bagay na palatandaan | ネ | केन व्यवहार |

※ a gesture which the child directly manipulates the partner's hand/body and uses it as a tool. e.g. place mother's hand on a box the child wants to open

[意味] 何かほしいものがあるときに、他者の手首を持って、ほしいものに近づける行動をいう。

## ■ 7-24 かん黙

| 英 | mutism | 中 | 缄默寡言 |
| スス | mutismo | ポ | mutismo |
| タ | hindi makapagsalita；tahimik | ネ | बोल्न नसक्नु |

[意味] 発声器官に問題がなく、言葉を理解することや言語能力はあるにもかかわらず、話すことができなくなる状態をいう。

## ■ 7-25 吃音

| 英 | stuttering；stammering | 中 | 口吃；结巴 |
| ス | tartamudez | ポ | gaguejar |
| タ | pautal-utal | ネ | बरबराउनु |

[意味] 話すときに自分の意思とは関係なく、最初の音をくり返したり、引き延ばしたり、言おうとする言葉が詰まってしまって、なかなか出てこなかったりする状態。

## ■ 7-26 補聴器

| 英 | otophone；hearing aid | 中 | 助听器 |
| ス | aparato auditivo；audioprótesis | ポ | corneta acústica |
| タ | pantulong sa pandinig | ネ | सुन्न सहयोग गर्ने इयर फोन |

[意味] 残存する聴力を活かして聞こえる音量を拡大する器具。

## ■ 7-27 聴力

| 英 | auditory acuity；audivility；hearing | 中 | 听力 |
| ス | capacidad auditiva | ポ | audição |
| タ | kakayahan sa pagdinig | ネ | श्रवण शक्ति |

[意味] 音や会話を聞き取る力。通常、デシベル（dB）という単位で測る。

## ■ 7-28 点字

| 英 | braille | 中 | 盲文 |
| ス | braille | ポ | anagliptografia；escrita braile |
| タ | tuldok-tuldok na mga letra para sa mga bulag | ネ | ब्रेल लिपि |

[意味] 視覚障害者が、文字を読んだり、書いたりするために使う文字。たて3点、よこ2点の6つの点の組み合わせからなる音標文字である。

## ■ 7-29　手話

| 英 | sign language | 中 | 手语 |
|---|---|---|---|
| ス | dactilología | ポ | dactilologia ; linguagem de sinais |
| タ | sign language ; senyas na lengguwahe | ネ | सांकेतिक भाषा |

【意味】手や指、顔や体の動きで伝える独立した言語。「日本手話」と「日本語対応手話」がある。「日本手話」は日本語と文法が異なる。

## ■ 7-30　車いす

| 英 | wheel chair | 中 | 轮椅 |
|---|---|---|---|
| ス | silla de ruedas | ポ | cadeira de roda |
| タ | upuang de gulong ; wheelchair | ネ | व्हील चियर |

【意味】身体の機能障害などにより歩行困難となった人が座った状態で移動するために使われる用具。

## ■ 7-31　歩行器

| 英 | walker | 中 | 助步器 |
|---|---|---|---|
| ス | andador de discapacidad | ポ | andador |
| タ | pantulong sa paglakad | ネ | हिंडन सहयोग गर्ने उपकरण |

【意味】歩行時にふらつきが大きい人や、足腰の力が弱った人の歩行を数本の脚で支えて補助する器具。

## ■ 7-32　就学相談

| 英 | school attending consultation | 中 | 就学前咨询 |
|---|---|---|---|
| ス | consulta sobre las escuelas de estudiantes especiales | ポ | consulta para estudar na escola |
| タ | konsultasyon nang pagpapa-enrol | ネ | शिक्षाका लागि परामर्श |

【意味】障害のある子どもの就学先を決めるため、保護者、本人、教育委員会の話し合いと、決定までのプロセスをいう。

## ■ 7-33　教育支援委員会

| 英 | education support committee | 中 | 教育援助委员会 |
|---|---|---|---|
| ス | consejo de apoyo educativo | ポ | comité para apoio educativo |
| タ | komite na sumusuporta sa pag-aaral nang mga batang may kapansanan | ネ | शिक्षा सहयोग कार्य समिति |

【意味】区市町村教育委員会に設置され、就学先決定後の一貫した支援についても助言を行うもの。

## ■ 7-34　志願相談

| 英 | application consultation | 中 | 升学咨询 |
|---|---|---|---|
| ス | consulta sobre la solicitud de inscripción | ポ | consulta na escola desejada |

| タ | konsultasyon para makapasok sa natatanging paaralan nang mga may kapansanang bata | ネ | आवेदन परामर्श |

**[意味]** 特別支援学校への志願資格を確認するための志願先の学校への相談。

## ■ 7-35 特別支援学校の志願調整期間

| 英 | application adjustment period for special support school | 中 | 特殊教育学校报名调整期 |
| 数 | período de ajuste para el cambio de la escuela | ポ | período em que se pode mudar a escolha da escola desejada |
| タ | panahon nang pagsasaayos sa pagpasok sa natatanging paaralan nang mga may kapansanang bata | ネ | विशेष शिक्षाका लागि आवेदन समायोजन अवधि |

**[意味]** 特別支援学校に入学願書を提出した後、希望する学校の応募が定員を超えている場合、募集人数より志願者が少ない学校に志願変更をすることができる期間。

## ■ 7-36 特別支援教育就学奨励費

| 英 | subsidy to promote of special support education | 中 | 特别教育就学补助 |
| 数 | subsidio para promover la escolarización de niños con necesidades especiales | ポ | subsídio para despesas escolares de crianças com necessidades especiais |
| タ | tulong pinansiyal para sa edukasyon nang mga batang may kapansanan | ネ | विशेष शिक्षाकालागि आर्थिक सहयोग |

**[意味]** 障害のある児童・生徒等が特別支援学校や特別支援学級等で学ぶ際に、保護者が負担する教育関係経費について、家庭の経済状況等に応じて補助するもの。

## ■ 7-37 特別児童扶養手当

| 英 | special allowance for disabled children | 中 | 残疾儿童抚育补贴 |
| 数 | subsidio para manutención de niños con necesidades especiales | ポ | subsídio para crianças com necessidades especiais |
| タ | tulong pinansiyal sa mga magulang nang mga batang may kapansanan | ネ | विशेष बालवालिका भत्ता |

**[意味]** 20 歳未満で精神又は身体に障害を有する子どもを育てている父母等に支給される手当。

## ■ 7-38 自立活動

| 英 | activity for being independent | 中 | 自立能力训练 |
| 数 | actividad de aprendizaje para vivir independientemente | ポ | atividades para aprender a ser independente |
| タ | aktibidad para matutong gumawang mag-isa | ネ | आत्मनिर्भर क्रियाकलाप |

**[意味]** 障害を改善・克服するために必要な知識、技能、態度等を養うことなどを目標とする特別の指導領域。

## ■ 7-39 課題、課題別学習、個別課題

| 英 | task、task-specific learning、individual task | 中 | 因材施教个别计划 |
| 数 | tarea, aprendizaje basado en tarea, tema individual | ポ | tarefa individual |

| タ | gawain、tiyak na pag-aaral ng gawain、indibidwal na gawain | ネ | कार्य, विषय अनुसार अध्ययन, व्यक्तिगत कार्य |
|---|---|---|---|

**[意味]** 国語や算数・数学等の教科学習の前段階で、個々の実態に応じた課題設定のもとに取り組む教育課程の1つ。

## ■ 7-40　生活

| 英 | living environment studies | 中 | 生活课 |
|---|---|---|---|
| ス | curso sobre la vida cotidiana | ポ | costumes da vida diária |
| タ | pamumuhay | ネ | जिवनयापन |

**[意味]** 特別支援学校（知的障害）小学部の教科の1つ。「基本的な生活習慣」「健康・安全」「遊び」「役割」「決まり」「日課・予定」「金銭」「社会の仕組み」などの観点から構成されている。

## ■ 7-41　生活単元

| 英 | combined units for disabled children | 中 | 生活课的单元 |
|---|---|---|---|
| ス | unidad de diversas clases | ポ | aula formada por matérias e estudos do cotidiano combinados |
| タ | bahagi ng buhay | ネ | विभिन्न क्षेत्र तथा विषयको सिकाइ |

**[意味]** 複数の領域・教科（各教科、道徳、特別活動および自立活動の全部または一部）を合わせた指導形態の1つ。

## ■ 7-42　絵カード

| 英 | picture card | 中 | 图片；卡片 |
|---|---|---|---|
| ス | tarjeta de dibujos | ポ | cartão com desenhos |
| タ | kard nang mga larawan；larawang kard | ネ | चित्र कार्ड |

**[意味]** 自分で言葉を発して意思表示をすることが難しいときに、言葉に替わる手段となるもの。教員が子どもに伝えたいことがあるときにも活用する。

## ■ 7-43　遠足

| 英 | school trip；field trip；school outing | 中 | 远足；郊游 |
|---|---|---|---|
| ス | excursión escolar | ポ | excursão escolar |
| タ | eskursiyon | ネ | शैक्षिक भ्रमण |

**[意味]** ふだんと異なる環境の中で見聞を広め、自然や文化等に親しみながら行う学校行事としての活動。

## ■ 7-44　五十音表

| 英 | table of the Japanese kana syllabary | 中 | 五十音图 |
|---|---|---|---|
| ス | silabario de japonés | ポ | quadro do alfabeto japonês（50 sons）*gojyuon* |
| タ | talangguhit ng pantig sa wikang Hapon | ネ | जापानिज अक्षरको तालिका |

**[意味]** ひらがなやカタカナを母音（あいうえお）に基づき縦に5字、子音に基づき横に10字

ずつ並べたもの。

## ■ 7-45　おこづかい帳

| 英 | allowance management book | 中 | 零花钱账本 |
|---|---|---|---|
| ス | cuaderno de contabilidad | ポ | caderno para controle de gastos pessoais |
| タ | kwaderno ng baong pera | ネ | दैनिक खर्च पुस्तिका |

**[意味]** 卒業後の給料等の管理など、計画的にお金を使えるように、在学中からこづかいの金額や何に使ったかを書きとめるもの。

## ■ 7-46　個別の教育支援計画

| 英 | individual education plan | 中 | 个人特殊教育计划 |
|---|---|---|---|
| ス | plan de apoyo para aprendizaje individual | ポ | plano para educação individual |
| タ | plano ng pagtuturo sa bawat mag-aaral | ネ | व्यक्तिगत शिक्षा तथा सिकाइ योजना |

**[意味]** 障害のある子ども一人ひとりの支援に関し、在学中に学校と保護者が作成する個別の支援計画。

## ■ 7-47　身だしなみ

| 英 | dress and grooming | 中 | 着装；衣着 |
|---|---|---|---|
| ス | aseo personal | ポ | asseio pessoal |
| タ | hitsura；pananamit at pag-aayos ng sarili | ネ | लवाइ तथा ढाँचा |

**[意味]** まわりの人に不快感を与えないような服装やかっこうを心がけること。

## ■ 7-48　自立活動教諭

| 英 | medical-specialist-teacher for assisting in children's independency | 中 | 自立生活指导教师 |
|---|---|---|---|
| ス | profesor especializado en atención médica | ポ | professor da área médica |
| タ | pagtuturo ng aktibidad para matutong gumawang mag-isa | ネ | विशेष शिक्षा विद्यालयमा आवश्यक विषयगत शिक्षक |

**[意味]** 特別支援学校に配置している医療系専門職。看護師資格をもつ専門職、理学療法士、作業療法士、言語聴覚士、臨床心理士の資格をもつ専門職の総称。

## ■ 7-49　理学療法士

| 英 | physical therapist | 中 | 理疗康复技师 |
|---|---|---|---|
| ス | fisioterapeuta | ポ | fisioterapeuta |
| タ | pam-pisikal na terapruta | ネ | थेरापी |

**[意味]** 運動機能が低下した状態にある人に対し、運動機能の維持・改善を目的に、運動、温熱、電気、水、光線などの物理的手段を用いて、自立した日常生活が送れるよう支援する国家資格の専門職。

### ■ 7-50　作業療法士（さぎょうりょうほうし）

| 英 | occupational therapist | 中 | 作业训练技师 |
|---|---|---|---|
| ス | terapeuta ocupacional | ポ | terapeuta ocupacional |
| タ | okupisyunal na terapruta | ネ | शारिरिक तथा मानसिक थेरापीष्ट |

**[意味]** 身体または精神に障害がある者に対し、諸機能の回復、維持および開発を促す作業活動（日常生活動作の諸動作や仕事、遊びなど）を用いて、治療、指導および援助を行う国家資格の専門職。

### ■ 7-51　言語聴覚士（げんごちょうかくし）

| 英 | speech-language pathologist | 中 | 语言听力训练技师 |
|---|---|---|---|
| ス | logopeda；fonoaudiólogo [profesor especializado en audición y lenguaje] | ポ | fonoaudiólogo |
| タ | patologo sa pagsasalita ng wika | ネ | स्पीच मराम्शदाता |

**[意味]** 言語機能、摂食・嚥下機能、聴覚機能に障害がある者に対して、障害状況の検査や評価、助言・指導などを行う国家資格の専門職。

### ■ 7-52　臨床心理士（りんしょうしんりし）

| 英 | clinical psychologist | 中 | 临床心理师 |
|---|---|---|---|
| ス | psicólogo clínico | ポ | psicólogo |
| タ | klinikal na sikologo | ネ | चिन्ता तथा पिरका परामर्शदाता |

**[意味]** 人の心の悩みや問題を解決するために、臨床心理学の技法を用いてカウンセリングなどの心理療法を行う専門職。

### ■ 7-53　心理職（しんりしょく）

| 英 | job position for a (clinical) psychologist | 中 | 心理疏导人员 |
|---|---|---|---|
| ス | psicólogo | ポ | cargo psicólogo |
| タ | sikologo | ネ | मनोबैज्ञानिक |

**[意味]** 子どものこころの問題に対し、カウンセリングなどによって問題の改善を図る専門職。臨床心理士の資格を有するものが当たる。

### ■ 7-54　スクールバス

| 英 | school bus | 中 | 校车 |
|---|---|---|---|
| ス | autobús escolar | ポ | ónibus escolar |
| タ | bus ng paaralan | ネ | विद्यालय बस |

**[意味]** 通学を目的として、あらかじめ決められたルートを運行するバス。運転士の他、介助員が同乗している。

### ■ 7-55　日課表（にっかひょう）

| 英 | class schedule；school timetable | 中 | 课表 |
|---|---|---|---|
| ス | horario diario | ポ | horário do dia a dia |

| タ | buhay paaralan sa natatanging paaralan para sa mga batang may kapansanan | ネ | विद्यालय तालिका (रुटिङ्ग) |
|---|---|---|---|

**[意味]** 各学校で定めた教育課程のもと、各教科、領域等の時間配当を示したもの。時間割と呼ぶこともある。

## ■ 7-56 朝のしたく

| 英 | morning preparations as class routine | 中 | 课前准备 |
|---|---|---|---|
| ス | preparación de rutina matinal | ポ | preparação para começar o dia escolar |
| タ | paghahanda sa umaga | ネ | विद्यालय जानका लागि बिहानको तयारी |

**[意味]** 登校後に、更衣、連絡帳等の提出、タオルや給食着等を所定の位置に出すことなど、毎日必ず行うことの総称。

## ■ 7-57 朝の会

| 英 | morning meeting；morning homeroom | 中 | 晨会 |
|---|---|---|---|
| ス | reunión matinal | ポ | reunião matutina |
| タ | pagtitipon sa umaga | ネ | बिहानको भेला |

**[意味]** 登校後に毎日行うもので、あいさつ、健康観察、1日の流れ、給食の献立等を確認して、1日の見通しを持てるようにする時間。

## ■ 7-58 帰りの会

| 英 | afternoon meeting；afternoon homeroom | 中 | 放学前班会 |
|---|---|---|---|
| ス | reunión de salida | ポ | reunião anterior à volta para casa |
| タ | pagtitipon bago mag-uwian | ネ | विद्यालयवाट फर्किने भेला |

**[意味]** 1日の活動を振り返る時間。子どもたちの実態に応じて、翌日の予定等についてもふれ、見通しを持って学校生活を送れるようにするもの。

## ■ 7-59 連絡帳

| 英 | correspondence notebook | 中 | 学校家长联系手册 |
|---|---|---|---|
| ス | cuaderno de control（entre tutor y profesor） | ポ | caderneta de comunicação entre professor e pais |
| タ | kwaderno sa pakikipag-ugnayan | ネ | अभिभावक सँग सम्पर्कका लागि पुस्तिका |

**[意味]** 保護者と担任とでやり取りをするノート。連絡事項や学校での様子、家庭での様子を書いて、双方で情報を共有するもの。

## ■ 7-60 学級通信、学年便り

| 英 | class newsletter、letter of the grade | 中 | 班级通讯；年级通讯 |
|---|---|---|---|
| ス | informe semanal o mensual del aula o del año | ポ | comunicado da classe；comunicado do ano（série）escolar |
| タ | komunikasyon sa silid aralan、balita ng baitang | ネ | कक्षागत बुलेटिन |

**[意味]** 翌週の予定や持ち物などを保護者に伝えるための文書。校外学習や遠足があったときには、

その<ruby>様子<rt>ようす</rt></ruby>を<ruby>掲載<rt>けいさい</rt></ruby>することもある。

## ■ 7-61　<ruby>保護者会<rt>ほ ご しゃかい</rt></ruby>

| 英 | guardian's association meeting | 中 | 家长协会 |
|---|---|---|---|
| ス | junta de tutores apoderados y profesor | ポ | reunião dos responsáveis com os professores |
| タ | pagtitipon nang mga magulang | ネ | अभिभावक भेला |

**[意味]**　<ruby>学級<rt>がっきゅう</rt></ruby>または<ruby>学年<rt>がくねん</rt></ruby><ruby>全体<rt>ぜんたい</rt></ruby>で<ruby>集<rt>あつ</rt></ruby>まり、<ruby>保護者<rt>ほ ご しゃ</rt></ruby>と<ruby>学級担任<rt>がっきゅうたんにん</rt></ruby>が<ruby>話<rt>はな</rt></ruby>をする<ruby>会<rt>かい</rt></ruby>。

## ■ 7-62　<ruby>放課後等<rt>ほう か ご とう</rt></ruby>デイサービス

| 英 | after-school daycare | 中 | 课余陪伴服务 |
|---|---|---|---|
| ス | (centro de) servicio de actividades extraescolares para niños y jóvenes con discapacidades | ポ | local para atender as crianças com deficiências após das aulas e no dia da escola fechada. |
| タ | serbisyo pagkatapos sa paaralan at iba pa nang mga batang may kapansanan | ネ | विद्यालय समय पछिका सेवा |

**[意味]**　<ruby>障害<rt>しょうがい</rt></ruby>のある<ruby>子<rt>こ</rt></ruby>どもを<ruby>対象<rt>たいしょう</rt></ruby>に、<ruby>放課後<rt>ほう か ご</rt></ruby>や<ruby>休校日<rt>きゅうこう び</rt></ruby>に<ruby>子<rt>こ</rt></ruby>どもを<ruby>預<rt>あず</rt></ruby>けることができる<ruby>施設<rt>し せつ</rt></ruby>。

## ■ 7-63　<ruby>育成医療<rt>いくせい い りょう</rt></ruby>

| 英 | medical care subsidies for children with physical disabilities | 中 | 对先天性残障儿童实施的公费医疗制度 |
|---|---|---|---|
| ス | subsidio médico para niños y jóvenes con discapacidad física | ポ | subsídio médico para crianças com deficiências |
| タ | tulong na salapi sa pangangalagang medikal sa mga batang may kapansanan | ネ | शारिरिक अपाङ्ग भएकाको उपचारमा सहयोग |

**[意味]**　<ruby>身体<rt>しんたい</rt></ruby>に<ruby>障害<rt>しょうがい</rt></ruby>を<ruby>持<rt>も</rt></ruby>つ 18 <ruby>歳未満<rt>さい み まん</rt></ruby>の<ruby>子<rt>こ</rt></ruby>どもを<ruby>対象<rt>たいしょう</rt></ruby>に、その<ruby>障害<rt>しょうがい</rt></ruby>を<ruby>除去<rt>じょきょ</rt></ruby>・<ruby>軽減<rt>けいげん</rt></ruby>するために<ruby>行<rt>おこな</rt></ruby>う<ruby>手術<rt>しゅ じゅつ</rt></ruby>などの<ruby>治療<rt>ち りょう</rt></ruby>に<ruby>関<rt>かん</rt></ruby>する<ruby>公費負担制度<rt>こう ひ ふ たんせい ど</rt></ruby>。

## ■ 7-64　<ruby>福祉的就労<rt>ふく し てきしゅうろう</rt></ruby>

| 英 | welfare employment；working under welfare support | 中 | 福利性就职 |
|---|---|---|---|
| ス | inserción laboral de personas con discapacidad；empleo con apoyo | ポ | trabalho com assistência |
| タ | para sa kapakanang gawain；para sa kapakanang trabaho | ネ | समाज कल्याण रोजगार |

**[意味]**　<ruby>障害者総合支援法<rt>しょうがいしゃそうごう し えんほう</rt></ruby>に<ruby>基<rt>もと</rt></ruby>づく<ruby>福祉的<rt>ふく し てき</rt></ruby>な<ruby>支援<rt>し えん</rt></ruby>を<ruby>受<rt>う</rt></ruby>けながら<ruby>働<rt>はたら</rt></ruby>く<ruby>方法<rt>ほうほう</rt></ruby>。

## ■ 7-65　てんかん

| 英 | epilepsy | 中 | 癫痫 |
|---|---|---|---|
| ス | epilepsia | ポ | epilepsia |
| タ | epilepsya | ネ | मूर्छित हुने रोग |

**[意味]**　<ruby>種々<rt>しゅじゅ</rt></ruby>の<ruby>要因<rt>よういん</rt></ruby>によって、くり<ruby>返<rt>かえ</rt></ruby>し<ruby>発作<rt>ほっ さ</rt></ruby>が<ruby>起<rt>お</rt></ruby>こる<ruby>慢性<rt>まんせい</rt></ruby>の<ruby>脳障害<rt>のうしょうがい</rt></ruby>。<ruby>主<rt>おも</rt></ruby>な<ruby>症状<rt>しょうじょう</rt></ruby>は、<ruby>意識<rt>い しき</rt></ruby>を<ruby>失<rt>うしな</rt></ruby>ったり、<ruby>身体<rt>しんたい</rt></ruby>を<ruby>大<rt>おお</rt></ruby>きく<ruby>痙攣<rt>けいれん</rt></ruby>させたり、<ruby>急<rt>きゅう</rt></ruby>にぼんやりしたりするなどである。

■ **7-66　特例子会社**

| 英 | special subsidary –company | 中 | 专门雇佣残疾人的子公司 |
|---|---|---|---|
| ス | filial de una compañía para personas con discapacidad | ポ | filial de uma empresa para empregar especialmente pessoas com deficiências |
| タ | natatanging sangay | ネ | अपाङ्गता भएकालागि विशेष रोजगार दिने सम्बन्धन कम्पनी |

**[意味]** 企業が障害者の雇用を目的に設立する子会社。特例子会社の障害者雇用数を親会社や企業グループ全体の雇用分として合算することが認められている。

■ **7-67　障害者職業能力開発校**

| 英 | polytechnic school for persons with disabilities | 中 | 残障人士职业能力开发职校 |
|---|---|---|---|
| ス | escuela vocacional para personas con discapacidad | ポ | escola para capacitar pessoas com deficiêncas ao trabalho |
| タ | paaralan para umunlad ang kakayahang bokasyunal nang mga may kapansanan | ネ | अपाङ्गता भएकालागि व्यावसायिक तालिम दिएर क्षमता अभिवृद्धि गर्ने संस्था |

**[意味]** 障害者が就職に必要な知識・技術を習得するための訓練を行う職業能力開発施設。

■ **7-68　就労移行支援**

| 英 | assisting survice for job searching and stable employment | 中 | 就职准备援助 |
|---|---|---|---|
| ス | servicio de asistencia para un empleo estable | ポ | ajuda para se fixar em um emprego |
| タ | serbisyo sa mga may kapansanan para magkaroon ng trabaho | ネ | अपाङ्गता भएकालागि रोजगार व्यवस्थापन सहयोग |

**[意味]** 一般企業等での就労等を目指す障害者に対して、就職と定着のために必要な知識と技術の習得支援を行う福祉サービス。

■ **7-69　就労継続支援事業所（A 型・B 型）**

| 英 | continuous employment support office（type A,type B） | 中 | 软着陆就职援助办事处（A 型、B 型） |
|---|---|---|---|
| ス | oficina de apoyo para la continuación de trabajo（tipo A y tipo B） | ポ | empresa para dar apoio à pessoa com deficiência continuar a trabalhar（tipo A e tipo B） |
| タ | opisina ng suporta para makapagpatuloy sa pagtatrabaho | ネ | अपाङ्गता भएकालागि निरन्तर रोजगार प्रदान गर्ने सर्भिस (A टाइप र B टाइप) |

**[意味]** 一般企業等への就労に向けて継続的に行われるサービス。A 型は事業所と雇用契約を結ぶことにより最低賃金が保障されるもの。B 型は雇用契約を結ばずに福祉事業所等で生産活動に従事するもの。

■ **7-70　自立訓練**

| 英 | self-reliant training；independency training | 中 | 自立训练 |
|---|---|---|---|
| ス | entrenamiento para independizarse | ポ | treinamento para ser independente |
| タ | pagsasanay para makagawang mag-isa | ネ | आत्मनिर्भर तालिम |

**[意味]** 自立した日常生活または社会生活を営むことができるよう、身体機能や生活機能の向上

のために必要な訓練等を有期限（2年程度）で行うサービス。

### ■ 7-71　生活介護

| 英 | daily-life care | 中 | 生活护理 |
|---|---|---|---|
| ス | servicio de cuidados y asistencia para la vida cotidiana | ポ | cuidados e assistência para vida diária |
| タ | pangangalaga sa pamumuhay | ネ | दैनिक जिवनयापन गर्ने सहयोग |

**[意味]** 介護と創作活動を組み合わせたサービス。

### ■ 7-72　地域活動支援センター

| 英 | community activity support center for persons with disabilities | 中 | 地域活动援助中心 |
|---|---|---|---|
| ス | centro de apoyo para actividades comunitarias | ポ | centro de apoio às atividades da região |
| タ | sentro ng suporta sa aktibidad ng komunidad | ネ | सामाजिक क्रियाकलाप सहयोग सेन्टर |

**[意味]** 社会参加を促すことを目的とした、就労が困難な身体・知的・精神の障害者のための通所施設。

## 3　学校関係用語の索引

| 技能検定 | ぎのうけんてい | 6-133 | 256 |
|---|---|---|---|
| 義務教育 | ぎむきょういく | 4-1 | 218 |
| 区市町村民税所得割 | くしちょうそんみんぜいしょとくわり | 5-21 | 233 |
| 車いす | くるまいす | 7-30 | 263 |
| クレーン現象、クレーン行動 | くれーんげんしょう、くれーんこうどう | 7-23 | 261 |
| 訓告 | くんこく | 6-68 | 245 |
| 系列会社、グループ企業 | けいれつがいしゃ、ぐるーぷきぎょう | 6-131 | 256 |
| 血液型 | けつえきがた | 6-99 | 251 |
| 欠時・欠課 | けつじ・けっか | 6-42 | 241 |
| 健康診断 | けんこうしんだん | 6-92 | 249 |
| 健康保険 | けんこうほけん | 6-135 | 257 |
| 研修旅行 | けんしゅうりょこう | 6-89 | 249 |
| 下校 | げこう | 6-79 | 247 |
| 下足箱・下駄箱 | げそくばこ・げたばこ | 6-111 | 253 |
| 言語障害 | げんごしょうがい | 7-6 | 258 |
| 言語聴覚士 | げんごちょうかくし | 7-51 | 267 |
| 現代文 | げんだいぶん | 6-7 | 235 |
| 校外学習 | こうがいがくしゅう | 6-17 | 236 |
| 公共物損壊 | こうきょうぶつそんかい | 6-60 | 244 |
| 工業科 | こうぎょうか | 4-21 | 221 |
| 公欠 | こうけつ | 6-50 | 242 |
| 高校生等奨学給付金 | こうこうせいとうしょうがくきゅうふきん | 5-22 | 233 |
| 高校卒業程度認定試験 | こうこうそつぎょうていどにんていしけん | 6-45 | 241 |
| 口座振替 | こうざふりかえ | 4-61 | 229 |
| 厚生年金 | こうせいねんきん | 6-136 | 257 |
| 校則 | こうそく | 6-62 | 244 |
| 高等学校等就学支援金 | こうとうがっこうとうしゅうがくしえんきん | 5-20 | 232 |
| 公民 | こうみん | 6-8 | 235 |
| 子会社 | こがいしゃ | 6-130 | 256 |
| 国際科 | こくさいか | 4-27 | 222 |
| 古文 | こぶん | 6-12 | 236 |
| 個別の教育支援計画 | こべつのきょういくしえんけいかく | 7-46 | 266 |
| 雇用保険 | こようほけん | 6-134 | 257 |
| 五十音表 | ごじゅうおんひょう | 7-44 | 265 |
| 作業療法士 | さぎょうりょうほうし | 7-50 | 267 |
| 作文 | さくぶん | 4-50 | 226 |

| 自宅謹慎 | じたくきんしん | 6-52 | 243 |
|---|---|---|---|
| 実験 | じっけん | 6-16 | 236 |
| 実験室 | じっけんしつ | 6-82 | 248 |
| 実習棟 | じっしゅうとう | 6-108 | 252 |
| 実務代替 | じつむだいたい | 6-46 | 242 |
| 自転車通学 | じてんしゃつうがく | 6-103 | 251 |
| 児童相談所・児相 | じどうそうだんじょ・じそう | 6-32 | 239 |
| 児童福祉課 | じどうふくしか | 6-73 | 246 |
| 児童扶養手当 | じどうふようてあて | 6-74 | 246 |
| 自閉症スペクトラム障害・<br>自閉スペクトラム症 | じへいしょうすぺくとらむしょうがい・<br>じへいすぺくとらむしょう | 7-16 | 260 |
| 重度障害 | じゅうどしょうがい | 7-21 | 261 |
| 授業料 | じゅぎょうりょう | 4-14 | 220 |
| 受検 | じゅけん | 4-37 | 224 |
| 受検方法の特例 | じゅけんほうほうのとくれい | 4-58 | 228 |
| 受検料 | じゅけんりょう | 5-1 | 229 |
| 受検料・<br>入学料の減免制度 | じゅけんりょう・<br>にゅうがくりょうのげんめんせいど | 5-19 | 232 |
| 情緒障害 | じょうちょしょうがい | 7-7 | 258 |
| 情報 | じょうほう | 6-10 | 235 |
| 自立活動 | じりつかつどう | 7-38 | 264 |
| 自立活動教諭 | じりつかつどうきょうゆ | 7-48 | 266 |
| 自立訓練 | じりつくんれん | 7-70 | 270 |
| 水産科 | すいさんか | 4-26 | 222 |
| スクーリング | すくーりんぐ | 4-17 | 221 |
| スクール・カウンセラー | すくーる・かうんせらー | 6-33 | 239 |
| スクール・ソーシャルワーカー | すくーる・そーしゃるわーかー | 6-31 | 239 |
| スクールバス | すくーるばす | 7-54 | 267 |
| 生活 | せいかつ | 7-40 | 265 |
| 生活介護 | せいかつかいご | 7-71 | 271 |
| 生活言語能力 | せいかつげんごのうりょく | 1-1 | 217 |
| 生活単元 | せいかつたんげん | 7-41 | 265 |
| 生活保護 | せいかつほご | 5-23 | 233 |
| 正義感 | せいぎかん | 6-71 | 246 |
| 成績 | せいせき | 6-40 | 240 |
| 生徒会 | せいとかい | 5-15 | 231 |
| 生徒指導・生活指導 | せいとしどう・せいかつしどう | 6-61 | 244 |

| 調査書・内申書 | ちょうさしょ・ないしんしょ | 4-42 | 225 |
|---|---|---|---|
| 重複障害 | ちょうふくしょうがい | 7-20 | 261 |
| 長文読解 | ちょうぶんどっかい | 6-15 | 236 |
| 聴力 | ちょうりょく | 7-27 | 262 |
| 聴力検査 | ちょうりょくけんさ | 6-95 | 250 |
| 追検査 | ついけんさ | 4-59 | 228 |
| 追試・追試験 | ついし・ついしけん | 6-55 | 243 |
| 追走 | ついそう | 6-56 | 243 |
| 通信制 | つうしんせい | 4-10 | 219 |
| 積立金 | つみたてきん | 5-10 | 231 |
| 停学 | ていがく | 6-69 | 246 |
| 定期テスト | ていきてすと | 6-41 | 241 |
| 定時制 | ていじせい | 4-9 | 219 |
| てんかん | てんかん | 7-65 | 269 |
| 転学 | てんがく | 6-57 | 244 |
| 点字 | てんじ | 7-28 | 262 |
| 登校 | とうこう | 6-78 | 247 |
| 督促状 | とくそくじょう | 5-18 | 232 |
| 特別支援学級 | とくべつしえんがっきゅう | 7-2 | 258 |
| 特別支援学校 | とくべつしえんがっこう | 7-10 | 259 |
| 特別支援学校の志願調整期間 | とくべつしえんがっこうの<br>しがんちょうせいきかん | 7-35 | 264 |
| 特別支援教育 | とくべつしえんきょういく | 7-1 | 257 |
| 特別支援教育就学奨励費 | とくべつしえんきょういくしゅうがく<br>しょうれいひ | 7-36 | 264 |
| 特別指導 | とくべつしどう | 6-53 | 243 |
| 特別児童扶養手当 | とくべつじどうふようてあて | 7-37 | 264 |
| 特例子会社 | とくれいこがいしゃ | 7-66 | 270 |
| 都道府県外居住者からの<br>入学志願資格承認申請 | とどうふけんがいきょじゅうしゃからの<br>にゅうがくしがんしかくしょうにんしんせい | 4-54 | 227 |
| 取り出し指導 | とりだししどう | 6-23 | 237 |
| 同窓会 | どうそうかい | 6-39 | 240 |
| 道徳 | どうとく | 6-14 | 236 |
| 内定 | ないてい | 6-116 | 253 |
| ニート | にーと | 6-115 | 253 |
| 2学期制・2期制 | にがっきせい・にきせい | 6-5 | 234 |
| 二次募集 | にじぼしゅう | 4-52 | 227 |

| プログラミング教育 | ぷろぐらみんぐきょういく | 6-18 | 237 |
|---|---|---|---|
| 併願 | へいがん | 4-57 | 228 |
| 偏差値 | へんさち | 4-41 | 225 |
| 編入学 | へんにゅうがく | 4-55 | 227 |
| 別室指導 | べっしつしどう | 6-51 | 242 |
| 弁償 | べんしょう | 6-65 | 245 |
| ホームルーム | ほーむるーむ | 6-3 | 234 |
| 放課後 | ほうかご | 6-85 | 248 |
| 放課後等デイサービス | ほうかごとうでいさーびす | 7-62 | 269 |
| 放送室 | ほうそうしつ | 6-113 | 253 |
| 保健室 | ほけんしつ | 6-112 | 253 |
| 保健体育 | ほけんたいいく | 6-9 | 235 |
| 歩行器 | ほこうき | 7-31 | 263 |
| 保護者会 | ほごしゃかい | 7-61 | 269 |
| 補習 | ほしゅう | 6-25 | 238 |
| 保証人 | ほしょうにん | 4-63 | 229 |
| 補助教材 | ほじょきょうざい | 5-6 | 230 |
| 補聴器 | ほちょうき | 7-26 | 262 |
| 母語支援員 | ぼごしえんいん | 6-35 | 239 |
| 身だしなみ | みだしなみ | 7-47 | 266 |
| 面接試験 | めんせつしけん | 4-49 | 226 |
| 模擬試験・模試 | もぎしけん・もし | 6-125 | 255 |
| モップ | もっぷ | 6-88 | 249 |
| 養護教諭・養教 | ようごきょうゆ・ようきょう | 6-30 | 239 |
| 予備校 | よびこう | 6-127 | 255 |
| 理学療法士 | りがくりょうほうし | 7-49 | 266 |
| 履修 | りしゅう | 4-31 | 223 |
| 履修ガイダンス | りしゅうがいだんす | 6-21 | 237 |
| 留年・原級留置 | りゅうねん・げんきゅうりゅうち | 4-3 | 218 |
| 療育手帳・愛の手帳 | りょういくてちょう・あいのてちょう | 7-18 | 260 |
| 臨床心理士 | りんしょうしんりし | 7-52 | 267 |
| 連絡帳 | れんらくちょう | 7-59 | 268 |
| 労働者災害補償保険・労災保険 | ろうどうしゃさいがいほしょうほけん・ろうさいほけん | 6-137 | 257 |
| 浪人生 | ろうにんせい | 6-126 | 255 |

# 参考資料
## 県立学校通訳ボランティア研修（試行）実施結果検証（抜粋）

# 1　研修試行の趣旨

　以前から学校に派遣されている通訳ボランティアの複数から次の指摘があった。

- ・通訳謝金が増加しても、いくつもの学校が同時に依頼してくると、派遣できる通訳者の人数が足りなくなる。
- ・派遣コーディネート（事案に適する人を派遣すること）機能がないため、日程調整などで苦慮し混乱する。
- ・通訳ボランティアの中には、教育関係の知識がない人、あるいは通訳倫理を知らない人などがおり、適切な通訳がなされていない。
- ・これまで小中学校に多かった外国につながりのある子どもが、今後、高校に進学してくるので、急ぎ、高校で支援体制を整える必要がある。

これらの課題の解決には、次の取組が必要であると思われる。

- ・県立学校（高校、特別支援学校等）に適正な通訳者を派遣するため、派遣をコーディネートする仕組みの構築。
- ・適正な通訳者を派遣するため、選考試験を含んだ通訳研修の実施。

　しかしながら、取り組みの財源の問題やボランティアに対して研修を義務化することの難しさなどから、一度にすべてを解決することは困難と考えられる。

　そこで、医療通訳と学校通訳の支援活動をミッションに掲げる RASC コミュニティ通訳支援センター（現・一般社団法人日本公共通訳支援協会）と

してできるところから着手することとし、まずは、学校通訳研修の在り方の検討を行うこととした。

## 2　研修内容の検討

学校通訳者向けの研修は、全国でも例がなく、当団体としてもはじめての試みであるため、通訳者が最低限度、どんな知識や技術を有する必要があるか、専門知識を有する関係者によって検討する必要があった。

そこで、事前の準備会議を経て 2018 年 11 月に当団体主催で「県立学校通訳研修検討会」を設置し、研修内容の検討を始めた。検討会の構成員は県立高校と県立特別支援学校の教員・元教員、当団体会員、学校通訳者である。検討会は 3 回開催した。

3 回の検討会の検討結果として、後述のとおり「県立学校通訳学習項目」と「県立学校通訳ボランティア研修プログラム」を作成した。

## 3　県立学校通訳学習項目

県立学校の通訳業務で最低限度必要な知識・技術・倫理について、上記検討会の議論を経て、以下のとおり定めた。

| 1　知識 |

1-1　在住外国人の生活背景・多文化に関する知識

1-1-1　在住外国人の生活状況・在留資格に関する知識

・在留資格制度や日本語が不十分な児童生徒や保護者等の生活状況

1-1-2　児童生徒・保護者等の出身国・地域の文化に関する知識

・児童生徒や保護者等の出身国等の宗教、習慣、価値観のちがいに関する知識・理解

1-1-3　児童生徒・保護者等の出身国・地域の教育事情に関する知識

・児童生徒や保護者等の出身国等の学校制度、教育事情、教育実践スタイル（日本とのちがい）に関する知識・理解

1-1-4　支援機関・団体に関する知識

・各種支援機関・団体など、児童生徒や保護者等をサポートする機関の情報

1-2　県立高校に関する知識

1-2-1　県立（公立）高校の受検・入学手続きに関する知識

1-2-2　県立高校の種類・特色に関する知識

1-2-3　県立高校の就学支援（奨学金など）手続き・経費に関する知識

1-2-4　県立高校の教科・教育課程（カリキュラム体系、三修制など）に関する知識

1-2-5　県立高校の成績・評価・評定・進級要件・卒業要件に関する知識

1-2-6　県立高校の特別指導に関する知識

1-2-7　県立高校の教員の役割分担体制・SW・SC に関する知識

1-2-8　県立高校の学校生活・PTA に関する知識

1-2-9　県立高校の施設・設備に関する知識

1-3　県立特別支援学校に関する知識

1-3-1　県立特別支援学校の入学手続きに関する知識

1-3-2　県立特別支援学校の就学支援手続き・経費に関する知識

1-3-3　県立特別支援学校の教科・教育課程（カリキュラム体系）などに関する知識

1-3-4　県立特別支援学校の評価に関する知識

1-3-5　県立特別支援学校の児童・生徒指導に関する知識

1-3-6　県立特別支援学校の教員の役割分担・医療系専門職（看護師、PT、ST 等）に関する知識

1-3-7　県立特別支援学校の学校生活・PTA に関する知識

1-4　保健・医療・福祉に関する知識

1-4-1　健康診断・感染症・加害事故に関する知識

・学校で受ける健康診断や身体測定の知識

・インフルエンザ等の出校停止に関わる感染症の知識

・加害事故による主なけがの知識

1-4-2　障害特性・障害福祉制度に関する知識

・障害特性に関する知識

・障害者手帳や障害者支援制度に関する知識

1-5　進路に関する知識

1-5-1　学校の進路指導のシステムに関する知識

1-5-2　就職や労働事情に関する知識

・就職先（業種、業務内容など）や労働事情（正規、非正規など）に関する知識

・労働制度に関する知識

・求職手続きに関する知識

1-5-3　大学や専門学校への進学とその経費等に関する知識

・大学受験に関する知識、大学授業料などの経費に関する知識

・大学生活や大学卒業後の進路に関する知識

・専門学校に関する知識（経費の知識を含む）

1-5-4　障害者福祉制度における進路の知識

・福祉的就労に関する知識

・福祉施設に関する知識

1-6　学校の通訳制度に関する知識

2　通訳技術

2-1　語学力

2-1-1　対象言語の運用能力

・対象言語の十二分な日常会話能力

2-1-2　日本語の運用能力、日本語の読解能力

・日本語の十二分な日常会話能力、日本語文章の基礎的な読解能力

2-2　通訳の基礎技術

2-2-1　相手の話を聞き・理解する力

・集中力・リスニング力（聴解力）

・会話の内容を的確に理解する能力

2-2-2　相手の話を記憶する力、メモとり技術

・短期的に会話を記憶し保持する力

・メモとりの技術

2-2-3　相手の話を伝える技術

・十分な語彙、表現、構文、文法力

・発音や声の質、場面に応じた伝達力

2-3　通訳現場における実践的技術・ノウハウ

2-3-1　通訳の中断・内容確認、会話整理

・通訳中に会話の内容が理解できないときの中断

・会話の内容があいまいなとき、話しの結論が不明確なときの内容確認の
　方法

・児童生徒や保護者の態度急変時の対応ノウハウ、翻訳依頼への対応方法

2-3-2　支援業務と通訳業務の区分ノウハウ

・教員と通訳者の事前打ち合わせ機会の要請

・児童生徒への支援活動業務と通訳業務の切り替えノウハウ

### 3　通訳者の倫理・心得

3-1　基本的な人権の尊重

・国籍、人種、民族、宗教、信条、年齢、性別および性的指向、社会的地
　位、経済的状態、ライフスタイル、文化的背景、身体的精神的状態、健
　康問題の性質等にかかわらず、すべての人をかけがえのない存在として
　尊重し、公平に対応すること

3-2　守秘義務とプライバシーの尊重

・通訳業務で知り得た児童生徒の成績や生活状況、保護者等の収入などの
　秘密の保持

・児童生徒や保護者等の意に反してプライバシーに踏み込まないこと

3-3　客観性・中立性

・通訳業務と支援活動業務のちがいを理解し、通訳業務の場合は、通訳中
　に自分の意見や助言を入れ込まないこと

・通訳に自分の価値観や主観を混ぜないこと

・通訳利用者の間に対立関係がある場合、どちらの味方にもならないこと

3-4　正確性

・通訳は、児童生徒や保護者等の文化的背景に考慮しながら行うこと

・通訳は、通訳利用者の会話の内容を正確に行うこと

・通訳者自身の体調が不十分であったり、専門外の通訳であったりする場合、安易に通訳業務を引き受けないこと

3-5　信頼関係の構築

・通訳者は、通訳利用者を尊重し、話しやすい態度を保つこと

・傾聴スキルの習得、非言語コミュニケーションへの対応

・相手を思いやる気持ちをもつこと

3-6　力関係への配慮

・通訳利用者と力関係が生じないようにすること

・原則として通訳という立場を利用し通訳利用者から個人的な恩恵を受けないこと

3-7　関係支援機関・専門家等との連携・協力

・支援機関の職員や専門家との協力関係を大切にすること

・児童生徒や保護者等からの相談などを一人で抱え込まないこと

# 4　県立学校通訳ボランティア研修プログラム

　上述の「県立学校通訳学習項目」に基づく「県立学校通訳ボランティア研修プログラム」を作成した。研修の日数、各学習項目の研修時間数、担当講師を組み込んだものになっている。研修対象者が多忙な通訳者であることから、研修日数が長くなると参加応募者がいなくなる可能性に配慮し、合わせて試行版という意味合いから、日数は 2 日間に絞り、各学習項目も、2 日間の中の時間数を勘案し、重要度の高いものを割り当てた。その詳細は、以下のとおりである。

［県立学校通訳ボランティア研修プログラム（試行版）］

□　研修項目

■ 1日目

(1) 10:00 ～ 10:05　研修趣旨の説明

(2) 10:05 ～ 12:00　県立高校の受検・入学手続き、種類、就学支援手続き・経費、教科・教育課程、進路、就職や労働事情に関する知識

(3) 13:00 ～ 14:15　県立高校の成績・評価・評定・進級要件・卒業要件、特別指導、教員の役割分担体制・SW・SC、進路、進路指導システムなどに関する知識

(4) 14:25 ～ 15:40　県立高校の学校生活・PTA、施設、進学とその経費などに関する知識

(5) 15:50 ～ 17:00　在住外国人の生活背景・多文化、通訳者の倫理・心得などに関する知識

■ 2日目

(1) 10:00 ～ 11:15　県立特別支援学校の入学手続き、就学支援手続き・経費、教科・教育課程、評価、保健・医療・福祉、障害特性・障害福祉制度などに関する知識

(2) 11:25 ～ 11:55　保健・医療・福祉、障害者福祉制度における進路などに関する知識

(3) 13:00 ～ 14:00　県立特別支援学校の児童・生徒指導、教員の役割分担・医療系専門職、学校生活・PTAなどに関する知識

(4) 14:10 ～ 15:10　通訳の基礎技術（話を聞き・理解する力、記憶する力、メモとり技術、相手の話を伝える技術）

(5) 15:20 ～ 16:50　通訳現場における実践的技術・ノウハウ

# 5　県立学校通訳研修の試行

　各講師のスケジュールや講義の準備期間に配慮し、6 月 24 日（土）、25日（日）として会場を調整した。

## （1）県立学校通訳研修の概要

- □　開催日時　2017 年 6 月 24 日(土)10 時〜 17 時　及び　6 月 25 日(日)10 時〜 17 時
- □　協力　　　多文化共生教育ネットワークかながわ（ME-net）
- □　参加受講者数　27 名

## （2）研修の実施内容

　2 日間のプログラムは、大きく分けて、ア.県立高校に関する知識、イ.県立特別支援学校に関する知識、ウ.県立学校通訳業務の概要、エ.県立学校通訳の倫理・心得、オ.多文化に関する知識、カ.通訳技術の基礎、キ.模擬通訳の 7 つに分けられる。以下、順次その講義概要を記載する。

### ア．県立高校に関する知識

　「神奈川県の「公立高校入学のためのガイドブック」」（県教育委員会・NPO 法人多文化共生教育ネットワークかながわ（ME-net）作成、日本語版）を使用し、県立高校の受検・入学手続き、種類などについて講義がなされた。また、付属資料などにより就学支援制度などに関して説明があった。

県立高校の成績・評価・評定・進級要件・卒業要件、特別指導、教員の役割分担体制・SW・SC、進路、進路指導システムなどに関して講義がなされた。さらに、県立高校の学校生活・PTA、施設、進学とその経費などに関して講義がなされた。

### イ．県立特別支援学校に関する知識

県立特別支援学校の入学手続き、就学支援手続き・経費、教科・教育課程、評価、保健・医療・福祉、障害特性・障害福祉制度などに関する知識、保健・医療・福祉、障害者福祉制度における進路などに関する知識、県立特別支援学校の児童・生徒指導、教員の役割分担・医療系専門職、学校生活・PTAなどに関する知識などに関して講義がなされた。

### ウ．県立学校通訳業務の概要

以下の項目に関し講義を行い、学校通訳のアウトラインをつかんでもらった。①「学校通訳」の定義、②学校通訳のリスク、③学校現場の受入態勢

### エ．県立学校通訳の倫理・心得

学校通訳者の倫理・心得に関して説明があった。その中で、次のとおり、守秘義務など「やってはいけないこと・やるべきこと」を8項目にまとめて提示し、確実な順守を求めた。

［県立学校通訳倫理基準］

1　基本的な人権の尊重
2　守秘義務・プライバシーの尊重
3　中立性・客観性
4　正確性
5　信頼関係の構築
6　相互の関係への配慮
7　関係支援機関・専門家等との連携・協力
8　マナー・礼儀

### オ．多文化に関する知識

以下の項目に関し講義がなされ、学校通訳のアウトラインをつかんでもらった。

①文化とは何か、②多文化共生とは何か、③宗教に関する知識、④ムスリムへの配慮、⑤文化のちがいを乗りこえる方法、⑥多文化の知識、③柔軟性（相対化と複数化）、④教育事情のちがいの例（中国とペルーの教育事情）

### カ．通訳技術の基礎

以下の項目に関し講義がなされた。

①通訳のプロセスから通訳に必要な技術を考える、②相手の話を聞き・理解する力、③通訳の基礎訓練方法（リピート・リテンション、シャドーイング、サマライズ、リプロダクションなど）、④相手の話を記憶する力とノートテイキング技術、⑤学校通訳の場面、⑥全体説明の例、⑦個別通訳の例（問題行動の事実確認）

### キ．模擬通訳

学校現場での実践的な通訳技術を養うには「模擬通訳（ロールプレイ）」の手法が欠かせない。そこで、今回の試行版においても、研修の最後に90分の模擬通訳を組み込んだ。中国語コースとスペイン語コースの2組に分かれ、講師が保護者役を兼務、教員役には当団体メンバーが入った。

受講者は会話の2フレーズ程度で交代し、全員に「学校通訳」の体験を

してもらった。交代時に講師が「訳し漏れ」や「メモの扱い」など通訳面の
アドバイスを行った。

## 6　県立学校通訳研修の受講者アンケートの結果

　受講者に対して研修の最後にアンケート記入を求めたところ、受講者 27
名中 26 人から回答があった。その内容は以下のとおりである。

### (1) アンケート集計結果

　Q1 の「県立の高校や特別支援学校における通訳は、年間に何回くらいあ
りますか？」の回答は以下のとおりだった。

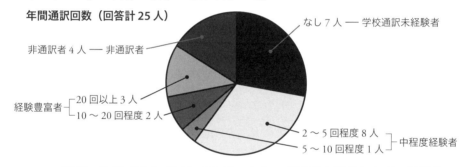

年間通訳回数（回答計 25 人）

なし7人 ── 学校通訳未経験者
非通訳者4人 ── 非通訳者
経験豊富者 ┌ 20 回以上3人
　　　　　 └ 10 〜 20 回程度2人
2 〜 5 回程度8人 ┐
5 〜 10 回程度1人 ┘ 中程度経験者

　この研修の位置づけを「初心者向け」として受講者を募集したが、結果的
に 14 名の経験者が受講していた。Q3 以降の分析では、回答者を「未経験者」
「中程度経験者」「経験豊富者」「非通訳者」に分けて集計した。

　Q2 の「あなたの通訳言語
は何語ですか？」の回答は、
中国語 10 人、スペイン語 7
人、英語 3 人、ポルトガル語
1 人、ネパール語 1 人、通訳
者ではない 4 人、合計 26 人
であった。

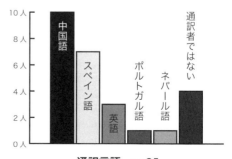

通訳言語　n=25

　Q3 の「研修の内容で「良かった」「ためになった」と思われる項目すべてに「☑」をつけてください。」の問いに対しては、選択率で見ると下表のとおりとなった。「高校知識（県立高校の知識）」と「特支知識（特別支援学校の知識）」が特に高いポイントを得ている。

| | 高校知識 | 特支知識 | 多文化 | 倫理 | 通訳技術 | 模擬通訳 | 平均 |
|---|---|---|---|---|---|---|---|
| 未経験者 | 100.0% | 87.5% | 50.0% | 75.0% | 75.0% | 62.5% | 75.0% |
| 中程度経験者 | 100.0% | 88.9% | 66.7% | 77.8% | 66.7% | 66.7% | 77.8% |
| 経験豊富者 | 80.0% | 80.0% | 20.0% | 40.0% | 60.0% | 40.0% | 53.3% |
| 非通訳者 | 75.0% | 50.0% | 25.0% | 25.0% | 50.0% | 50.0% | 45.8% |
| 計 | 92.3% | 80.8% | 46.2% | 61.5% | 65.4% | 57.7% | 67.3% |

　逆に「多文化（多文化知識）」が 50％以下と最も低く、「模擬通訳」や「倫理」も相対的に低い選択率であった。

　ただし、経験階層別に比較すると「未経験者」と「中程度経験者」の選択率は相対的に高く、「経験豊富者」と「非通訳者」の選択率が相対的に低いというばらつきが見られた。これは、経験豊富な通訳者は技術面や倫理、多文化知識はすでに習得済みであることから「良かった」「ためになった」と回答しなかった可能性を示唆できる。一方、通訳者ではない者は、技術面や倫理、多文化知識の必要性を意識できなかった可能性が考えられる。


　Q4 の「県立学校通訳研修の修了証の発行は、必要だと思いますか？」の回答では、「必要」と「どちらとも言えない」と回答した者が拮抗していた。「必要なし」との回答は 1 名のみであったことから、研修内容と研修時間を充実させ、修了認定にふさわしいプログラムとすれば、修了証の有用性が高まると思われる。

**修了証の要否**

| | 必要 | 必要なし | どちらとも言えない | 計 |
|---|---|---|---|---|
| 未経験者 | 5 | 0 | 3 | 8 |
| 中程度経験者 | 2 | 1 | 6 | 9 |
| 経験豊富者 | 4 | 0 | 1 | 5 |
| 非通訳者 | 1 | 0 | 3 | 4 |
| 計 | 12 | 1 | 13 | 26 |

必要 46%
必要なし 4%
どちらとも言えない 50%

Q5 の「学校で通訳を行うために、こうした研修は、どの程度必要でしょうか？」の問いに対しては、以下の回答を得た。

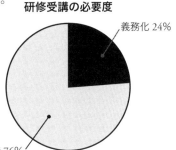

**研修受講の必要度**

義務化 24%

できれば受講 76%

| | 義務化 | できれば受講 | 必要なし | わからない | 計 |
|---|---|---|---|---|---|
| 未経験者 | 4 | 4 | 0 | 0 | 8 |
| 中程度経験者 | 0 | 9 | 0 | 0 | 9 |
| 経験豊富者 | 1 | 4 | 0 | 0 | 5 |
| 非通訳者 | 1 | 2 | 0 | 0 | 3 |
| 計 | 6 | 19 | 0 | 0 | 25 |

未経験者の 50％が「研修義務化」の必要性を感じている。また、全体でも「研修義務化」と「できれば研修を受講した方がよい」の回答を合わせると 100％となる。必要性を認めなかった者は一人もいなかった。

Q6 の「研修のテキストとして、どのようなものが必要だと感じますか？必要だと思うものすべてに「☑」をつけてください。」の問いに対する回答では、下表のとおり、「訳語集（学校でよく使う用語の訳語集）」が圧倒的な人気であった。続いて「冊子（今回配った資料をまとめた冊子のようなもの）」も、経験階層別にばらつきはあったが、相対的に高い選択率であった。学習テキストを作成する場合は、この 2 つを取り入れたものが適当と考えられる。

| | 冊子 | 訳語集 | 募集要項 | 教科書 | 平均 |
|---|---|---|---|---|---|
| 未経験者 | 87.5% | 100.0% | 87.5% | 37.5% | 78.1% |
| 中程度経験者 | 44.4% | 88.9% | 0.0% | 0.0% | 33.3% |
| 経験豊富者 | 80.0% | 100.0% | 20.0% | 0.0% | 50.0% |
| 非通訳者 | 50.0% | 75.0% | 25.0% | 0.0% | 37.5% |
| 計 | 65.4% | 92.3% | 34.6% | 11.5% | 51.0% |

## (2) 自由記入欄の意見

最後に、Q7 として「そのほか、今回の研修について、意見、提案、感じたことなど、なんでもかまわないので記載してください。」と尋ねたところ、多くの受講者から貴重な意見をいただいた。そのすべてを以下に列記する。

・「外国につながる子どもの高校における支援は東の神奈川、西の大阪と

言われるほど、他県に比べて優れています。しかし、いろいろな面で大阪は、神奈川、特に ME-net の取り組みに学ばせていただいております。今回も大阪に比べて先進的な取り組みである通訳研修のノウハウを学ぶことができました。ありがとうございました。最後にお話しいただいた西村さんのお話は、何度もうなずきながら聞かせていただきました。」(非通訳者)

・「こういう研修、はじめて来て色々な説明を聞いたことはとてもいい経験。勉強になりましたと思います。」(未経験者／スペイン語)

・「よかったです。勉強になりました。ありがとうございました。」(未経験者／中国語)

・「これまで高校通訳を何度かさせていただきましたが、今回のような研修は初めてでしたので、大変参考になりました。」(中程度経験者／スペイン語)

・「まだ県立学校の通訳を行っていませんので、専門、基礎知識を得ることができて、とてもありがたいと思いました。今回配られた資料が冊子になっていたり、学校でよく使う用語の訳語集がありましたら（入学／受検／志願／面接／就職などに分けて）とても助かります。（先生が使う略語←これが一番助かりました。＋相手にあった訳語、専門用語しかなく、両方）大変参考になりました。どうもありがとうございました。」(未経験者／スペイン語)

・「特に実践通訳の練習が良かったと思います。」(経験豊富者／中国語)

・「学校通訳においてすぐ使うことのできる知識など勉強できました。またこのような研修、また参加することを期待します。」(中程度経験者／中国語)

・「知っているつもりでいたが、知らなかったことがたくさんあり、大変ためになりました。個別教育計画について説明する場面で通訳することがあるので、具体的内容を知りたいと思いました。」(中程度経験者／中国語)

・「参加して良かったと思います。」(経験豊富者／中国語)

・「内容は充実していたと思います。ただ、2日間朝10時〜夕方17時と時間が長く、いささか疲れました。」(中程度経験者／中国語)

・「各講師が現役の方ばかりで、ご専門分野についてご経験にもとづく貴重なお話をうかがえて、ありがたく思いました。実践演習もとても役立ちました。」(未経験者／スペイン語)

・「良かったです。中学校、高校の全体像を把握できました。また特別支援のことも分かりました。」(中程度経験者／中国語)

・「1日目のパワーポイントなど、プロジェクターで映されたスクリーンが小さすぎました。もっと大きく映すべきだと思いました。」(未経験者／スペイン語)

・「参考になりました。有り難うございます。」(未経験者／スペイン語)

・「基本的に重要な点を学ぶことができて、たいへん勉強になりました。今後も継続して研修を企画してください。学校の先生に「やさしい日本語」を身につけてもらうことも大事ですね。こんな時代ですから。」(経験不明／英語)

・「模擬通訳は、とても勉強になりました。ありがとうございました。」(中程度経験者／スペイン語)

・「外国出身の保護者が、どんな事に疑問をいだくのか、例を教えてもらえた所も良かったです。また、通訳として、どのような知識が求められているのかが分かりました。入学説明会で、どのような事が話されるのか、知りたかった（学校によってちがうと思いますが）。制度の申請の仕方について、細かい流れを知りたい。」(中程度経験者／英語)

・「本日は1日だけの参加でしたが、ためになりました。ありがとうございました。」(経験豊富者／英語)

・「①通訳（医療など他分野）経験者と未経験者を分けて研修をした方が良い。初心者にとって、いきなり実践練習はきつい。参加者は期待する言語レベル（中国語検定、スペイン語検定、DELE）を明確にして希望者を募ったほうがよりよい研修になるのではないかと感じた。②最低限何を知っていて、学校で通訳をするべきか基準を明確にする。③学校通

訳の資格がはっきりしないため、基準をつくったほうがよい（通訳者の
レベル分けが必要かもしれない）。④知り合い関係の人が多く、そうで
ない人はなじみにくい雰囲気だった。」（非通訳者）

・「ロールプレイの割合をもっと増やしてほしかった。」（未経験者／中国
語）

・「通訳者ではありませんが、学習支援として高校に入っています。わか
らないことが多いのですが、今日の説明でいろいろ勉強になりました。
ありがとうございました。」（非通訳者）

・「このようなアンケートの場で、通訳に入って困った事例を集め、事例
集を作っていただくと、参考になります。」（中程度経験者／ネパール語）

## 7　アンケートの結果を踏まえた考察

　アンケートの集計結果や自由記入欄の意見を見ると、総じて、受講者から
好評を得ていたと思われる。こうした学校通訳者向けの通訳倫理、通訳技術、
模擬通訳を盛り込んだ研修は、全国でも例を見ないのではないだろうか。ニー
ズの高さを感じられるところである。

　今回取り上げた学習項目は、経験豊富な受講者からも支持を得ていたもの
が多く、その必要性は確認できた。むしろ、多くの通訳者が県立学校に入っ
て通訳活動を行っている現状を考えると、受講者の声にもあるように研修の
継続的実施を検討すべきであろう。アンケートでは「研修義務化」にも多く
の賛同があり、公的に研修制度を確立して受講を促すことも検討する必要が
あるのではないだろうか。

　一方で、今回は「試行」という位置づけであったことから、短時間研修か
つ受講者（言語）を絞って実施したが、アンケートにあるように、会場設備
や模擬通訳の短さなど課題も実感できた。

　今後の本格実施と考えると、次の課題をクリアすることが求められるとこ
ろである。

①　適正規模の会場の確保（安価で予約が取りやすい会場）

② 　研修時間の拡大（模擬通訳の充実）

③ 　言語の拡大

④ 　テキストの作成

⑤ 　通訳講師の謝礼の確保

いずれも、任意団体や NPO 単独では手に余る活動であり、今後、行政と
の連携協働関係も模索する必要があろう。

# あとがき・謝辞

　本書の企画と編集は一般社団法人日本公共通訳支援協会の代表理事を務める西村が行った。本書の執筆者は西村のほか、それぞれ、教育機関、自治体、NPO など外国人支援の現場で活動している 12 名からなる。本書のテキストとしての性格上、全員で協力して執筆やチェックを行っている。現場で通訳者として活動している 7 名は、それぞれの言語によるキーワード翻訳や校閲も担当している。在日外国人や外国につながる子どもについて研究する坪谷は、本書全体に対する監修を担当した。

　本書企画の発想は、神奈川県立総合教育センターで外国につながる児童・生徒に関する教員対象の講座を受け持ったときだった。受講者の教員から「正確に通訳してほしい場面で、通訳ボランティアは自分の考えを追加して通訳しているようだった。言わないほうがいいことまで話されていないか不安」という話を複数聞いた。

　同じ公共通訳でも医療通訳については、すでに 2 つのテキストを出版し、適正な通訳のための研修を組めるようになっている。一方、学校通訳では、どうか。医療通訳者の中には学校通訳でも活動する人たちが少なくない。そこで、まず、トライアルとして「県立学校通訳ボランティア研修」（参考資料参照）を実施した。その結果、研修受講者からはテキストや用語集を求める声が多く上がった。

　もともと、学習機会を提供する場合はカリキュラム（プログラム）とテキスト、講師の 3 点の確保が不可欠であると考えていたこともあり、トライアルから本格実施へ向けて、まず、テキストを作成しようと思い立った次第である。

　その思い付きは、株式会社松柏社の代表取締役　森信久氏のご理解とご尽力によって現実のものとなった。森氏とご担当の戸田浩平氏には、本書出版にあたり企画の段階から調整・編集まで大変お世話になった。お礼の言葉が最後になったが、心から感謝申し上げる。

# ■ 執筆関係者・協力者（敬称略・順不同）

三木紅虹　一般社団法人日本公共通訳支援協会（Cots）副代表理事、認定 NPO 法人多文化共生教育ネットワークかながわ（ME-net）理事、中国語通訳者

石倉隆之　神奈川県立霧が丘高等学校　校長

野中裕美　神奈川県立小田原養護学校　副校長

高橋清樹　認定 NPO 法人多文化共生教育ネットワークかながわ（ME-net）事務局長

橋本義範　NPO 法人おおさかこども多文化センター　事務局長

阪本宏児　神奈川県立鶴見総合高等学校　教諭

辻本久夫　関西学院大学　非常勤講師

角田仁　東京都立一橋高等学校　教諭

矢野花織　公益財団法人北九州国際交流協会 主任・多文化ソーシャルワーカー、北九州市立大学　非常勤講師

宮城京子　英語通訳者、外国人総合相談センター埼玉・相談員、AMDA 国際医療情報センター・相談員

霜村由美子　スペイン語通訳、スペイン語講師

岩本弥生　NPO 法人多言語社会リソースかながわ（MIC かながわ）理事・通訳コーディネーター・ポルトガル語通訳スタッフ

宮嶋ジャネット　NPO 法人多言語社会リソースかながわ（MIC かながわ）タガログ語通訳スタッフ、神奈川県立地球市民かながわプラザ（あーすぷらざ）外国人教育相談サポーター、保土ヶ谷国際ラウンジフィリピン窓口スタッフ

バイラ ビレンドラ　東洋大学、獨協大学　非常勤講師

西之原愛子　日本語指導支援員、母語支援員、スペイン語通訳、あーすぷらざ外国人教育相談スペイン語サポーター

赤澤千佳子　NPO 法人多言語社会リソースかながわ（MIC かながわ）通訳コーディネーター・ポルトガル語通訳スタッフ、多文化学習活動センター（CEMLA）スタッフ

# ■ 監修者・編者プロフィール

**坪谷美欧子　横浜市立大学国際教養学部　准教授**

学歴：社会学博士（2006 年）、立教大学大学院社会学研究科博士後期課程単位取得退学（2001 年）、中国黒龍江省社会科学院社会学研究所客員研究員（2009 − 2010 年）

活動歴：神奈川県立鶴見総合高校多文化教育コーディネーター（2007 年—現在）

著作等：坪谷美欧子 2008 年『「永続的ソジョナー」中国人のアイデンティティ』（有信堂）、坪谷美欧子・小林宏美編著 2013 年『人権と多文化共生の高校』（明石書店）、Kobayashi, Hiromi and Mioko Tsuboya, 2021, "Social Resources and Challenges Related to the Schooling and Education of Immigrant Children at High Schools in Japan," *Journal of International Migration and Integration*, 22(1), 369-384.

学会：日本社会学会、日本移民学会他

委員等：神奈川県総合計画審議会特別委員、かながわ国際政策推進懇話会委員

**西村明夫　一般社団法人日本公共通訳支援協会（Cots）代表理事**

学歴：埼玉大学教養学部国際関係論課程、法政大学大学院政策科学研究科修士課程卒

活動歴：神奈川県・医療関係団体・多言語社会リソースかながわ（MIC かながわ）との協働で医療通訳派遣システムを構築（2002 年）、（財）自治体国際化協会の専門通訳ボランティア研修プログラムの開発に従事

著作等：『外国人診療ガイド』（メジカルビュー社）、「医療通訳士に求められる共通基準」中村安秀・南谷かおり編『医療通訳士という仕事』（大阪大学出版会）、『医療通訳学習テキスト』創英社／三省堂書店（共同執筆・編集責任者）、『医療通訳学習ハンドブック』明石書店（共同執筆・編集責任者）他

学会：移民政策学会

委員等：自治体国際化協会（CLAIR）・地域国際化推進アドバイザー

# 学校通訳学習テキスト 　公立高校・特別支援学校編

2021 年 9 月 24 日　初版第 1 刷発行

監修者　坪谷美欧子
編　者　西村明夫
発行者　森 信久
発行所　株式会社 松柏社
　〒 102-0072　東京都千代田区飯田橋 1・6・1
　電話　03（3230）4813（代表）
　ファックス　03（3230）4857
　E メール　info@shohakusha.com
　http://www.shohakusha.com

装幀　南幅俊輔
組版・校正　戸田浩平
印刷・製本　株式会社平河工業社
ISBN978-4-7754-0281-8
Copyright ©2021 Akio Nishimura